BERLIN

[handschriftliche Notiz:]
Treffpunkt Parlament:
gegenüber Ballon
Lorenz Eßzimmer
Akademie der Künste
Pariser Platz, Platz 4
100177

DIE AUTORINNEN

Ortrun Egelkraut lebt und arbeitet als freie Journalistin und Reisebuchautorin in Berlin. Zuvor studierte sie Germanistik, Theaterwissenschaft und Publizistik und war Kulturredakteurin einer Berliner Tageszeitung. Mit Berlin, ihrer Wahlheimat seit vielen Jahren, ist sie bestens vertraut, weshalb sie schon mehrere Reiseführer über die Stadt geschrieben hat.

Anna Bockhoff, 1983 in Steinheim (Westfalen) geboren, hat nach dem Abitur zunächst in Frankreich an der Université d'Orléans moderne Literaturwissenschaft studiert. 2011 schloss sie ihr Masterstudium an der Humboldt-Universität in Berlin ab. Die Autorin lebt und arbeitet im Stadtteil Prenzlauer Berg. Sie schreibt u.a. auch für den Blog von Visitberlin.

TOP 10

1 Museumsinsel
S. 37 f.,48 f.
Schatzkammer für Kunstliebhaber: spektakuläre Zeugnisse aus 6000 Jahren Kulturgeschichte in fünf großartigen Museen.

2 Zeughaus – Deutsches Historisches Museum
S. 41, 51
In »Epochenschritten« durch 2000 Jahre deutsche Geschichte, geschickt aufgeteilt für Eilige und solche, die es ganz genau wissen wollen.

3 Gendarmenmarkt
S. 41, 54
Der »preußischste« Platz Berlins ist mit seiner harmonischen Gestaltung einer der schönsten Plätze in Europa.

4 Brandenburger Tor
S. 42, 54
Einmal durchs Brandenburger Tor schreiten wie ein Staatsgast und am Pariser Platz Berlins »gute Stube« betreten.

5 Reichstag und Regierungsviertel
S. 43 f., 56
Hier wird Deutschlands Politik gemacht: Die schönsten Aus- und Einblicke erhält man aus der gläsernen Kuppel im Reichstag.

6 Potsdamer Platz
S. 45
Weltberühmt in den Goldenen Zwanziger Jahren, nach dem Krieg eine Brache im Schatten der Mauer und seit der Wiedervereinigung Berlins der neue Treffpunkt in der Mitte der Hauptstadt.

7 Gedenkstätte Berliner Mauer
S. 47 f., 57 f.
Wo stand eigentlich die Mauer? Originale Reste der Grenzanlagen, dazu Informationstafeln, Audio- und Video-Stationen sowie eine Dauerausstellung vermitteln ein eindringliches Bild des Alltags im geteilten Berlin.

8 Denkmal für die ermordeten Juden Europas/Holocaust Mahnmal
S. 58
Das labyrinthische Stelenfeld bietet Anlass zum Nachdenken, der unterirdische Ort der Information liefert die historischen Zusammenhänge dazu.

9 City West
S. 60–75
Kurfürstendamm, Kaiser-Wilhelm-Gedächtniskirche, KaDeWe, Europa-Center und Bikini-Berlin: Im westlichen Zentrum kann man nach Herzenslust flanieren, genießen und shoppen.

10 Schloss Charlottenburg
S. 69 ff., 73
In der größten Residenz der Hohenzollern haben alle preußischen Herrscher ihre Spuren hinterlassen: Zu bestaunen sind Prunksäle, Wohnräume, Schatzkammern und der weitläufige Schlossgarten.

Ortrun Egelkraut · Anna Bockhoff

BERLIN

BERLIN
WILLKOMMEN IN DER BUNTESTEN STADT DER WELT!

Berlin lockt zur größten Silvesterparty Deutschlands

Ob Rio oder Regensburg, Delhi oder Dortmund, Mailand oder Manchester: Die Welt schaut auf Berlin, die Stadt, von der man spricht, die cool ist und Trends setzt, sich ständig verändert und die man einfach gesehen haben muss!

Über zwölf Millionen Menschen kommen jährlich aus aller Welt nach Berlin, Tagesbesucher und Gäste, die bei Freunden übernachten, nicht mitgerechnet. Und was suchen Berlinreisende? Was wollen sie sehen, was erleben? Was hat Berlin, was andere Städte nicht haben? Berlin hat offenbar von allem etwas und deshalb findet auch jeder sein ganz individuelles Stück der Stadt. Von klassischen Sehenswürdigkeiten bis zum Kleinstadtcharme im Kiez, von der Weltkultur in Museen und auf den Bühnen bis zur kreativen Szene in Mode und Medien, vom pulsierenden Nachtleben bis zur grenzenlosen Einkaufswelt, von der kulinarischen Vielfalt bis zu verborgenen Naturschönheiten gibt es unendlich viel zu entdecken. Und nicht zuletzt sind die authentischen Orte der Vergangenheit häufig Anlass genug, Berlin zu besuchen.

Berlin hat Geschichte

Die bunteste Party der Stadt ist das Holi Festival of Colours

Über 25 Jahre sind seit dem Fall der Berliner Mauer vergangen. In der ersten Wende-Euphorie wurde sie abgerissen und bis auf einzelne Überbleibsel weggeschafft. Inzwischen ist ein Netz aus Relikten, Gedenkstätten, Markierungen und Infota-

feln im Stadtbild entstanden. Die DDR-Vergangenheit wird vielerorts thematisiert, z.B. in der Mauergedenkstätte an der Bernauer Straße (vgl. S. 57), im Stasi-Untersuchungsgefängnis in Hohenschönhausen (vgl. S. 58) oder im DDR-Museum (vgl. S. 51).

Auch der anderen deutschen Diktatur des 20. Jahrhunderts wird gedacht: Über die Verbrechen der Naziherrschaft informiert u. a. das

Blick auf die Schlossbrücke und Unter den Linden 1939

Dokumentationszentrum Topographie des Terrors (vgl. S. 85) in Kreuzberg, auf dessen Ausstellungsgelände sich früher die Geheime Staatspolizei (Gestapo) mit eigenem Gefängnis und Folterkeller befand.

Das Gold der Goldenen Zwanziger

BERLINER MAUER 1961-1989

Bei Ausgrabungen auf der Schlossplatz-Baustelle stießen Archäologen auch in tiefere Schichten vor und fanden heraus: Berlin ist älter als die »Geburtsurkunde« von 1237 vermerkt und jünger als viele meinen. Obwohl mit der Reichsgründung 1871 auch die Gründerzeit begann und Berlin einen rasanten Aufschwung erlebte – zur Metropole wurde es erst 1920, als man Groß-Berlin aus acht Stadt-, 59 Landgemeinden und 27 Gutsbezirken bildete. Beinahe über Nacht wuchs die Stadt von 66 auf 878 Quadratkilometer an, inzwischen sind es 892.

Das Gold der 1920er Jahre blätterte schon während der Weltwirtschaftkrise 1928 ab. 1933 war es mit den glanzvollen Zeiten endgültig vorbei. Nach Kriegsende 1945 lag die Stadt in Schutt und Asche. Wer alte Fotos oder Filme anschaut, zum Beispiel in der Kreuzberger Topographie des Terrors (vgl. S. 85), begreift, wie wenig vom historischen Berlin übrig geblieben ist. Umso mehr kann man die gewaltige Leistung des Wiederaufbaus auf beiden Seiten des Eisernen Vorhangs würdigen. Viele Baulücken blieben aber noch Jahrzehnte bestehen. Erst nach dem Mauerfall bekam Berlin ein attraktiveres neues Gesicht. Aber die Stadt ist längst nicht fertig – und wird es wohl auch niemals sein.

Berlin inspiriert zu Kreativität

Berlin hat Freiräume

Das wilde, das unfertige Berlin übt einen ganz besonderen Reiz aus und Künstler, Kreative, Studenten und andere junge Menschen beleben den Stadtraum immer wieder neu. Ob Gemüse ziehen neben einer Hauptverkehrsstraße, Leben im

Das Nachleben in den Berliner Clubs ist legendär

Sir Simon Rattle ist bis 2017 der Chefdirigent der Berliner Philharmoniker

Bauwagen zwischen den Häusern oder selbst gebackene Pasteten verkaufen beim Street Food Market (vgl. S. 19) – hier probieren viele Menschen neue Lebensformen aus und tun das, was ihnen gefällt. Es sind aber auch die Freiräume in der Nacht, die die Magie von Berlin ausmachen: Bars und Kneipen ohne Sperrstunde, die coolsten Clubs der Welt, Partys, die nie enden – viele wollen das wenigstens einmal erleben und feiern so, als gäbe es keinen Morgen.

Und was für die kreativen Bewohner gilt, das gilt auch für die Wirtschaft. Von der »hippsten Metropole des Kontinents« ist in Investorenkreisen die Rede. Das bedeutet: dabei sein, den Hype um die Stadt nutzen. Denn: Wer in Berlin nicht vertreten ist, spielt nicht in der ersten Liga.

Berlin hat Kultur

Drei Opernhäuser, acht Spitzenorchester, große Konzertsäle, rund 150 Theater, 160 Museen, 400 Galerien, 260 Filmtheater, unzählige kleine Spielstätten für Musik und andere Events – alle Genres, Stile und Auftrittsorte bringen es zusammen auf etwa 1500 Veranstaltungen täglich. Aber nicht nur die Zahlen sind beeindruckend, die Qualität ist es auch. Genannt seien beispielhaft: Berliner Philharmoniker, Komische Oper, Staatsoper im Schillertheater, Deutsches Theater und Friedrichstadtpalast.

Manche Aufführungen sind Monate im Voraus ausverkauft, aber oft hat man noch an der Abendkasse Glück. Eine gute Übersicht über die Museumslandschaft gewinnt man bei der Langen Nacht der Museen Ende August, dann haben rund 80 Häuser ihre Türen bis 2 Uhr nachts geöffnet und man zahlt nur einmal Eintritt.

Berlin ist Wissenschafts- und Modestadt

Eine der größten und vielfältigsten Wissenschaftsregionen in Europa ist hier seit der Wende entstanden. An vier Universitäten, darunter mit der Freien Universität und der Humboldt-Universität zwei sogenannte Exzellenzuniversitäten, der Charité-Universitätsmedizin Berlin, sieben Fachhochschulen, drei Kunsthochschulen, 23 privaten Hochschulen sowie 70 außeruniversitäre Forschungsstätten lehren, forschen, arbeiten und studieren hier über 200 000 Menschen aus aller Welt, darunter 165 000 Studenten.

Aufgang zum Schauspielhaus am Gendarmenmarkt

Die bekanntesten Forschungszentren jeweils mit mehreren Instituten sind die Fraunhofer-Gesellschaft, die Helmholtzgemeinschaft Deutscher Forschungszentren, die Wissenschaftsgemeinschaft Gottfried-Wilhelm-Leibniz und die Max-Planck-Gesellschaft. Außerdem bietet die Stadt für Wissenschaft, Wirtschaft und Medien mit Adlershof, dem Campus Berlin-Buch und rund 21 weiteren innerstädtischen Technologieparks und Gründerzentren beste Voraussetzungen für die Entwicklung neuer Ideen und deren Umsetzung in marktfähige Produkte. In der Langen Nacht der Wissenschaft im Mai können Interessierte hinter die Kulissen schauen.

Rund 800 kreative Designer, Kreationen etablierter Labels und viele Nachwuchstalente von den hiesigen Designhochschulen machen Berlin zu einem Hotspot der Modebranche. Vor allem junge Kreative finden hier Freiräume und Experimentierfelder. Sechs Modemessen im Jahr präsentieren über tausend Sommer- und Winterkollektionen.

Längst hat sich Berlin neben Paris und Mailand als Modemetropole etabliert

7

Ob auf dem Wasser oder an Land: Berlin bietet zuhauf idyllische Plätze im Grünen, etwa auf dem Landwehrkanal

Berlin hat Bäume und Wasser

Eine der grünsten Städte Europas mit viel Wasser – auch das ist Berlin. Fast ein Fünftel des Stadtgebiets besteht aus Wald, hinzu kommen 435000 Straßenbäume. Mehr als 2500 Parks und andere Grünanlagen tragen zur guten Berliner Luft bei, vor allem der große Tiergarten (vgl. S. 42) und die Tempelhofer Freiheit (vgl. S. 122), das ehemalige Flughafengelände.

Drei Flüsse – Spree, Dahme, Havel – und sieben Seen durchziehen die Stadt und ergeben zusammen rund 240 Kilometer Wasserwege. Und natürlich gibt es auch am Wasser reichlich Sportmöglichkeiten: Schwimmen, Segeln, Rudern oder Stand-up-Paddeln. Ausflugsschiffe sind auf allen Gewässern unterwegs. Die längste Tour – vom Hafen Treptow nach Wannsee und durch die Innenstadt zurück – dauert neun Stunden!

Berlin hat Luxus

Der Slogan »Arm, aber sexy« hat ausgedient: Berlin kann auch edel und schick sein

Gebaut wird in Berlin auf jeder freien Fläche: Büros, Hotels und Wohnungen – meist in der Luxusklasse und überall da, wo es besonders schön ist. Und die Shopping-Malls zum Geldausgeben werden immer größer. Neuestes Mega-Projekt: The Mall of Berlin am Leipziger Platz in Mitte.

Während sich Touristen freuen, dass man in den Berliner Hotels so günstig übernachten kann, klagen die Berliner über steigende Mieten und die Verdrängung der ursprünglichen Bewohner. Einfache Wohnungen werden luxuriös modernisiert, was eine Aufwertung zur Folge hat und höhere Renditen für Investoren bringt. Immer häufiger werden dagegen Bürger aktiv, gründen Kiezinitiativen, die Mietwucher verhindern wollen, reichen Petitionen ein oder rufen zu Volksbegehren auf.

Berlin hat Sport

Hertha BSC/1. FC Union Berlin (Fußball), Füchse Berlin (Handball), Eisbären (Eishockey), Alba Berlin (Basketball), BR Volleys (Volleyball): Sechs Clubs in fünf Sportarten spielen an so prominenten Orten wie dem Olympiastadion oder der Mercedes Benz-Arena. Die nächsten internationalen Großveranstaltungen stehen auch schon fest: im März 2016 die Allround-WM der Eisschnellläufer und im Sommer 2018 die Leichtathletik-Europameisterschaft.

Der Marathon im September zählt zu den renommiertesten und größten Lauf-Events der Welt

Berlin hat immer noch keinen BER

Mit dem Bau des internationalen Großflughafens geht es mehr als schleppend voran: Im Herbst 2017 soll er endlich fertig sein, mehr als fünf Jahre später als geplant. Aber niemand muss sich dadurch von einer Flugreise nach Berlin abschrecken lassen – der Flughafen Tegel und der alte Flughafen Schönefeld arbeiten weiter zuverlässig.

Berlin hat Berliner

»Es gibt immer so'ne und solche«: Die Busfahrerin, die im Befehlston versucht, das ältere Paar vor der Endhaltestelle während der Fahrt vom Oberdeck nach unten zu zitieren, damit ihr auch keine halbe Minute von der Pause abgeht, oder den Busfahrer, der nach dem Anfahren noch einmal abbremst, um die mit schwerem Gepäck heranhastenden Touristen mitzunehmen und lächelnd triumphiert: »Sehnse, dit is Berlin!«

9

CHRONIK BERLINS
DATEN ZUR STADTGESCHICHTE

Um 750
Die Heveller errichten mit dem Herrensitz »Spandow« (Spandau) eine erste Siedlung im Berliner Raum. Etwa gleichzeitig lassen sich die Sprewanen, ein anderer slawischer Stamm, an der Schlossinsel Köpenick nieder.

Um 1180
stehen in Berlin und Cölln erste hölzerne Wohnhäuser, wie jüngste archäologische Funde belegen.

1232
Spandau erhält das Stadtrecht.

1237
Erste urkundliche Erwähnung der Kaufmannssiedlung Cölln: Das Pergament mit sieben Siegeln, im Domstiftsarchiv Brandenburg aufbewahrt, gilt als die Geburtsurkunde der Stadt Berlin. 1244 wird die rund um die Nikolaikirche erbaute Siedlung Berlin erstmals in einem Dokument erwähnt.

1307
Berlin und Cölln bilden einen gemeinsamen Rat.

1415
Der Nürnberger Burggraf Friedrich VI. von Hohenzollern erhält die Mark Brandenburg als Lehen und begründet als Kurfürst Friedrich I. die 500-jährige Herrschaft der Hohenzollern.

1436
Berlin und Cölln erwerben die Johanniterdörfer Tempelhof, Mariendorf, Marienfelde und Richardsdorf (Rixdorf, seit 1912 Neukölln).

1443–51
Am Ufer der Spree lässt Kurfürst Friedrich II. eine Burg errichten, der Vorgängerbau des späteres Stadtschlosses.

1535
Kurfürst Joachim II. lässt die Burg zum Renaissanceschloss ausbauen und leitet 1539 in Kurbrandenburg die Reformation ein. Berlin wird führende Stadt des Protestantismus.

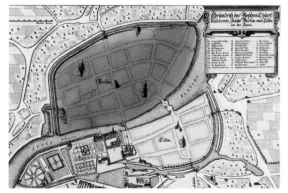

»Grundriß der beyden Churf. Residenz Stätte Berlin und Cölln an der Spree« von Johann Gregor Memhardt 1652

1576/1598/1611
Fast 10 000 Menschen fallen Pestepedemien zum Opfer.

1618–48
Der Dreißigjährige Krieg fordert weitere Opfer; am Ende hat Berlin nur noch 6000 Einwohner.

1640–88
Regierungszeit Friedrich Wilhelms, der 1620 im Schloss zu Cölln/Spree geboren wird. Dem »Großen Kurfürsten« gelingt nach dem Westfälischen Frieden allmählich ein wirtschaftlicher Aufschwung in Berlin und der Mark durch Förderung der Landwirtschaft und die Ansiedlung holländischer Handwerker, Baumeister, Künstler und Kaufleute, die moderne Produktionsmethoden einführen. 1647 lässt er die Allee Unter den Linden zwischen Schloss und Tiergarten anlegen. Mit dem Edikt von Potsdam erlaubt der Große Kurfürst 1685 die Einwanderung von in Frankreich verfolgten protestantischen Hugenotten.

1701
Kurfürst Friedrich III. von Brandenburg reist in das preußische Herzogtum Königsberg und krönt sich dort zum »König in Preußen«. Er zieht mit Prunk in Berlin ein und macht das Schloss zur repräsentativen Residenz.

»Friedrich der Große auf den Janustempel weisend« (1763), Gemälde von Johann Heinrich Christian Franke

1709
Aus den Städten Berlin, Cölln, Friedrichswerder, Dorotheenstadt und Friedrichstadt entsteht die Gemeinde Berlin mit rund 60 000 Einwohnern.

1712
Friedrich der Große wird im Berliner Schloss geboren.

1740–86
In seiner Regierungszeit lässt Friedrich der Große u. a. das Forum Fridericianum, das Königliche Opernhaus und die St. Hedwigskathedrale errichten. Berlin wird zu einer Hauptstadt von europäischem Rang und zum Zentrum der Aufklärung.

Um 1800
Berlin hat über 170 000 Einwohner und ist bedeutendste Industriestadt Preußens (Baumwoll- und Seidenmanufakturen).

1806
Napoleon zieht durch das Brandenburger Tor in die preußische Hauptstadt ein und nimmt als Kriegsbeute die Quadriga mit nach Paris. Bis 1808 bleibt Berlin unter französischer Besatzung.

Die von Napoleon erbeutete Quadriga kehrte erst 1814 nach Berlin zurück

1810
Die auf Initiative von Wilhelm von Humboldt gegründete Universität (heute Humboldt-Universität) nimmt den Lehrbetrieb auf. Wissenschaft, Literatur, Musik- und Theater erleben eine Blütezeit.

1813
König Friedrich Wilhelm III. ruft zum Freiheitskrieg gegen Napoleon auf. Die Befreiungskriege enden 1815.

Novemberrevolution 1918 in Berlin: Revolutionäre Matrosen und Soldaten fahren durch das Brandenburger Tor

1838
Berlins erste Eisenbahnstrecke führt von Potsdam über Zehlendorf zum Bahnhof Potsdamer Platz.

1848
Scheitern der Märzrevolution gegen Friedrich Wilhelm IV.; Berlin entwickelt sich zum Industriestandort.

1871
König Wilhelm I. wird in Versailles zum Deutschen Kaiser proklamiert; Fürst Otto von Bismarck wird Reichskanzler; Berlin wird Hauptstadt des Deutschen Reiches. In den folgenden »Gründerjahren« wächst Berlin zur Millionenstadt. Mietskasernen für die Arbeiter entstehen; neuer Aufschwung des kulturellen Lebens.

1882
Eröffnung der Berliner Stadtbahn, die das Zentrum auf einer knapp zwölf Kilometer langen Hochbahnstrecke zwischen dem heutigen Ostbahnhof und dem Bahnhof Charlottenburg durchquert.

1894
Eröffnung des Reichstagsgebäudes.

1902
Die erste Hoch- und U-Bahn verkehrt zwischen Warschauer Brücke und dem »Knie« (heute Ernst-Reuter-Platz); Berlin verfügt bald über eines der leistungsfähigsten Nahverkehrssysteme der Welt.

1906
Mit der Eröffnung des Teltowkanals, der von Köpenick nach Potsdam führt, wird Berlin zu einer der großen Binnenhafenstädte Europas.

1918
Kaiser Wilhelm II. dankt nach der Novemberrevolution ab; Philipp Scheidemann (SPD) ruft im Reichstag, Karl Liebknecht (Spartakusbund) vom Balkon des Stadtschlosses die Republik aus.

1920
Aus acht Stadtgemeinden, 59 Landgemeinden und 27 Gutsbezirken entsteht die Gemeinde Groß-Berlin mit vier Millionen Einwohnern. Trotz Weltwirtschaftskrise (600 000 Arbeitslose) und politischer Unruhen blüht die Kunst und Kultur auf. Beginn der Goldenen Zwanziger.

Das Reichstagsgebäude wurde nach Plänen von Paul Wallot im Stil des Historismus erbaut

1932
Berlin hat mit 173 000 Juden (4,3 Prozent der Bevölkerung) die fünftgrößte jüdische Gemeinde der Welt.

1933
Machtübernahme der Nationalsozialisten. Im selben Jahr: Reichstagsbrand, Bücherverbrennung auf dem Opernplatz (heute Bebelplatz). Aufruf zum Boykott jüdischer Geschäfte durch Reichspropagandaminis-

ter Joseph Goebbels. Es folgen u. a. Berufsverbote für Juden, Zwangsenteignungen, Entfernung aus dem Staatsdienst.

1936
Die Olympischen Sommerspiele werden zum Propagandaspektakel.

1938
Reichspogromnacht (9./10. November): Anschläge auf Synagogen und jüdische Geschäfte.

1941
Beginn der Massendeportation der Berliner Juden in Konzentrations- und Vernichtungslager.

Der Krieg lässt von der einstigen Prachtstraße Unter den Linden nur ein Trümmerfeld zurück

1942
Auf der Wannsee-Konferenz am 20. Januar wird die Vernichtung der Juden beschlossen und detailliert geplant.

1943–45
Verheerende westalliierte Luftangriffe auf Berlin mit mehr als 50 000 Toten.

1944
Das Attentat auf Hitler am 20. Juli in Ostpreußen misslingt. Die Verschwörer unter Oberst Claus Graf Schenk von Stauffenberg werden im Bendler-Block (heute Gedenkstätte) hingerichtet.

1945
Adolf Hitler begeht am 30. April im Bunker der Reichskanzlei Selbstmord. Die Wehrmacht kapituliert am 8. Mai. Die schwer verwüstete Stadt wird von den vier Siegermächten USA, Sowjetunion, Großbritannien und Frankreich in vier Sektoren verwaltet. Der Wiederaufbau beginnt.

1948
Berlin-Blockade durch die Sowjets und politische Teilung; West-Berlin wird fast ein Jahr lang über die Luftbrücke versorgt.

1948
Zunehmender politischer Druck der SED an der (Ost-Berliner) Humboldt-Universität führt zur Gründung der Freien Universität in West-Berlin.

1949
In Bonn wird das Grundgesetz der Bundesrepublik Deutschland verkündet. (West-)Berlin wird unter Maßgabe alliierter Vorbehalte zu einem Bundesland der Bundesrepublik Deutschland. Im Oktober wird in Ost-Berlin die Deutsche Demokratische Republik (DDR) proklamiert, Ost-Berlin wird Hauptstadt und Regierungssitz der DDR.

1953

In Berlin-Friedrichshain nimmt der berühmte Arbeiteraufstand am 16. Juni 1953 seinen Anfang, am 17. Juni gibt es in der ganzen DDR Aufstände gegen die DDR-Regierung.

Direkt vor dem Brandenburger Tor verlief bis 1989 die Mauer und Grenze

1961

Bau der Berliner Mauer am 13. August.

1967/68

West-Berlin ist Zentrum der Außerparlamentarischen Opposition (Studentenbewegung).

1971

Das Viermächteabkommen garantiert die Transitwege und erleichtert den Besuch von West-Berlinern in Ost-Berlin.

Nach dem Fall der Mauer wollten viele erst einmal auf die Mauer

1987

750 Jahre Berlin: getrennte Feiern in beiden Teilen der Stadt.

1989

Friedliche Revolution in Ost-Berlin. Auf dem Alexanderplatz findet am 4. November die größte Demonstration in der Geschichte der DDR statt. Am 9. November fällt die Berliner Mauer.

1990

3. Oktober: Die Wiedervereinigung ist vollzogen. Der Tag der Deutschen Einheit wird Nationalfeiertag. Am 2. Dezember wird das erste Gesamtberliner Abgeordnetenhaus gewählt.

1991

Hauptstadtbeschluss des Deutschen Bundestags am 20. Juni in Bonn: Berlin wird Regierungssitz und Bundeshauptstadt.

1994

Die Alliierten verlassen Berlin – das Ende der Nachkriegszeit.

1995
Christo und Jeanne Claude verhüllen den Reichstag. Das Kunstwerk lockt Millionen Besucher nach Berlin.

1999
Die Bundesregierung zieht nach Berlin. Die Museumsinsel wird in die Liste des UNESCO-Welterbes aufgenommen.

2001
Neugliederung der 23 Berliner Bezirke in zwölf Verwaltungen. Eröffnung des Jüdischen Museums Berlin.

2005
Das Denkmal für die ermordeten Juden Europas (Holocaust-Mahnmal) wird eingeweiht.

Der neue Hauptbahnhof entstand in elf Jahren Bauzeit

2006
Mit dem neuen Hauptbahnhof eröffnet der größte Umsteigebahnhof Europas. Bei der FIFA-WM ist Berlin Gastgeber für vier Gruppenspiele, ein Viertelfinale und das Endspiel. Die Straße des 17. Juni wird zur Fan-Meile.

2008
Der älteste Verkehrsflughafen der Welt, der Flughafen Tempelhof, wird geschlossen. Sechs Berliner Quartiere des sozialen Wohnungsbaus der 1920er Jahre werden zum UNESCO-Welterbe ernannt.

2011
Nach den Wahlen zum Abgeordnetenhaus regiert eine große Koalition (SPD/CDU).

2012
Die Stadt feiert ihr 775-jähriges Bestehen.

2013
Grundsteinlegung für das Humboldt-Forum. Veranstaltungen zum 80. Jahrestag der Machtübernahme durch die Nationalsozialisten und zum 75. Jahrestag der Novemberpogrome.

Eine tolle Kulisse für Großveranstaltungen: das Berliner Olympiastadion

2014
Millionen Menschen feiern den 25. Jahrestag des Mauerfalls mit einer Lichtinstallation entlang eines Teils des ehemaligen Mauerverlaufs zwischen Ost- und West-Berlin. Bürgermeister Klaus Wowereit (SPD) tritt zurück, sein Nachfolger wird Michael Müller (SPD).

2015
Das Champions League Finale findet im Olympiastadion statt. Die Tempelhofer Freiheit (Ex-Flughafengelände) wird zur Rennstrecke der neuen Formel E für Elektroautos.

2016
Berliner Kommunalwahlen: Wer wird diesmal Bürgermeister? ⚜

BERLIN-MAGAZIN
DIE STADT ALS WUNDERTÜTE

Ein Labor für neue Lebens-, Mode- oder Esskultur, innovativ und immer auf dem Sprung – das ist Berlin. Hier werden Trends kreiert und neue Produkte erfunden. Ob Kräuteranbau auf dem Parkdeck, Cafés mit Barista-Experten oder Mikrobrauereien – der Wille, Neues auszuprobieren ist groß und die Berliner sind ein dankbares Publikum – hier liebt man den letzten Schrei!

Hauptstadt des Slow Coffee

Seit einiger Zeit gibt es in Berlin eine Art Kaffee-Elite – Baristi, die mehr wollen als nur Kaffee mit Milchschaum servieren oder mit teuren Kaffeemaschinen angeben. Die **Berlin Coffee Society** (www.facebook.com/BerlinCoffeeSociety), eine kleine Gruppe Berliner Independent Coffee Shops, tauscht sich bei diversen Events über guten Kaffee aus. Es geht um nachhaltigen, bewussten Kaffeegenuss, um Transparenz und Fairness. Der Fokus liegt auf der Bohne – vom Strauch bis in den Röster und natürlich auf der Zubereitung. Die meisten Baristi der **Slow-Coffee-Bewegung** besinnen sich auf alt bewährte Methoden wie das Filtern per Hand. Das sieht im **Chapter One** (vgl. S. 180) von Nora Šmahelová und Björn Köpke auch unglaublich schön aus: Auf dem Tresen des Cafés steht ein Siphon, in dem von Halogenbirnen angestrahlten Kolben steigt das kochende Wasser auf und verbindet sich mit dem Kaffeepulver zu einer rötlich braunen Flüssigkeit.

Größte Sorgfalt, angefangen beim Handel über das Rösten bis zur Zubereitung, sorgen für ultimativen Kaffeegenuss

Wie unterschiedlich guter Kaffee schmecken kann, zeigt auch Cory Andrew jeden Mittwoch bei seinen Kaffeeverkostungen im **Café CK** (vgl. S. 183). Darüber hinaus zählen Cafés wie **The Barn** (S. 182), **Café 9** (S. 179), **No fire no glory** (S.184) sowie **Westberlin** (S. 87) und **Double Eye** (S. 184) zur derzeitigen Berliner Kaffee-Elite.

*Die Berliner haben
ihre Liebe zum
Gärtnern in der
Stadt entdeckt und
verwandeln Brach-
flächen in kleine
Oasen*

Urban Gardening – Berlin gärtnert

Die Berliner sind unglaublich erfinderische Gärtner: Egal, ob
es darum geht, Obstbäume zu pflanzen, Blumenwiesen oder
Dachgärten anzulegen – für urbane Gartenprojekte werden
passende Ecken, Flächen und Nischen gefunden. In Kreuzberg hat man mit der **Wildblumenwiese** (vgl. S. 85) in der
Baerwaldstraße der Natur ein Stück Lebensraum zur Verfügung gestellt, welches in kürzester Zeit sowohl von einhei-
mischen Wildpflanzen als auch von allerlei Kleinlebewesen
in Anspruch genommen wurde. Dank des Engagements der
Anwohner entstand in den letzten Jahren eine ganze Wiese
mit Apfelbäumen im **Görlitzer Park** (vgl. S. 82) in Kreuzberg.
Da gibt es **Kiezgärten** wie zum Beispiel in der Schliemannstra-
ße 8 in Prenzlauer Berg. Dort bauen Nachbarn im Kleinen Obst
und Gemüse an, es wird gemeinsam gejätet und geerntet. Der
Garten wird zum Treffpunkt verschiedener Generationen oder
in Projekten, wie dem interkulturellen **Pyramidengarten** (vgl.
S. 133) in Neukölln, zum Schnittpunkt von Natur, Kultur und
Sozialem. Jede Gartensaison kommen hier Menschen unterschiedlicher nationaler, kultureller und religiöser Herkunft
zusammen.

*Kein Ort ist zu
ungewöhnlich, um
etwas zu pflanzen*

   Mehr als 500 Kulturpflanzen wachsen in den **Prinzessinnengärten** (vgl. S. 85) am Kreuzberger Moritzplatz. Da rankt und
blüht es aus aufeinandergesetzten Rohrverbindungsstücken,
aus Bäckerkörben und Hochbeeten. Das Gartenbauteam hat
auch schon vielfach geholfen, große und kleine Nutzgär-
ten für Berliner Kindergärten, Schulen etc. einzurichten. Im
Klunkerkranich (vgl. S. 134), einer Strandbar auf dem Parkdeck
des Einkaufscenters Neukölln-Arcaden, rankt und sprießt es
ebenfalls aus Eispackungen, Plastikeimern und Rohren, die
zu Beeten umfunktioniert wurden.

   Darüber hinaus gibt es noch das »wilde Gärtnern«. Dabei
greifen die Großstadtmenschen in Nacht- und Nebelaktionen
zu Schaufel und Samen und begrünen vernachlässigte städ-
tische Flächen. Mit Hundekot und Abfällen bestückte Baum-
scheiben (Erdreich unter Straßenbäumen) verwandeln sich so
plötzlich in blühende Blumenbeete.

Koof im Kiez!

Was wären die Berliner nur ohne ihre modernen Tante-Emma-Läden? Der Spätkauf ist eine einzigartige Erfindung: Er hat meist 24 Stunden geöffnet, sieben Tage die Woche. Doch »Späti« ist nicht gleich Späti. Da es keine Vorschriften für die Ausrichtung und Gestaltung der kleinen Läden gibt, hat jeder einzelne von ihnen Unikatcharakter. Während der eine von frischen Äpfeln bis zu Zahnbürsten wirklich alles führt, hat der andere lediglich Spirituosen, Süßigkeiten und Zigaretten im Repertoire. Und so hat, je nach Bedarf, der Kiezbewohner seinen Lieblings-Späti. Ob für das familiäre Abendbrot noch die Tomaten fehlen oder in der WG des Nachts auffällt, dass kein Toilettenpapier mehr da ist – der Späti ist immer Retter in der Not und hat schon über so manch einen sonntäglichen Hangover hinweggeholfen. Darüber hinaus ist der Stamm-Späti für viele auch ein sozialer Anker. Im Unterschied zum anonymen Supermarkt herrscht hier eine unverbindliche Vertrautheit zwischen Kunde und Verkäufer – man kennt sich. Der Kiezkrämer ist ein Mikrokosmos, hier treffen sich zu jeder Tages- und Nachtzeit Gleichgesinnte. Oft ist der Späti Anlaufstelle für Bier und Zigaretten auf dem Weg zur ersten Party. Kein Wunder, dass im Sommer entsprechend der Berliner Draußenkultur »Späti-Touren« in Mode sind: Aus den zufälligen Zusammentreffen entstehen spontane, kleine Partys vor den Läden und man zieht wandertagsmäßig von

Die entspannte Späti-Atmosphäre macht so manchem Club Konkurrenz

einem Späti zum nächsten. Übrigens: Für diejenigen, die nicht wissen, wo sich der nächstgelegene Spätkauf befindet, ist bereits die Durst-App auf dem Markt.

Berlin zum Anbeißen lecker – lokale Produkte

Berlin hat an Spezialitäten weit mehr zu bieten als Currywurst. Es gibt eine ganze Reihe an Souvenirs und Mitbringseln, die äußerst lecker sind. Zum Beispiel Honig: Die Imker der Hauptstadt sorgen durch fairen und innovativen Handel mit dem feinen **Berliner Honig** (www.berlinerhonig.de) für mehr Bienen in der Hauptstadt. Hier finden die schwarzgelben Tierchen eine große Blütenvielfalt und das schmeckt man! Die Sorten entstehen je nach Erntezeit und Fluggebiet der Bienen. Von welchem Imker der Honig stammt, ist auf jedem einzelnen Glas festgehalten. Selbst auf dem Berliner Dom hütet ein Stadtimker sein Bienenvolk (www.berlin.deutschland-summt.de).

Rund 500 Stadtimker gibt es in Berlin

Auch die Geschichte Berlins wird auf geschmacklicher Ebene erfahrbar: Die Backmischungen von **Backflasch** (www.backflasch.de) beziehen sich jeweils auf einen bekannten Platz der Stadt. So erinnern die Rosinen und Schokoladenstückchen aus dem Glas »Platz der Luftbrücke« an die Rosinenbomber der Alliierten. Die rot-gelb-grüne Mischung aus Cranberries, Apfel und Kürbiskern ehrt die erste Ampel Berlins, die 1924 am Potsdamer Platz errichtet wurde. Aber Vorsicht! Die per Hand befüllten Weckgläser sind wie das Leben in Berlin: verlockend und verhängnisvoll. Einmal auf den Geschmack gekommen, kann man schwerlich davon lassen.

Dieses Glas bietet alle Zutaten für leckere Plätzchen

Volle Pulle Berlin steckt in den Erzeugnissen der **Berliner Brandstifter** (www.berlinerbrandstifter.com). Sowohl Kornbrand als auch Gin werden aus regionalen Zutaten hergestellt und nach alter Familientradition siebenfach gefiltert. Dank besonders hohem Reinheitsgrad und mildem Geschmack sind die Spirituosen aus Berlin mittlerweile international begehrt.

Da sich der Berliner Winter bekanntlich schwer und nur in Erwartung des folgenden Berliner Sommers ertragen lässt, hat Benjamin Fischer aus Kreuzberg Abhilfe geschaffen mit dem **Berliner Winter** (www.berlinerwinter.de) in Form

*In der Berliner
Kaffeerösterei
prüft der Inhaber
Stefan Richter
die Qualität der
Röstung*

eines Mixgetränks aus Streuobstapfelsaft, Wodka und einer geheimen Gewürzmischung. Zu Ehren des großartigen Berliner Sommers, und weil das Produkt so gut ankam, wurde flugs das passende Pendant kreiert: Nach Apfelsaft, Wodka, Limetten und Waldmeister schmeckt der **Berliner Sommer**.

Neben der **Berliner Kaffeerösterei** (vgl. S. 212), die sich für nachhaltigen Kaffee, Tee und Schokolade verbürgt, importiert, röstet und verkauft Tres Cabezas den original **Berlinkaffee**. Den Bio und Fair Trade zertifizierten Kaffee gibt es in hübschen Beuteln mit Berlin-Skyline in vielen Berliner Bio-Supermärkten.

Wer Gummibärchen liebt, sollte zu den roten und grünen **Ampelmännchen** greifen, erhältlich u. a. in den gleichnamigen Shops, die auch noch viele andere Souvenirs in DDR-Ampelmännchenform bereit halten (http://ampelmann.de).

*Macht die kalte
Jahreszeit erträglicher: der »Berliner
Winter« ▷*

*Der Blick nach
oben in einem
typischen Berliner
Hinterhof*

Von elenden Mietskasernen zu grünen Oasen: Berliner Hinterhöfe

Hinter mancher Häuserfassade versteckt sich ein Paradies: Berlin ist bekannt für seine Hinterhöfe. Neben sehr detailliert aufgearbeiteten Wohn- und Gewerbehöfen, wie den **Hackeschen Höfen** (vgl. S. 54) oder den **Heckmann Höfen** (vgl. S. 162), gibt es in der ganzen Stadt viele kleine Oasen in Hinterhöfen zu entdecken. Wer sich auf Erkundungsreise begeben möchte, sollte einen Blick auf die Seite http://berliner-hinterhoefe. blogspot.de werfen oder sich einer geführten Tour durch die Welt der Berliner Hinterhöfe anschließen (vgl. S. 231).

Entstanden sind die Höfe in der zweiten Hälfte des 19. Jahrhunderts. Das hohe Bevölkerungswachstum und die Landflucht im Zuge der Industrialisierung hatte einen Wohnungsmangel in den Großstädten zur Folge. Ein Problem, auf das die preußische Regierung in Berlin mit speziellen Bebauungsplänen reagierte: Um freie Flächen optimal zu nutzen, entstand in den 1860er

Hinterhofkunst im Haus Schwarzenberg (vgl. S. 54) in Mitte

Jahren eine bis heute prägende sehr dichte Bebauung der Stadt. Die sogenannten Mietskasernen gliederten sich in mehrere Gebäudeteile. Auf das repräsentative, zur Straße gelegene Vorderhaus, welches dem Bürgertum vorbehalten war, folgten die standardisierten Kleinstwohnungen der Dienstboten und Handwerker im Hinterhaus, deren Zugang zu Tageslicht und frischer Luft oftmals nur durch die Hinterhöfe gewährleistet wurde. Die dunklen und heruntergekommenen Höfe fungierten als Zwischenraum, in dem sich Nachbarn trafen und sich die Wege der Bewohner aus unterschiedlichen Bevölkerungsschichten kreuzten.

Nach ihrer Sanierung entwickeln sich die Altbauten heute in der Regel zu begehrtem Wohnraum, bei dem ebenso der Gebrauchswert der Hinterhöfe groß ist. Hier wird häufig gegärtnert und gegrillt, und mancherorts sind kleine Biotope entstanden mit begrünten Fassaden und seltenen Gewächsen.

Zu einem wahren Schmuckstück wurden die Hackeschen Höfe renoviert

Auch hier zeigt sich wieder – die Berliner sind erfinderisch und selbst auf engstem (Stadt-)Raum ist Platz für Ideen und eine Hollywoodschaukel.

Aus Alt mach Neu: Weinbau und Brauereien

Berlin pflegt seine Traditionen auf ganz besondere Weise. Statt Altes nur zu kultivieren, wird es lieber neu interpretiert und weiterentwickelt. Vor gut 500 Jahren etwa erlebte der märkische Weinbau seine Blütezeit. Weingärten rankten sich entlang der Barnimhangkante, zwischen dem Weinbergsweg in

Sogar Wein – wenn auch nicht in großem Stil – wird in Berlin angebaut

Mitte und der Weinstraße in Friedrichshain. Die Straßennamen sind letzte Zeugen des Berliner Weinanbaus, die kleine Eiszeit erschwerte den Anbau und ließ die Rebstöcke absterben. In den 1970er Jahren wurde die alte Tradition wiederbelebt. Da Berlin jedoch kein offizielles deutsches Weinanbaugebiet ist, steht die hiesige Ernte per Gesetz nicht zum Verkauf. Der Berliner Wein wird zu besonderen Anlässen verschenkt und bei geführten Wein-(Fahrrad-)Touren (vgl. S. 230) verkostet (www.berlinerweinstrasse.eu; www.berliner-riesling.de).

Die Brauereitradition der deutschen Hauptstadt reicht nicht ganz so weit zurück. Aber auch hier spielte die Barnimkante eine wichtige Rolle: Der Hang im Süden von Prenzlauer Berg bot die Möglichkeit tiefe Kellergewölbe anzulegen, ersetzte damit die fehlenden Kühlanlagen und machte das Bier lager-

Lokale und handwerklich gebraute Biere wie das »Hops & Barley« beleben die Berliner Bierszene

fähig. Zu Beginn des 20. Jahrhunderts stieg Berlin zu Europas Brauereihauptstadt auf. Einige der großen Betriebe wie **Berliner Kindl** oder **Schultheiss** können sich bis heute behaupten. Im Trend liegen jedoch Mikrobrauereien, die ihre Spezialitäten für den lokalen Markt herstellen. Diese interpretieren alte Brauereikunst neu und stellen aromatische Biere her (Craft Beer), etwa Hops & Barley (vgl. S. 188) in Friedrichshain.

In der Bötzow Brauerei sind das Restaurant La Soupe Populaire (oben) und die Bar Le Croco Bleu (unten) zu finden

Auch alte Brauereiareale werden neu interpretiert: Sie sind begehrte Veranstaltungsorte, Produktions- und Arbeitsstätten, bieten luxuriösen Wohnraum und fungieren als extravagante Gastronomiestandorte. Die ehemalige **Bötzow Brauerei** (vgl. S. 108) im Prenzlauer Berg beispielsweise ist dank des von Ausstellungen begleiteten Restaurants des Sternekochs Tim Raue derzeit angesagte Adresse für Gourmets und Kulturliebhaber.

Die kreative Szene bespielt den früheren Sitz der **Kindl-Brauerei** (vgl. S. 134) in Neukölln mit einem Zentrum für zeitgenössische Kunst, und auch das Biobier Rollberger wird hier gebraut. Im Sudhaus steigen Partys. Die denkmalgeschützte **Oswald-Brauerei** (http://factoryberlin.com) in Mitte ist Hort für Start-up-Firmen und Tim Raues neuestes Gourmetlokal Studio (vgl. S. 181). ⚛

STADTTOUR
AB DURCH DIE MITTE

Zu erreichen ist der Potsdamer Platz aus allen Richtungen und mit allen Verkehrsmitteln: eine U-Bahnlinie, drei S-Bahnen, mehrere Regionalzüge und vier Buslinien halten unter oder direkt am Potsdamer Platz, der eine große Kreuzung ist.

Wo einst die Mauer verlief, ragen heute Hochhäuser am Potsdamer Platz in den Himmel auf

Vormittag: Potsdamer Platz – Holocaust-Mahnmal – Brandenburger Tor – Unter den Linden – Forum Friderizianum – Schlossbrücke – Humboldt-Box/Baustelle Humboldt-Forum – Berliner Dom – Museumsinsel – Hackescher Markt.

Nachmittag: Hackesche Höfe – Sophienstraße – Große Hamburger Straße – Auguststraße – Oranienburger Straße.

War das noch Westen, gehörte das zum Osten? Wo verlief die Mauer? Über 25 Jahre nach dem Mauerfall ist in Berlin zusammengewachsen, was zusammengehört. Die Narben der 40-jährigen Teilung sind weitgehend verschwunden, die Brüche mit touristischem Blick kaum zu erahnen, aber sie werden sichtbar gemacht. Der Potsdamer Platz ist eine der markantesten Nahtstellen zwischen Ost- und West-Berlin und damit ein guter Einstieg in eine Tour durch die Stadt und ihre wechselvolle Geschichte.

Gönnen Sie sich zum Auftakt einen Blick von oben. Der »schnellste Aufzug Europas« bringt Besucher in 20 Sekunden zum ❶ **Panoramapunkt** auf der 24. Etage im Kollhoff-Tower.

BERLIN WELCOMECARD

Wenn Sie eine Tageskarte für die öffentlichen Verkehrsmittel, oder eine WelcomeCard (vgl. Service von A bis Z) besitzen, können Sie jederzeit den Spaziergang unterbrechen und ein Teilstück bequem mit Bus oder Bahn zurücklegen. Mit der WelcomeCard erhalten Sie außerdem bei vielen Einrichtungen (Museen u. a.) Ermäßigungen auf den Eintrittspreis.

Das dunkelrote Klinkersteingebäude, ein Entwurf des Architekten Hans Kollhoff, orientiert sich an New Yorker Vorbildern der 1920/30er Jahre. Die Aussichtsterrasse in 100 Metern Höhe bietet großartige Blicke auf die neue Mitte Berlins, tief unten und weit darüber hinaus. Zudem fasst die historische Ausstellung »Berliner Blicke auf den Potsdamer Platz« rund 180 Jahre Geschichte des »Weltstadtplatzes« in Texten und Bildern auf 20 Tafeln anschaulich zusammen. Prägende Ereignisse waren das pulsierende Leben in den Vergnügungstempeln rund um den verkehrsreichen Platz in den Goldenen Zwanzigern, die

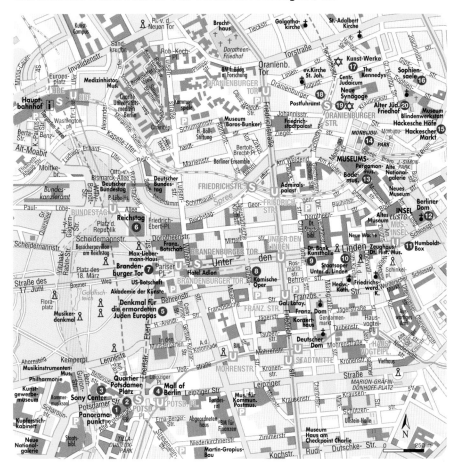

Blick vom Potsdamer Platz in die Leipziger Straße 1926

Das von Peter Eisenman entworfene Denkmal für die ermordeten Juden Europas umfasst 2711 Stelen auf einer Fläche von 19 000 m²

Zerstörungen im Zweiten Weltkrieg, der Aufmarsch sowjetischer Panzer am 17. Juni 1953, der Bau der Mauer 1961 und die folgende Brache, bis schließlich in den 1990er Jahren auf der größten Baustelle Europas mit dem ❷ **Quartier Potsdamer Platz** und dem ❸ **Sony Center** ein neues Stadtviertel entstand (vgl. S. 45). Die Bauten am ❹ **Leipziger Platz** auf dem historischen Oktagon-Grundriss kamen später hinzu. 2014 eröffnete als vorletztes Gebäude am Platz die **Mall of Berlin**, ein Mega-Einkaufscenter mit Wohnkomplex und Hotel. Zum Shopping und zum Freizeitvergnügen in den Kinos, Museen, Theatern, Restaurants und Bars rund um den Potsdamer Platz sollte man noch einmal wiederkommen.

Nach der Rundumsicht in luftiger Höhe geht es weiter zum nördlichen Eingang am Bahnhof Potsdamer Platz. Hier verweist eine Reihe von originalen Mauer-Elementen, unterbrochen durch Informationstafeln, exakt auf eine Stelle, an der die Mauer stand. Eine doppelte Pflastersteinreihe im Boden zieht sich durch die Stadt und markiert den Verlauf der Berliner Mauer auf der Westseite. Die eigentlichen Grenzsperranlagen nahmen einen viel breiteren Raum ein, wie an der Gedenkstätte Berliner Mauer zu sehen ist (vgl. S. 57). Zu ahnen ist dies entlang der Ebertstraße. Die Landesvertretungen einiger Bundesländer an der Straße In den Ministergärten und das ❺ **Denkmal für die ermordeten Juden Europas** wurden auf dem ehemaligen Todesstreifen errichtet. Das Stelenfeld des Holocaust-Mahnmals muss jeder für sich selbst erkunden, möglichst aus verschiedenen Perspektiven. Einen guten Überblick erhält man von der Dachterrasse auf der Ladenzeile an

der Cora-Berliner-Straße: Von oben wirken die unterschiedlich hohen Stelen wie Wellen. Im unterirdischen Ort der Information erfährt man mehr über die Verfolgung und Ermordung der europäischen Juden zwischen 1933 und 1945.

Gegenüber beginnt der **Große Tiergarten** (vgl. S. 42), der sich rund drei Kilometer nach Westen ausdehnt. Vorbei an der stark gesicherten Botschaft der USA erreicht man den Platz des 18. März. Nördlich überragt die gläserne Kuppel des ❻ **Reichstags** die Baumwipfel; für einen Aufstieg in die Kuppel muss man sich vorher anmelden (vgl. S. 56). Richtung Westen durchschneidet die Straße des 17. Juni – beliebter Festplatz für die Silvesterparty, Fanmeile und ähnliche Großveranstaltungen – den Tiergarten in voller Länge. Wir wenden uns nach Osten und jetzt kommt der feierliche Augenblick, den auch jeder hohe Staatsgast erlebt: Das monumentale, klassizistische, von einer bronzenen Quadriga gekrönte ❼ **Brandenburger Tor** wird durchschritten.

Zwischen 1961 und 1989 lag das Brandenburger Tor im Sperrgebiet, unerreichbar von West wie Ost. Spätestens als am 22. Dezember 1989 das erste Mauerstück aus der unüberwindlichen Befestigung gehoben wurde und einen Durchgang frei gab, wurde das Brandenburger Tor vom Symbol der Teilung zum Symbol der Wiedervereinigung und zum bekanntesten Wahrzeichen Berlins. Und längst ist der **Pariser Platz** mit dem besten Blick auf das Tor Touristenziel Nummer Eins. Da wird fotografiert, solange der Akku hält, machen geführte Gruppen zu Fuß, auf Rädern oder auf dem Segway Station, warten Kutschen und Velotaxis auf Kunden, spielen Laiendarsteller in Uniformen vor, wie es so sicher nicht zuging an den innerdeutschen Grenzen. Und so manche Gauner mischen sich unter die

Die Straße des 17. Juni erinnert an den Aufstand Ost-Berliner Arbeiter 1953; die Siegessäule stand früher vor dem Reichstag

Das bekannteste Wahrzeichen Berlins ist das Brandenburger Tor. Nicht weit ist es von dort zum Potsdamer Platz mit seinen Hochhäusern und dem Sony Center

Menge und versuchen mit immer neuen Tricks unvorsichtigen Touristen das Geld aus der Tasche zu ziehen.

Die Häuser rund um den Pariser Platz wurden allesamt in Anlehnung an die ursprüngliche Bebauung nach 1990 neu errichtet, mit Ausnahme der Torhäuschen. Im südlichen Torhaus gibt es eine Tourist Information, im nördlichen einen Raum der Stille, wobei das ständige Kommen und Gehen keine echte Stille aufkommen lässt.

Das **Max Liebermann-Haus,** in dem der Maler wohnte und heute die Stiftung Brandenburger Tor residiert, öffnet sich gelegentlich für Ausstellungen. Die **Französische Botschaft** bleibt neugierigen Touristen ebenso verschlossen wie die **US-Amerikanische Botschaft.** Vom spektakulären Atrium in dem Gebäude der **DZ Bank** kann man im gläsernen Eingangsfoyer einen Blick erhaschen. Frei zugänglich sind die **Akademie der Künste,** die mit ihrer gläsernen Fassade aus dem steinernen Rahmen fällt, und das **Hotel Adlon,** die freie Rekonstruktion des Originals von 1907, mit Bar in der Lobby und mehreren Restaurants.

An der Wilhelmstraße – die Straßensperrung nach Süden gilt der streng bewachten **Britischen Botschaft** – beginnt der Boulevard Unter den Linden. Am schönsten flaniert es sich auf dem Mittelstreifen, so lange die Baustellen es zulassen.

Rechts, hinter einem hohen Gitterzaun, fällt der Monumentalbau der Russischen Botschaft auf, gegenüber das schicke Großrestaurant Berlin-Moscow. Im nächsten Straßenblock folgen auf der Nordseite das Café Einstein, Treffpunkt vieler Politiker, der Buchladen Berlin Story mit einer großen Auswahl an Berlin-Büchern zu allen Themen und dem Historiale Berlin-Museum. Im Zollernhof daneben befindet sich das Hauptstadtstudio des ZDF.

Auf der gegenüberliegenden südlichen Seite der Linden verkauft die ❽ **Komische Oper** in ihrem Shop Tickets für ihre oft sensationellen Aufführungen. Die prominente Ecke zur Friedrichstraße hält das elegante **Hotel Westin Grand** besetzt.

Das Hotel Adlon, eine der ersten Adressen der Stadt, in einer historischen Ansicht

Im Automobilforum werden neben Autos im Untergeschoss auch Kunstausstellungen gezeigt. Überwiegend zeitgenössische Kunst präsentiert die ❾ **Deutsche Bank KunstHalle**.

Ab dem **Reiterdenkmal Friedrichs des Großen** und dem **Forum Friderizianum** am Bebelplatz wird der Boulevard königlich-preußisch. ❿ **Staatsoper** (Baustelle), **Humboldt-Universität, Neue Wache, Kronprinzessinnen- und Kronprinzenpalais, Zeughaus** und **Schlossbrücke** sind Zeugnisse der Baukunst des 17. bis 19. Jahrhunderts – und der 1950er Jahre, als die DDR-Führung die Kriegsruinen wiederaufbauen ließ. Das Berliner Schloss der Hohenzollern wurde 1950 gesprengt. An dessen Stelle nimmt das künftige **Humboldt-Forum** Gestalt an. In der ⓫ **Humboldt-Box** nebenan kann man sich im Café stärken und über das Forum informieren.

Wie verschwenderisch das Kaiserreich um die vorletzte Jahrhundertwende baute, kann man am ⓬ **Berliner Dom** ablesen: außen machtvoll-majestätisch, innen opulenter Neobarock.

Am nördlichen Ende des Lustgartens bildet das **Alte Museum** den architektonischen Auftakt zur ⓭ **Museumsinsel** (vgl. S. 37). Der Kolonnadenhof an der Bodestraße ist Eingangsbereich zum **Neuen Museum,** zur **Alten Nationalgalerie** und zum **Pergamonmuseum**. Das **Bode-Museum** an der nördlichen Inselspitze erreicht man über die Monbijoubrücke. Für Museumsbesuche sollte man einen Extra-Tag einplanen. Über die erst jüngst nach historischem Vorbild verbreiterte Friedrichsbrücke gelangt man zum ⓮ **Monbijoupark** und zum ⓯ **Hackeschen Markt**. Gute Gelegenheit für ein spätes Mittagessen: Die Auswahl an Restaurants im Umkreis dieser touristischen Hochburg ist riesig, nur sollte man keine Gourmetküche erwarten.

Skulpturenschmuck an der Fassade des Zeughauses Unter den Linden

In der Hohenzollerngruft im Berliner Dom sind viele Mitglieder des Adelsgeschlechts beigesetzt, allerdings keine Kaiser

Hackescher Markt und Oranienburger Straße

Donnerstag und Samstag ist Wochenmarkt auf dem ⑮ **Hacke-schen Markt**, dann wird es – zumindest im Sommer – noch enger auf dem großen Platz vor dem gleichnamigen S-Bahnhof. Denn all die Restaurants und Cocktailbars in den S-Bahnbögen stellen ihre Stühle und Tische auf den Platz und die bleiben nicht lange frei: Hier ist was los, hier will man sein.

Rund um den Hackeschen Markt, in der Rosenthaler und in der Oranienburger Straße pulsiert das Großstadtleben, das vor allem Touristen in Scharen anzieht, am Tag, am Abend und bis spät in die Nacht. Hauptattraktion sind die **Hackeschen Höfe**.

Anfang des 20. Jahrhunderts entstand in einem Gebäudeensemble um acht labyrinthische Höfe die typische Berliner Mischung aus Wohnen, Gewerbe und Kultur. In einem gelungenen Sanierungsprojekt wurde diese Mischung 1997 neu belebt. In den Hackeschen Höfen locken das Varieté Chamäleon, Kinosäle unterm Dach, Restaurants, Kneipen, Galerien Boutiquen für Mode, Taschen, Schuhe und Schmuck. Einige Designer haben hier auch ihre Werkstätten. Hingucker sind die Fassaden der Innenhöfe mit ihren raffinierten Mustern aus farbigen Glasursteinen – ein glänzendes Schmuckstück des Jugendstils.

Immer gut besucht sind die Lokale in den S-Bahnbögen am Hackeschen Markt

Triste Hinterhofatmosphäre dagegen zwei Häuser weiter im **Haus Schwarzenberg,** aber das ist so gewollt. Der Verein Schwarzenberg hat das Haus ersteigert, um es vor der Sanierung und damit vor steigenden Mieten für die hier arbeitenden Künstler und Initiativen zu bewahren. Im Haus gibt es drei Museumseinrichtungen (vgl. S. 54), ein Kino, einen Club und Galerien.

In der Sophienstraße sind die ⑯ **Sophiensaele,** ehemals Ballsäle und Versammlungsstätten des 1844 gegründeten Berliner Handwerkervereins, Spielstätte für anspruchsvolles Off-Theater und Performance-Projekte. Die Sophie-Gips-Höfe (Hausnummer 21), eine Verbindung zwischen der Sophien- und der Gipsstraße, haben die Eigentümer als Kunstpassage gestaltet.

Das Quartier zwischen Oranienburger, Rosenthaler Straße und Torstraße war bis 1933 unter dem Namen **Spandauer Vorstadt** ein Zentrum jüdischen Lebens. Heute dominieren hochpreisige Läden und vor allem Galerien. Die **Auguststraße** etwa ist eine renommierte Kunstmeile. International anerkannt ist hier u. a. ⑰ **Kunst-Werke Berlin,** ein Ausstellungshaus für zeitgenössische Kunst und Hauptquartier der zweijährlich stattfindenden Berlin Biennale. Im Nachbarhaus hat der Sammler Thomas Olbricht mit **me Collectors Room** ein offenes Haus für seine eigenwillige Kunstsammlung geschaffen, die Werke vom Beginn des 16. Jahrhunderts bis zur Gegenwartskunst umfasst. Mehrere Galerien sowie das **Museum The Kennedys**, beherbergt gegenüber die ehemalige Jüdische Mädchenschule. Um Esskultur auf hohem Niveau geht es in deren Turnhalle (Restaurant Pauly Saal vgl. S. 181). Das ehemalige ⑱ **Postfuhramt** (eröffnet 1881), ein prächtiger Backsteinbau an der Ecke Tucholsky-/Oranienburger Straße, wird derzeit saniert und beherbergt einen Firmensitz.

1938 konnte die ⑲ **Neue Synagoge** in der Reichsprogromnacht durch einen mutigen Polizisten vor der Zerstörung bewahrt werden; 1943 fiel sie einem Bombenangriff zum Opfer. In den 1980er Jahren begann der Wiederaufbau des Vordergebäudes, das seit 1991 wieder eine weithin sichtbare goldene Kuppel krönt. Auf dem Freigelände hinter der historischen Fassade sind die Umrisse der zerstörten Synagoge markiert, um die einstigen Dimensionen erkennbar zu machen. Ausstellungen im angeschlossenen **Centrum Judaicum** geben weitere Einblicke in die Geschichte der Berliner Juden.

Die Neue Synagoge war früher das größte jüdische Gotteshaus Deutschlands

An der Großen Hamburger Straße liegen die Reste des ersten ⑳ **Jüdischen Friedhofs** in Berlin. Moses Mendelssohn (1729–86), Philosoph und Wegbereiter der jüdischen Aufklärung, wurde hier beigesetzt. Unmittelbar davor stand ein jüdisches Altenheim, das die Nationalsozialisten 1942 ebenso wie die benachbarte Knabenschule zum Sammellager für Deportationen machten. Eine Figurengruppe als Mahnmal und ein Gedenkstein erinnern daran. Rund 50 Jahre nach der Vertreibung eröffnete die Schule am selben Ort wieder. Heute heißt sie Jüdisches Gymnasium Moses Mendelssohn.

In Clärchens Ballhaus treffen sich seit über 100 Jahren Menschen aller Generationen, um sich zu vergnügen

Zur Erholung nach diesem Rundgang bietet sich der ⑭ **Monbijoupark** mit der Strandbar Mitte an der Spree, oder, zurück an der Auguststraße, der lauschige Biergarten von Clärchens Ballhaus (vgl. S.198) an.

Die Oberbaum-
brücke über der
Spree – das Wahr-
zeichen der Bezirke
Friedrichshain und
Kreuzberg

DIE STADTVIERTEL BERLINS

MITTE-TIERGARTEN

BERLINS ALTE PRACHT, REGIERUNGS-
VIERTEL UND SHOPPINGZENTRUM

Die neue Mitte Berlins ist grenzenlos vielseitig: Metropole und Kiez, Regierungsviertel und Shoppingmeile, Museen und Theater, Luxuswohnen und Szenekneipen, grüne Parks und dunkle Hinterhöfe, Preußens Gloria und Berliner Mauer: Der authentische historische Ort und die lebendige, teils anarchische Gegenwart, dazu die stetige Veränderung sind die Hauptingredienzien des Gesamtkunstwerks Berlin – besonders verdichtet zu erleben in der Mitte der Stadt. Vom Bran-

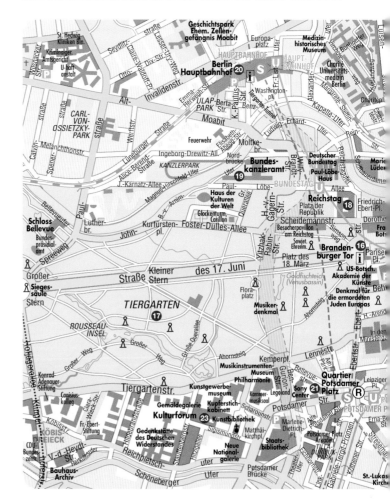

denburger Tor im Westen bis zum Alexanderplatz im Osten, von der Spree im Norden bis zur Leipziger Straße im Süden: das sind die Koordinaten, die grob die historische Mitte Berlins umreißen.

Nikolaiviertel

Die Wiege Berlins stand nahe dem Mühlendamm. Eine Furt durch die Spree stellte im 12./13. Jahrhundert die Verbindung zwischen Berlin, dem jetzigen ❶ **Nikolaiviertel**, und Cölln am westlichen Ufer her. Bei gezielten Grabungen am ❷ **Petriplatz**, aber auch beim U-Bahn-Bau vor dem Rathaus und am Schlossplatz haben Archäologen in den letzten Jahren immer wieder spannende Entdeckungen gemacht und Berlins mittelalterliche Vergangenheit zutage gefördert. Am Petriplatz – wo Berlin begann – soll ein Archäologisches Besucherzentrum ent-

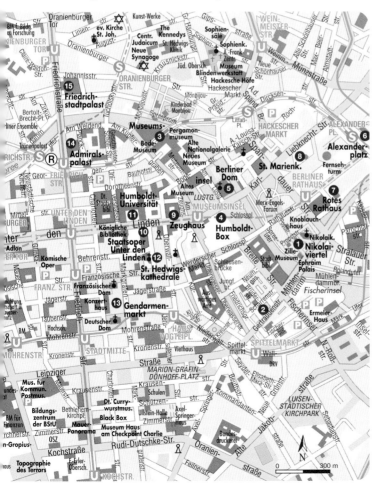

Siegesgöttin am hinteren Eingang des Reichstagsgebäudes

35

Das Nikolaiviertel ist die Wiege Berlins

stehen. Berlin von Anfang an erleben und genießen kann man im Nikolaiviertel. Im Zweiten Weltkrieg großflächig zerbombt, wurden die vier Straßenblocks zwischen Spree und Spandauer Straße zur 750-Jahrfeier der Stadt 1987 als Vorzeigeobjekt der DDR und Abbild des alten Berlin wiederaufgebaut.

Plattenbau und historisierende Giebel, Rekonstruktionen und originale Versatzstücke gehen eine seltsame Verbindung ein. Doch die autofreien Gassen mit Kopfsteinpflaster, die Brunnen und Denkmäler kommen gut an. Entsprechend viele Restaurants, Cafés, Kneipen und originelle Shops haben sich hier angesiedelt. 19 Informationstafeln im Viertel verraten zudem Historisches und Kurioses über Menschen und Häuser.

In einem der Plattenbauten hat sich das **Zille-Museum** eingerichtet und huldigt mit Werken des Berliner Malers und Graphikers dem verschwundenen »Milljöh«. Heinrich Zilles Lieblingskneipe Zum Nußbaum wurde milljöhgerecht rekonstruiert. Gegenüber erhebt sich die **Nikolaikirche** aus dem 13. Jahrhundert, deren himmelweisenden Doppeltürme ein Erkennungszeichen im Stadtbild sind. Das einzige im Krieg nicht zerstörte Gebäude ist das stattliche **Knoblauchhaus** von 1759, das lange im Familienbesitz blieb. Die ständige Ausstellung des Stadtmuseums zeigt dort mit originalgetreu ausgestatteten Wohnräumen, wie das Bürgertum der Biedermeierzeit lebte.

DIE BERLINER MAUER

Die Berliner Mauer trennte 28 Jahre lang den Ost-Berliner Stadtteil Mitte von den West-Bezirken Tiergarten und Wedding. Seit 2001 bilden sie einen gemeinsamen Bezirk. **Mitte** steht für das historische und politische Zentrum und repräsentiert neuen Luxus. Zu **Tiergarten**, mit viel Grün beschenkt, gehören Reichstag und Bundeskanzleramt, Potsdamer Platz und Kulturforum, Hansaviertel und Moabit. Der ehemals »rote« **Wedding** gehört zu den sozialen Brennpunkten der Stadt, zieht aber auch immer mehr junge Kreative, Studenten und Start-up-Unternehmen an.

Museumsinsel

Fünf Weltklasse-Museen in enger Nachbarschaft: Auf der ❸ 🔲 **Museumsinsel** öffnet sich ein Panorama der abendländischen Kulturgeschichte aus 6000 Jahren. Und die Museumsbauten, innerhalb von 100 Jahren entstanden, bilden den kostbaren Rahmen für die glanzvolle Präsentation dieser Schätze. 1999 wurde das einzigartige Ensemble zum UNESCO-Welterbe erklärt. Das **Alte Museum** am Lustgarten – den Bau hatte König Friedrich Wilhelm III. angeregt, die Pläne entwarf Karl Friedrich Schinkel – war 1830 das erste öffentliche Museum in Preußen. Als dies für die reichen königlichen Sammlungen zu klein wurde, kam das **Neue Museum** direkt am Kupfergraben nach Plänen Friedrich August Stülers hinzu. 1843–55 erbaut, wurde das Haus 1943 und 1945 von Bomben schwer beschädigt – und blieb Kriegsruine bis 2003. Durch den britischen Architekten David Chipperfield erlebte es eine sensationelle Wiederauferstehung. Die Spuren der Geschichte blieben erhalten und wurden eindrucksvoll mit neuen architektonischen Elementen verknüpft.

Reiterstandbild »Löwenkämpfer« vor dem Alten Museum

F. A. Stüler entwickelte auch den Plan für die **Alte Nationalgalerie**, die wie ein griechischer Tempel auf einem hohen Sockel thront. 1876 war sie vollendet. Das Reiterstandbild im Kolonnadenhof vor dem Museum porträtiert Friedrich Wilhelm IV., der 1841 die Spree-Insel zur »Freistätte für Kunst und Wissenschaft« erklärt hatte.

Das **Bode-Museum**, 1904 eröffnet, nimmt in Gestalt eines majestätischen Renaissance-Palastes die nördliche Inselspitze

Das Bode-Museum beherbergt u. a. eine beeindruckende Skulpturensammlung und das Museum für Byzantinische Kunst

ein. Das **Pergamonmuseum** schließlich, 1930 als letzter Bau auf der Insel eröffnet, wurde eigens für den Pergamonaltar errichtet.

In der **Alten Nationalgalerie** sind u. a. Spitzenwerke der Romantik (Caspar David Friedrich, Carl Blechen u. a.) und der Impressionisten (Monet, Manet, Degas) sowie Gemälde von Max Liebermann und Adolf Menzel zu sehen.

Im **Alten Museum** ist die Griechische und Römische Antike Thema und das **Neue Museum** zeigt Nofretete und die ägyptische Sammlung sowie Dokumente der Ur- und Frühgeschichte. Das **Pergamonmuseum** birgt Großarchitekturen der Antike (Markttor von Milet) und Vorderasiens (Ischtar-Tor und Prozessions-

*Große Meister
sind in der Alten
Nationalgalerie
versammelt*

straße) sowie das Museum für Islamische Kunst (Mschatta-Fassade, Aleppo-Zimmer). Der Pergamonaltar ist bis 2019 wegen Sanierung nicht zu sehen. Im **Bode-Museum** beeindrucken Holzskulpturen von Tilman Riemenschneider und andere Werke vom Mittelalter bis ins 19. Jahrhundert sowie ein Münzkabinett.

Unter der Leitung des Architekten David Chipperfields wird die Museumsinsel seit den 1990er Jahren kontinuierlich saniert und durch den Bau der **James-Simon-Galerie** am Kupfergraben als neuer Eingangsbereich vor dem Neuen Museum erweitert. Der Eingang zum Pergamonmuseum verbirgt sich derzeit am hinteren Ende des Kolonnadenhofs.

VON DER HUMBOLDT-BOX ZUM HUMBOLDT-FORUM

Bald hat das hässliche, würfelförmige »Ufo«, das 2011 auf dem Schlossplatz gelandet ist, ausgedient. Die ❹ Humboldt-Box, 2011 als Infostation zur Baustelle des **Humboldt-Forums** errichtet, wird mittlerweile von dessen wuchtigen Neubau verschattet. Hier entsteht ein Zentrum der Wissenschaft mit den Ausmaßen des einstigen Berliner Schlosses an derselben Stelle, an der 500 Jahre lang die Hohenzollern residierten. Drei Fassaden werden barock rekonstruiert, die dritte zur Spree soll eine moderne Gestaltung erhalten und eine Kuppel, die dank einer Großspende möglich wird, soll das Bauwerk wieder krönen. Einziehen werden voraussichtlich 2019 die Museen Dahlem (vgl. S. 143), die Humboldt-Universität mit ihren Sammlungen und die Zentral- und Landesbibliothek. Bis dahin zeigen diese Institutionen in der Humboldt-Box eine Vision der künftigen multimedial-modernen Präsentation ihrer Schätze. Sie soll zum »Dialog mit den Weltkulturen« anregen.

Auf der Nordseite der Box geben eine zweite Terrasse ganz oben und die großen Fenster der Ausstellungsetagen den Blick frei auf den Lustgarten, das Alte Museum und den monumentalen ❺ Berliner Dom, der dem Repräsentationswillen des letzten deutschen Kaisers, Wilhelm II., entsprach.

Zwischen Alexanderplatz und Rotem Rathaus

Als Shoppingzentrum und Umsteigebahnhof ist der »Alex«, wie die Berliner den ❻ **Alexanderplatz** nennen, immer gut besucht: 350 000 Menschen sind hier täglich unterwegs. Besonders reizvoll ist der Aufenthalt auf dem zugigen Alex nicht. Aber die zehn Meter hohe **Weltzeituhr** (Entwurf: Erich John), ein technisches Meisterstück aus DDR-Zeiten und ein Blickfang am südlichen Rand des Platzes, eignet sich noch immer bestens als Treffpunkt. Über der Weltzeituhr ist das Sonnensystem mit Planeten (Kugeln) und ihren mit Stahlkreisen dargestellten Bahnen dargestellt.

Eines der Wahrzeichen Berlins ist der **Fernsehturm** (Bj. 1969), mit seinen 365 Metern Höhe weithin sichtbar, guter Orientierungspunkt aus allen Richtungen und höchster Aussichtspunkt

Am 4. November 1989 schaute die Welt erstaunt nach Ost-Berlin. Hunderttausende Menschen versammelten sich auf dem Alexanderplatz zur größten Demonstration gegen das DDR-Regime. Es war der Höhepunkt der Friedlichen Revolution: Fünf Tage später fiel die Berliner Mauer.

Zusammen mit dem Fernsehturm wurde 1969 auch die Weltzeituhr am Alexanderplatz eingeweiht

*Der Neptun-
brunnen am Roten
Rathaus stand
ursprünglich vor
dem Stadtschloss*

(in 202 m Höhe) der Stadt. Das Hochhaushotel Park Inn ist mit 125 Metern und einer **Aussichtsplattform** im 40. Stock auch eines der höchsten Gebäude der Stadt. Hier kann man sich als **Base-Flyer** (vgl. S. 59) in die Tiefe stürzen. In der Nähe sind zwei weitere Wolkenkratzer geplant: Stararchitekt Frank Gehry hat für einen US-amerikanischen Investor einen Wohnturm mit 39 Etagen und 150 Metern Höhe für den östlichen Rand des Alexanderplatzes entworfen. Genauso hoch soll das neue Hochhaus eines russischen Investors neben dem Einkaufszentrum Alexa werden.

Mit seinem 74 Meter hohen Turm kann das ❼ **Rote Rathaus** da zwar nicht mithalten, aber 1869 war der neue Backsteinkoloss in Sichtweite des Berliner Schlosses ein unübersehbarer Ausdruck der erstarkten Macht des Bürgertums gegenüber dem Preußenkönig.

Der große namenlose Platz zwischen dem Rathaus und der ❽ **St. Marienkirche** ist – trotz des U-Bahnbaus – eine beliebte Ruhezone beim Stadtrundgang. Vor der Kirche laden Bänke unter schattigen Bäumen ein, rund um den **Neptunbrunnen**, der einst vor dem Schloss stand, toben Kinder.

An den Rand zur Karl-Liebknecht-Straße geschoben wurde das überlebensgroße Bronzedenkmal der beiden kommunistischen Vordenker Karl Marx und Friedrich Engels. Das zur DDR-Zeit gestaltete **Marx-Engels-Forum** dient derzeit als Logistikzentrum für den U-Bahn-Bau; Einblicke gibt es an der Rathausstraße.

Unter den Linden

*Vom Branden-
burger Tor bis
zur Schlossbrücke
erstreckt sich der
breite Boulevard
Unter den Linden*

Sehr preußisch, dieser Boulevard mit mächtigen Bauten und natürlich Bäumen: Die ersten Lindenbäume ließ der Große Kurfürst Friedrich Wilhelm 1647 pflanzen. Damit sollte der Reitweg vom Schloss in das Jagdrevier Tiergarten attraktiver gestaltet werden. Kurfürst Friedrich III., der strategisch seine Krönung zum »König in Preußen« (1701) vorbereitete, gab den Befehl repräsentative Bauten in seiner künftigen Resi-

denzstadt zu errichten. Den Anfang sollte das ❾ ▣ **Zeughaus** machen. Der Grundstein für dieses Waffenarsenal wurde 1695 gelegt, nach 35 Jahren Bauzeit galt das Zeughaus, heute Sitz des **Deutschen Historischen Museums**, als vollendet. Unter Friedrich II., dem Großen, entstand nach seiner Thronbesteigung 1740 das **Forum Fridericianum**. Das Bauensemble um den Bebelplatz vereinte nach Friedrichs Vorstellungen königliche Macht mit Kunst und Wissenschaft. Das einstige Königliche Opernhaus, heute ❿ **Staatsoper Unter den Linden**, ist derzeit ein langwieriger Sanierungsfall. Die **Königliche Bibliothek**, wegen ihrer geschwungenen Fassade Kommode genannt, beherbergt die Juristische Fakultät der ⓫ **Humboldt Universität zu Berlin**. Als 1810 die Berliner Universität gegründet wurde, erhielt sie das friderizianische **Prinz-Heinrich-Palais** als **Hauptgebäude**; das ist es heute noch. Die ⓬ **St. Hedwigskathedrale** ließ Friedrich der Große für Preußens katholische Untertanen errichten. Ihm selbst wurde von seinen Nachfolgern ein Denkmal gesetzt: Das monumentale **Reiterstandbild Friedrichs des Großen** auf der Mittelinsel vor dem Bebelplatz (1851 enthüllt) ist ein Meisterwerk des Bildhauers Christian Daniel Rauch.

Der Bebelplatz (damals Opernplatz) war am 10. Mai 1933 Schauplatz der von den Nazis inszenierten Bücherverbrennung. Ein Denkmal des israelischen Künstlers Micha Ullman erinnert daran: Durch eine Glasscheibe im Boden erblickt man leere Bücherregale.

Französischer Dom am Gendarmenmarkt

Gendarmenmarkt

Berlins schönster Platz, der ⓭ ▣ **Gendarmenmarkt**, trägt ebenfalls die Handschrift Friedrichs des Großen – und die des großen klassizistischen Baumeisters Karl Friedrich Schinkel. Auf Wunsch des preußischen Königs wurde den Kirchen der französischen und der deutschen Gemeinde 1777 je eine Säulenhalle mit einem hochaufragenden Kuppelturm (franz. dôme) angefügt und der Marktplatz nach dem zuvor hier stationierten Regiment Gens d'Armes benannt. Die Kuppeln gaben dem **Französischen Dom** und dem **Deutschen Dom** ihre Namen. Schinkel trat 40 Jahre später auf und lieferte mit dem Neubau des zuvor abgebrannten Nationaltheaters eines seiner Meisterstücke ab. Sein Theaterbau wurde im Zweiten Weltkrieg schwer beschädigt; der Wiederaufbau mit Veränderungen vor allem im Inneren war 1984 abgeschlossen. Seither dient das klassizistische Haus mit der imposanten Freitreppe als **Konzerthaus**.

Friedrichstraße

Die Friedrichstraße hat längst den Sprung in das 21. Jahrhundert geschafft. Schicke Hotels, teure Restaurants und jede Menge Luxusgeschäfte: Die Shoppingmeile erstreckt sich vom Bahnhof Friedrichstraße südlich bis zur Leipziger Straße. Und damit das Shoppingvergnügen nicht bei schlechtem Wetter ins Wasser fällt, verbinden unterirdische Einkaufspassagen die **Quartiere 205 und 206** mit dem französischen Warenhaus **Galeries Lafayette**, zwischen Französischer Straße und Mohrenstraße.

Nördlich des Bahnhofs bis zur Oranienburger Straße ist die Friedrichstraße wie in den 1920er Jahren ein beliebtes und belebtes Ausgeh- und Theaterviertel. In Anlehnung an New York hat sich eine Reihe Unterhaltungstheater zum Berliner »East End« zusammengeschlossen. **Admiralpalast**, das Kabarett **Die Distel** (vgl. beide S. 208) und das Jüdische **Theater Bimah** teilen sich den schön sanierten ❶ **Admiralspalast-Komplex**. Der ❶ **Friedrichstadtpalast** (vgl. S. 209), zweifellos der Star im East End mit der weltgrößten Bühne und seinen Tanz und Akrobatik-Shows in opulenter Ausstattung, beherbergt auch den **Quatsch Comedy Club** (vgl. S. 208).

Die Friedrichstraße gehört zu den schicksten Einkaufsstraßen Berlins

Brandenburger Tor, Tiergarten, Regierungsviertel

Gekrönt ist das ❶ ❹ **Brandenburger Tor,** nach griechischem Vorbild (Entwurf Carl Gotthard Langhans d. Ä.) 1789–91 erbaut, mit der von Johann Gottfried Schadow geschaffenen **Quadriga** samt Siegesgöttin Viktoria. 1806 zog Napoleon mit seinen Truppen durch das **Brandenburger Tor**, besetzte Berlin und ließ auf dem Rückweg die vierspännige Pferdeskulptur mit der Siegesgöttin als Kriegsbeute nach Paris entführen. Doch 1814 wurde sie von den siegreichen Preußen im Triumphzug nach Berlin zurückgeholt; der Pariser Platz soll daran erinnern.

Hinter der Fassade des Quartiers 206 in der Friedrichstraße verbirgt sich ein Luxus-Shoppingcenter

Der ❼ **Tiergarten**, der sich vom Brandenburger Tor aus nach Westen erstreckt, ist ein innerstädtisches Paradies, ein abwechslungsreicher Landschaftsgarten mit schattenspendenden Bäumen und reizvollen Wegen zum Flanieren, Joggen oder Radfahren. Wasserläufe und Seen mit kleinen Inseln, von Brücken gequert durchziehen den Park. Zahlreiche Denkmäler erinnern an historische Größen, von Mozart bis Goethe, von Königin Luise bis Fontane. Liegewiesen und Bänke laden zur Erholung ein. Der Weg zum Regierungsviertel führt

GESCHICHTE DES REICHSTAGS

Der Reichstag wurde 1884–94 nach Plänen von Paul Wallot als Parlamentsgebäude des Deutschen Reiches erbaut – auf Drängen des Kaisers auf der grünen Wiese vor der Stadt und nicht in der Nähe des Hohenzollernschlosses.

Nach dem Ende der Monarchie rief der Abgeordnete Philipp Scheidemann am 9. November 1918 im Reichstag die Republik aus. 1933 nutzten die Nationalsozialisten den Reichstagsbrand als Vorwand zur Aufhebung wichtiger Grundrechte. Damit begann die Verfolgung politisch Andersdenkender. 1945 hissten Soldaten der Roten Armee auf dem Dach die sowjetische Fahne als Zeichen des Sieges über den Nationalsozialismus.

In der geteilten Stadt gehörte das Gebäude zu West-Berlin, durfte aber nicht politisch genutzt werden – bis 1990. Am 3. Oktober war der Reichstag Schauplatz der offiziellen Feierlichkeiten am Tag der Deutschen Einheit. 1995 rückten die Künstler Christo und Jeanne Claude den Reichstag spektakulär in den Mittelpunkt, als sie das monumentale Gebäude mit silbrig flimmernden Stoffbahnen verhüllten. 1999 nach komplettem Umbau und Modernisierung im Inneren nahm der Deutsche Bundestag hier seine Arbeit auf.

durch den kleinsten Bereich am nordöstlichen Ende des Parks. Massiv erhebt sich am Platz der Republik der 1894 eröffnete **❿ ❺ Reichstag** mit der 1999 aufgesetzten gläsernen Kuppel, ein Entwurf des britischen Architekten Sir Norman Foster. Das ehrwürdige Haus, in dem die Plenarsitzungen des Deutschen Bundestags stattfinden, steht »Dem Deutschen Volke« offen, wie auf dem Giebel über dem Eingangsportal zu lesen ist. Wer sich frühzeitig angemeldet hat, betritt das ehrwürdige Haus an der Scheidemannstraße durch Sicherheitsschleusen. Mit dem Fahrstuhl geht es zur Dachterrasse am Fuß der gläsernen Kuppel – Innehalten für einen ersten Ausblick. Im Inneren der Kuppel windet sich spiralförmig eine Rampe hinauf zu

Hinter der Quadriga auf dem Brandenburger Tor erhebt sich die gläserne Kuppel des Reichstags

Im Marie-Elisabeth-Lüders-Haus tagen u. a. parlamentarische Untersuchungsausschüsse

Das Bundeskanzleramt von Axel Schultes und Charlotte Frank

einer großen Aussichtsplattform hinter Glas. Aus 40 Metern Höhe hat man freie Sicht in alle Richtungen, weit über das Regierungsviertel hinaus. Ebenso faszinierend wie der Ausblick ist das verspiegelte trichterförmige Kegelelement in der Kuppelmitte, das auf raffinierte Weise computergesteuert den Plenarsaal unterhalb belichtet, belüftet, entlüftet und vor allem Einblicke nach unten erlaubt.

Als »Band des Bundes«, entworfen von den Architekten Axel Schultes und Charlotte Frank, ziehen sich nördlich des Reichstags die wichtigsten Regierungsbauten von West nach Ost und bilden den Brückenschlag in der ehemals geteilten Stadt. Das beginnt mit dem ❶⓭ **Bundeskanzleramt**, dem 36 Meter hohen Gebäudekomplex an der Spree, findet seine Fortsetzung im **Paul-Löbe-Haus**, in dem Ausschussräume

Strandbar und Hauptbahnhof

und Büros für Parlamentsabgeordnete untergebracht sind, überspannt auf einem Steg die Spree und den Spreebogen und endet am **Marie-Elisabeth-Lüders-Haus** am östlichen Spreeufer. Das Haus beherbergt die Parlamentsbibliothek mit Archiv. Ein Ausstellungsraum für zeitgenössische Kunst und ein Mauer-Mahnmal sind öffentlich zugänglich. Über den davor liegenden Uferweg gelangt man Richtung Westen zum gläsernen ⓴ **Hauptbahnhof**, der 2006 eröffnet wurde; er gilt als größter Umsteigebahnhof Europas mit vielen Geschäften und mehreren Restaurants.

Potsdamer Platz

Am südöstlichen Rand des Tiergartens ist zu allen Seiten des Potsdamer Platzes in den 1990er Jahren ein komplett neues Stadtquartier entstanden. Südlich erstreckt sich das ㉑ 🖻 **Quartier Potsdamer Platz** bis zum Landwehrkanal. Auf der Nordseite der Potsdamer Straße beeindruckt das **Sony Center**, ein Glas-Stahl-Gebäude-Komplex des deutsch-US-amerikanischen Architekten Helmut Jahn. Unter der spektakulären Zeltkons-truktion ist das große Atrium mit Kinos, Restaurants, Cafés und Bänken ein beliebter Treffpunkt und Ort verschiedener Veranstaltungen, vom Public Viewing bis zum Weihnachtslichterzauber. Abends leuchtet das Zeltdach in wechselnden Farben. Während der Berlinale, der Internationalen Filmfestspiele Berlin im Februar, wird der Potsdamer Platz zum Nabel der internationalen Filmwelt. Dann kann man die Stars beim Schreiten über den roten Teppich vor dem **Berlinale-Palast** (vgl. Theater am Potsdamer Platz S. 205) beobachten und ihnen womöglich in einer der zahlreichen Bars ringsum nahe kommen.

Östlich des Potsdamer Platzes wurde der **Leipziger Platz** komplett neu auf dem alten Oktagon-Grundriss bebaut. 2014 eröffnete die ㉒ **Mall of Berlin**, ein Mega-Shopping-Center mit Wohnblock und Hotel.

Spektakulärer Blickfang im Sony Center ist die Dachkonstruktion, die nachts unterschiedlich beleuchtet wird

Kulturforum

Gemäldegalerie, Kunstgewerbemuseum, Kupferstichkabinett, Kunstbibliothek und Neue Nationalgalerie, dazu Philharmonie, Kammermusiksaal und Musikinstrumenten-Museum sowie die Staatsbibliothek: Am ㉓ **Kulturforum** sind Schätze und Kostbarkeiten aus Jahrhunderten vereint.

Während die **Philharmonie**, Heimstatt der Berliner Philharmoniker, keine Probleme hat, allabendlich die 2000 Plätze im großen Konzertsaal zu füllen, und im Kammermusiksaal außergewöhnlich musikalische Entdeckungen zu machen sind, tun sich die Museen schwer, Besucher anzulocken.

Das Kulturforum bietet mit der Gemäldegalerie und der Neuen Nationalgalerie zwei hochkarätige Museen

Über die äußere Gestaltung des Gebäudeensembles aus den 1980er Jahren streiten die Stadtplaner seit ewigen Zeiten. So sollte die Piazetta, die schräg zum Eingang am Kulturforum hinaufführt (und bei Glatteis ihre Tücken hat), längst umgestaltet werden. Andererseits hat man gerade aus dieser Perspektive einen großartigen Blick auf das Gesamtensemble Sony Center und Potsdamer Platz. Der Streit ums Äußere sollte aber nicht von den Inhalten ablenken. Vor allem die **Gemäldegalerie** mit ihrer grandiosen Sammlung Alter Meister vom 13. bis 18. Jahrhundert ist eine Schatzkammer, die zu entdecken sich lohnt: Rubens, van Dyck, Caravaggio, Bruegel, Dürer, Raffael, Tizian, Caravaggio, Rembrandt und Jan Vermeer …

Die **Neue Nationalgalerie**, der lichte Kunsttempel von Mies van der Rohe aus den 1960er Jahren, der für die Sammlungen

Die Matthäus-Kirche von 1846 hinter der Neuen Nationalgalerie sticht als einziges historisches Bauwerk im Kulturforum heraus

moderner Kunst längst zu klein geworden ist, soll einen Erweiterungsbau erhalten. Doch erst wird das Haus saniert – und bleibt bis Ende 2017 geschlossen.

Erinnerungslandschaft

Als die Mauer 1989 fiel, dachten nur wenige daran, den »Schandfleck« und seine historische Bedeutung für die Nachwelt sichtbar zu bewahren. »Die Mauer muss weg«, war ziemlich einhellig die Meinung. Jahre danach hatte sich die Einstellung gewandelt. Vor allem immer mehr junge Leute und Touristen stellten Fragen wie diese: Wo stand eigentlich die Mauer? Wie war das Leben mit und hinter ihr? Wie funktionierte das System DDR?

Umfassend gibt die zentrale ❷❹ **7** **Gedenkstätte Berliner Mauer** in der Bernauer Straße zu diesem einzigartigen Kapitel der Berliner Geschichte Auskunft und zugleich anschaulich Einblicke, wie das Unterdrückungssystem Mauer funktionierte. Am unteren Ende der Bernauer Straße stehen noch originale Mauerteile. Dahinter erweckt das künstlerisch gestaltete »Fenster des Gedenkens« mit Fotos und Lebensdaten der Maueropfer, die ihren Fluchtversuch mit dem Leben bezahlten, ebenso Emotionen wie im nächsten Abschnitt die Geschichten vom Mauerbau direkt an dieser Straße, als Menschen aus den Fenstern ihrer Häuser sprangen, um in den Westen zu gelangen. Erzählt wird auch mit Fotos und Zeitzeugenberichten an Hör- und Videostationen vom Schicksal getrennter Familien und dramatischen Fluchten. Die Häuser wurden im Zuge des weiteren Mauerausbaus abgerissen, archäologische Grabungen machen die

Wer Berliner Geschichte und die Teilung der Stadt verstehen möchte, sollte unbedingt die interessante Gedenkstätte Berliner Mauer aufsuchen

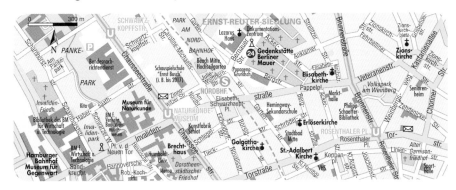

Mauerabriss 1990 in der Bernauer-Ecke Ackerstraße

Reiterstandbild König Friedrich Wilhelms IV. von Preußen an der Freitreppe der Alten Nationalgalerie

Grundrisse wieder sichtbar. Bewegend auch die Kapelle der Versöhnung: Der schlichte Lehmbau nimmt die Stelle der alten Versöhnungskirche ein, die 1985 gesprengt wurde, weil sie dem weiteren Ausbau der Grenzanlagen im Weg stand.

Das Denkmal »In Erinnerung an die Teilung der Stadt vom 13. August 1961 bis zum 9. November 1989 und zum Gedenken an die Opfer kommunistischer Gewaltherrschaft« besteht aus einem Original Stück Mauer: Zwei hohe Stahlwände begrenzen den 70 Meter langen Grenzstreifen, auf den man nur durch Sehschlitze einen Blick werfen kann.

Zusätzliche Informationen erhält man im Besucher- und im Dokumentationszentrum der Gedenkstätte. Dort gibt es seit dem 25. Jahrestag des Mauerfalls am 9. November 2014 eine neue Dauerausstellung.

SERVICE & TIPPS

ℹ Tourist Information
Pariser Platz, Mitte
U-/S-Bahn: Brandenburger Tor
✆ (030) 25 00 25
www.visitberlin.de
Tägl. April–Okt. 9.30–19,
Nov.–März 9.30–18 Uhr

❸ ① 🏛 Museumsinsel:
S5/7/75: Hackescher Markt, Mitte
Bus 100/200: Lustgarten
✆ (030) 266 42 42 42
www.smb.museum
Bereichskarte Museumsinsel
€ 18/9, online: € 17/8,50

– 🏛 🍴 ⛴ Alte Nationalgalerie
Bodestr. 1–3
Tägl. außer Mo 10–18, Do bis 20 Uhr
Eintritt € 10/5, online € 9/4,50, bis 18 J. frei
Ein Tempel für die Kunst, erbaut 1867–76 von Schinkel-Schüler Friedrich August Stüler; beherbergt Meisterwerke des 19. Jh. (Gemälde und Skulpturen).

– 🏛 🍴 ⛴ Altes Museum/ Antikensammlung
Eingang: Am Lustgarten
✆ (030) 266 42 42 42
Tägl. außer Mo 10–18, Do bis 20 Uhr
Eintritt € 10/5, online € 9/4,50, bis 18 J. frei
Das erste Königliche Museum in Preußen entstand nach einem Entwurf Karl Friedrich Schinkels (1825–30). Die Dauerausstellung entführt mit Skulpturen, Grabreliefs, Vasen, Fresken und Preziosen in »Antike Welten« der Griechen (im Hauptgeschoss) sowie der Etrusker und Römer im Obergeschoss.

– 🏛 🍴 ⛴ Bode-Museum
Am Kupfergraben 1
Tägl. außer Mo 10–18, Do bis 20 Uhr
Eintritt € 10/5, online € 9/4,50, bis 18 J. frei
In großen Sälen und kleinen Kabinetten kommen die Werke der Skulpturensammlung vom frühen Mittelalter bis zum späten 18. Jh., zum großen Teil mit christlich-religiösem Hintergrund, wirkungsvoll zur Geltung. 500 000 Objekte hat das Münzkabinett im Depot; die Sammlung vom 7. Jh. v. Chr. bis zu heutigen Münzen und Medaillen kann man als Chronik der Menschheitsgeschichte lesen.

– 🏛 🍴 ⛴ Neues Museum
Eingang: Bodestr. 1–3
Tägl. 10–18, Do bis 20 Uhr
Eintritt € 12/6, online € 11/5,50, bis 18 J. frei
Wer die berühmte Büste der **Nofretete** sehen will, ist hier richtig. Das **Ägyptische Mu-**

seum mit Papyrussammlung, das **Museum für Vor- und Frühgeschichte und** die Antikensammlung präsentieren Schätze der vor- und frühzeitlichen Kulturen vom Vorderen Orient bis zum Atlantik, von Nordafrika bis Skandinavien. Allein die Architektur (David Chipperfield) des 2009 wiedereröffneten Baus ist beeindruckend. Alte Pracht und Moderne gehen eine gelungene Symbiose ein.

– 🏛 **Pergamonmuseum**
Eingang: Bodestr. 1–3, durch den Kolonnadenhof
Tägl. 10–18, Do bis 21 Uhr
Eintritt € 12/6, online € 11/5,50, bis 18 J. frei
Bis 2019 ist der Saal mit dem Pergamonaltar aufgrund von Sanierungsarbeiten gesperrt. Die weiteren Säle der Antikensammlung (Markttor von Milet), das Museum für Islamische Kunst (Mschatta-Fassade) und das Vorderasiatische Museum (Ischtartor/Prozessionsstraße von Babylon) sind jedoch weiterhin zugänglich.

㉓ *Kulturforum:*

– 🏛 💺 👥 **Gemäldegalerie**
Matthäikirchplatz
Tiergarten
U-/S-Bahn: Potsdamer Platz,
Bus 200: Philharmonie
✆ (030) 266 42 42 42
www.smb.museum
Tägl. außer Mo 10–18, Do bis 20 Uhr
Eintritt € 10/5, online € 9/4,50, bis 18 J. frei
Die Dauerausstellung im weitläufigen Gebäude zeigt mehr als 1000 Meisterwerke der europäischen Malerei vom 13.–18. Jh.

– 🏛 💺 👥 **Kunstgewerbemuseum**
U-/S-Bahn: Potsdamer Platz,
Bus M48/M85: Kulturforum
Tägl. außer Di 10–18 Uhr
Eintritt € 8/4, online € 7/3,50
Die neue Dauerausstellung beinhaltet eine Modegalerie. Mit Shop und Café.

Im Sommer lädt das Freiluftkino am Kulturforum vor herrlicher Kulisse zum Filmgenuss

Das Bauhaus-Archiv widmet sich einer der bedeutendsten Strömungen in Architektur, Kunst und Design des 20. Jahrhunderts

Mies van der Rohes Ikone der Klassischen Moderne: die Neue Nationalgalerie

– 🏛💌👁 Kupferstichkabinett
U-/S-Bahn: Potsdamer Platz,
Bus M48/M85: Kulturforum
Di–Fr 10–18, Sa, So 11–18 Uhr
Eintritt je nach Ausstellung
Wechselnde kleine, feine Ausstellungen aus einem enormen Schatz an» Kunst auf Papier«.

– 🏛💌 Musikinstrumenten-Museum
Tiergartenstraße 1/Eingang: Ben-Gurion-Straße, Tiergarten
✆ (030) 25 48 11 78
U-/S-Bahn: Potsdamer Platz
www.mim-berlin.de
Di–Fr 9–17, Do 9–20 , Sa/So 10–17 Uhr, Eintritt € 6/3
SIM-Café (preiswerte Mittagsgerichte): Di–Fr 10–16, Sa 11–14 Uhr
Sehr interessante Sammlung historischer Musikinstrumente.

– 🏛💌 Neue Nationalgalerie
Potsdamer Str. 50, Tiergarten
U-/S-Bahn: Potsdamer Platz,
Bus M29: Potsdamer Brücke
✆ (030) 266 42 42 42
www.smb.museum
Di–Fr 10–18, Do bis 20, Sa/So 11–18 Uhr
Eintritt € 8/4, online € 7/3,50, bis 18 J. frei
Die markante Glashalle über einem Sockelbau wurde 1965–68 nach Plänen von Ludwig Mies van der Rohe erbaut. Kunst der ersten Hälfte des 20. Jh. Schließung bis 2017.

Weitere Museen:

🏛👁 Bauhaus-Archiv Berlin – Museum für Gestaltung Berlin
Klingelhöferstr. 14
Tiergarten
Bus M29/100: Lützowplatz
✆ (030) 254 00 20
www.bauhaus.de
Tägl. außer Di 10–17 Uhr
Eintritt € 7/4, Sa–Mo € 8/5
1979 nach Entwürfen des Bauhaus-Gründers Walter Gropius errichtet; beherbergt die weltgrößte Sammlung zum Bauhaus (1919–33), der bedeutenden Schule für Architektur, Design und Kunst im 20. Jahrhundert. Zu sehen sind Originale der Klassischen Moderne, darunter Werke von Paul Klee, Lyonel Feininger, Wassily Kandinsky und Oskar Schlemmer.

🏛 BlackBox Kalter Krieg
Friedrichstraße 47/Ecke Zimmerstraße, am Checkpoint Charlie, Mitte
U6: Kochstraße/Stadtmitte
✆ (030) 216 35 71
www.bfgg.de
Tägl. 10–18 Uhr
Eintritt € 5/3,50, bis 14 J. frei
Was hatte der Berliner Mauer mit dem Korea-Krieg und der Kuba-Krise zu tun? Auf kleinem Raum in geschickter Gestaltung werden mit Original-Objekten, Dokumenten und an 16 Medienstationen die weltweiten Zusammenhänge der Ost-West-Konfrontation dargestellt.

🏛💌👁 Dalí – Die Ausstellung
Leipziger Platz 7
Mitte
U-/S-Bahn: Potsdamer Platz
✆ 0700-32 54 23 75 46
www.daliberlin.de
Mo–Sa 12–20, So/Fei 10–20 Uhr
Eintritt € 12,50/9,50, bis 6 J. frei
450 Werke des exzentrischen spanischen Künstlers aus allen Schaffensphasen und in nahezu allen Techniken der Kunst.

🏛️ DDR Museum

Karl-Liebknecht-Str. 1, Mitte
S5/7/75: Hackescher Markt
✆ (030) 847 12 37 31
www.ddr-museum.de
Tägl. 10–20, Sa bis 22 Uhr
Eintritt € 7/4
Lebendige und interaktive
Begegnung mit dem Alltagsle-
ben in der DDR. Im Shop kann
man ostalgische Souvenirs
erwerben. Ausstellungserweite-
rung in 2016.

🏛️ Deutsche Kinemathek – Museum für Film und Fernsehen

Potsdamer Str. 2, Sony Center,
Tiergarten
U-/S-Bahn: Potsdamer Platz
✆ (030) 303 00 90 30
www.deutsche-kinemathek.de
Tägl. außer Mo 10–18, Do bis
20 Uhr, Eintritt € 7/4,50
Ein Streifzug durch über hundert Jahre deutsche Film- und
60 Jahre deutsche Fernseh-
geschichte. Einen Schwerpunkt
bildet der Nachlass von Marlene
Dietrich. Außerdem werden
Ausstellungen zu wechselnden
Themen gezeigt.

🟥🟥🏛️ Deutsches Historisches Museum (DHM)

Unter den Linden 2, Mitte
S5/7/75: Hackescher Markt, Bus
100/200: Staatsoper
✆ (030) 20 30 40
www.dhm.de, tägl. 10–18 Uhr
Eintritt € 8/4, bis 18 J. frei
8000 Objekte vergegenwärti-
gen 2000 Jahre deutsche Geschichte. Wechselausstellungen
im mit dem barocken Zeughaus
verbundenen gläsernen Anbau
von Stararchitekt I. M. Pei.

🏛️✕🏛️ Hamburger Bahnhof – Museum für Gegenwart

Invalidenstr. 50, Mitte
U-/S-Bahn: Hauptbahnhof
✆ (030) 266 42 42 42
www.hamburgerbahnhof.de
Di–Fr 10–18, Do bis 20, Sa/So
11–18 Uhr
Eintritt € 14/ 7, online
€ 13/6,50, bis 18 J. frei
Berlins ältester Bahnhof (1840)
beherbergt Kunst von 1960 bis
heute. Beuys, Warhol, Kiefer:
Das Trio steht für die erste
Hälfte der letzten 50 Jahre in
der Kunst. Isa Genzken, Martin
Kippenberger, Bruce Nauman

*Der chinesisch-
amerikanische
Stararchitekt I. M.
Pei entwarf die
moderne Ausstel-
lungshalle des
Deutschen Histori-
schen Museums*

*Die Deutsche
Kinemathek nimmt
Besucher mit auf
einen fantastischen
Streifzug durch die
deutsche Film-
geschichte*

Gegenwartskunst steht im Mittelpunkt der Ausstellungen im Hamburger Bahnhof

Allein das Gebäude lohnt den Besuch des Museums für Kommunikation

sind Vertreter der jüngeren Generation. Außerdem wechselnde Ausstellungen.

❹ 🏛🖼⊙✕🖤🍴 Humboldt-Box
Schlossplatz 5, Mitte
Bus 100/200: Lustgarten
✆ 01805-03 07 07
www.humboldt-box.com
www.sbs-humboldtforum.de
Tägl. 10–18 Uhr (im Sommer länger), Eintritt € 3, bis 8 J. frei,
Baustellenführungen € 18/12
Infos zu den künftigen Ausstellungen und Sammlungen des neuen Humboldtforums. Sonntags um 11 und 13 Uhr starten hier von April bis Oktober Baustellenführungen.

🏛🖤🍴 KunstHalle Deutsche Bank
Unter den Linden 13–15
Mitte
U-/S-Bahn: Friedrichstraße
✆ (030) 202 09 30, www.deutsche-bank-kunsthalle.de
Tägl. 10–20 Uhr
Eintritt € 4/3, bis 18 J. frei, Mo frei
Wechselnde Ausstellungen zeitgenössischer Künstler. Café mit Blick auf das schöne Atrium.
Tipp: Die Lunch-Lectures am Mittwoch um 13 Uhr mit Führung und veganem Büfett.

🏛🖤 KW Institute for Contemporary Art
Auguststr. 69, Mitte
S1/2/25: Oranienburger Straße
✆ (030) 243 45 90
www.kw-berlin.de
Mi–Mo 12–19, Do 12–21 Uhr
Eintritt € 6/ 4, Do 19–21 Uhr € 4
Die jüngsten Entwicklungen in der nationalen und internationalen zeitgenössischen Kunst werden auf fünf Etagen einer ehemaligen Margarinefabrik präsentiert. Zentrum der zweijährlich stattfindenden Berlin-Biennale (2016).

🏛🖤🍴 Märkisches Museum
Am Köllnischen Park 5, Mitte

U2: Märkisches Museum
✆ (030) 24 00 21 62
www.stadtmuseum.de
Tägl. außer Mo 10–18 Uhr
Eintritt € 5/3, bis 18 J. frei, jeden 1. Mi im Monat frei
Die aktuelle Dauerausstellung »Hier ist Berlin!« erzählt spannende und kuriose Stadtgeschichte(n) aus verschiedenen Stadtvierteln und Zeiten.

🏛🖤 me Collectors Room Berlin/Stiftung Olbricht
Auguststr. 68, Mitte
S1/2/25: Oranienburger Straße
✆ (030) 86 00 85 10
www.me-berlin.com
Tägl. außer Mo 12–18 Uhr
Eintritt € 7/4, bis 18 J. frei
Werke von der Renaissance bis zur Gegenwart werden gezeigt; die kostbarsten Exponate sind in einer »Wunderkammer« ausgestellt. Außerdem wechselnde Ausstellungen privater Sammlungen.

🏛 Menschen Museum
Fernsehturm am Alexanderplatz (Sockelgebäude)
Panoramastr. 1 A, Mitte
U2/5/8: Alexanderplatz
✆ (030) 847 12 55 26
www.memu.berlin
Tägl. 10–19 Uhr
Eintritt € 14/12, Kinder (7–18 J.) € 9, Familien € 40
Anfang 2015 eröffnete am Fuß des Fernsehturms Dr. Hagens umstrittene Körperwelten-Austellung. Über 200 plastinierte Körper vermitteln einen wahrhaft unter die Haut gehenden Eindruck menschlicher Anatomie.

🏛🖤🍴 Museum für Kommunikation Berlin
Leipziger Str. 16, Mitte
U2: Mohrenstraße
✆ (030) 20 29 40
www.mfk-berlin.de
Di 9–20, Mi–Fr 9–17, Sa/So 10–18 Uhr
Eintritt € 4/2, bis 17 J. frei

Hier erfährt die Twitter-Generation u. a. wie einst die Rohrpost als technische Revolution gefeiert wurde. In der Schatzkammer liegt auch eine »Blaue Mauritius«. Wechselnde, innovativ präsentierte Themenausstellungen.

🏛🎨 **Museum für Naturkunde**
Invalidenstr. 43, Mitte
U6: Naturkundemuseum
☎ (030) 20 93 85 91
www.naturkundemuseum-berlin.de
Di–Fr 9.30–18, Sa/So 10–18 Uhr
Eintritt € 6/3
Die Saurier sind los: Fünf monumentale Skelette dominieren den imposanten Lichthof; virtuell werden sie zum Leben erweckt. »Evolution in Aktion«, »System Erde« sowie Kosmos und Sonnensystem sind weitere Themen, die das Museum multimedial in Szene setzt.

❶🏛🎨 **Nikolaikirche – Stadtmuseum Berlin**
Nikolaikirchplatz, Mitte
U2: Klosterstraße,
☎ (030) 240 02-162
www.stadtmuseum.de
Tägl. 10–18 Uhr
Eintritt € 5/3, bis 18 J. frei
»Vom Stadtgrund bis zur Doppelspitze. 800 Jahre Berliner Nikolaikirche«: effektvoll inszenierte, multimediale Ausstellung zur Rolle der Kirche in der Berliner Stadtgeschichte.

🏛🎨 **Tränenpalast**
Reichstagufer 17, Mitte
U-/S-Bahn: Friedrichstraße
☎ (030) 46 77 77 9-0
www.hdg.de/berlin, Di–Fr 9–19, Sa/So 10–18 Uhr, Eintritt frei
Tränen flossen reichlich an der Grenzübergangsstelle für die Ausreise von Ost nach West am Bahnhof Friedrichstraße, wo sich die West-Tagesbesucher verabschiedeten oder DDR-Bürger mit Ausreisegenehmigung endgültig ihre Angehörigen zurücklassen mussten. Am historischen Ort, mit 570 Objekten und an 30 Medienstationen erzählt die ständige Ausstellung über »Grenzerfahrungen. Alltag der deutschen Teilung«.

❶🏛👬 **Zille-Museum**
Propststr. 11, Mitte
U2: Klosterstraße
☎ (030) 24 63 25 00
www.heinrich-zille-museum.de
Tägl. April–Okt. 11–19, Nov.–März 11–18 Uhr, Eintritt € 6/5
»Zille – Leben und Werk« nacherzählt mit originalen Zeichnungen, Lithografien und Fotografien des Künstlers (1858–1929).

Architektur und andere Sehenswürdigkeiten:

➡🎨 **Aqua Dom Sea Life Berlin**
Vgl. S. 221 f.

⑯🎨🏛🍷👬 **Akademie der Künste**
Pariser Platz 4, Mitte
U-/S-Bahn: Brandenburger Tor
☎ (030) 200 57 10 00
www.adk.de
Tägl. außer Mo 11–19 Uhr
Der transparente Neubau am Pariser Platz vor dem Brandenburger Tor hat die Ruine des ursprünglichen Gebäudes integriert. Ausstellungen und Veranstaltungen, ebenso Buchladen und Café.

❺🎨🐾🐾 **Berliner Dom**
Am Lustgarten 1, Mitte
S5/7/75: Hackescher Markt
☎ (030) 20 26 91 36
www.berlinerdom.de
Mo–Sa 9–20, So 12–20, im Winter bis 19 Uhr, Eintritt € 7/5
Monumentalbau (1894–1905) mit großer Orgel, Kaiserempore, Hohenzollerngruft und Mosaikbildern in der Kuppel. Aussicht vom Kuppelumgang (270 Stufen Aufstieg). Häufig Konzerte.

Die Nikolaikirche ist die älteste Kirche Berlins

⑯ 4 ◉ Brandenburger Tor
Pariser Platz
Von Carl Gotthard Langhans
d. Ä. nach griechischem Vorbild

Von der Kuppel-galerie auf dem Französischen Dom eröffnet sich eine fantastische Aussicht nicht nur auf den Gendar-menmarkt

entworfen, wurde es 1789–91 erbaut. Johann Gottfried Schadow schuf die bronzene **Quadriga**, den vierspännigen Streitwagen mit der Siegesgöttin.

⑬ 3 ◉ 🏛 Deutscher Dom
Gendarmenmarkt 1, Mitte
U2/6: Stadtmitte
✆ (030) 22 73 04 31
www.bundestag.de/
deutscherdom
Tägl. außer Mo 10–18, Mai–Sept. bis 19 Uhr, Eintritt frei
Ausstellung zur Geschichte der Demokratie in Deutschland.
Interessante Filmvorführungen.

◉ 🗻 ✕ 🍸 👓 Fernsehturm
Alexanderplatz, Mitte
U-/S-Bahn: Alexanderplatz
✆ (030) 242 33 33
www.tv-turm.de
März–Okt. 9–24, Nov.–Feb. 10–24 Uhr, Eintritt € 13/8,50, bis 4 J. frei, Fast View-Ticket (ohne Wartezeit, online buchbar)
€ 19,50/12
Der beste Blick über Berlin: Panoramaetage mit Infotafeln (in 203 m Höhe), Bar, Drehrestaurant Sphère (207 m; 30 Min. für eine Umdrehung). Auch schön bei Nebel.

⑬ 3 ◉ 🗻 🏛 Französischer Dom
Gendarmenmarkt 5, Mitte
U6: Französische Straße
✆ (030) 20 64 99 23
www.franzoesischer-dom.de
Kuppel tägl. 10–19 (Nov.– März bis 18 Uhr), Aufstieg € 3/1
Museum: tägl. außer Mo 12–17 Uhr, Eintritt € 2
Schöner Ausblick von der Kuppel. Mit Hugenottenmuseum.

◉ 🏛 💐 Hackesche Höfe
Rosenthaler Str. 40/41, Mitte
S5/7/75: Hackescher Markt
Der erste Hof der klassischen Berliner Gewerbe- und Wohnanlage ist mit Klinkersteinen, glasierten Keramikfliesen und Jugendstilelementen eine Augenweide. Restaurants, Kino, Theater, Varieté sowie viele Läden beleben die acht Höfe.

◉ 🏛 💐 🍸 Haus Schwarzenberg
Rosenthaler Str. 39, Mitte
S5/7/75: Hackescher Markt
www.haus-schwarzenberg.org
In dem unsanierten Gebäude arbeiten Künstler, gibt es die Galerie Neurotitan, den Künstlerclub Eschschloraque Rümschrümp, das Kino Central sowie drei Museen:

– Anne Frank Zentrum
✆ (030)288 86 56 00
www.annefrank.de
Tägl. außer Mo 10–18 Uhr

*Die Hackeschen
Höfe (Bj. 1906/07)
bilden das größte
Hofensemble
Europas*

Eintritt € 5/3, bis 10 J. frei
Multimediale Ausstellung über
das jüdische Mädchen Anne
Frank (1929–45), das in ihrem
weltberühmten Tagebuch das
Leben im Versteck beschrieb.

**– Museum Blindenwerkstatt
Otto Weidt**
℗ (030) 28 59 94 07, www.
museum-blindenwerkstatt.de
Tägl. 10–20 Uhr, Eintritt frei

– Gedenkstätte Stille Helden
℗ (030) 23 45 79 29
www.gedenkstaette-stille-
helden.de
Tägl. 10–20 Uhr, Eintritt frei
Ausstellungen zur Erinnerung
an Menschen wie Otto Weidt,
der in seiner Blindenwerkstatt
jüdische Arbeiter versteckte.

© 🐾 **Haus der Kulturen
der Welt**
John-Foster-Dulles-Allee 10
Tiergarten
U55: Bundestag, Bus 100:
Haus der Kulturen der Welt
℗ (030) 39 78 70, www.hkw.de
Tägl. 10–19, Ausstellungen
tägl. außer Di 11–19 Uhr, bei
Abendveranstaltungen länger
Eintritt siehe Internet
Zentrum für internationale
zeitgenössische Künste und
gesellschaftliche Debatten.

Populärste Veranstaltungsreihe
ist das Festival Wassermusik im
Sommer auf der Dachterrasse.

© 🐾 **Konzerthaus**
Vgl. Konzerte S. 200.

❷ ⛋ **Mall of Berlin**
Leipziger Platz 12 und Vossstr.
U2: Mohrenstraße
U-/S-Bahn: Potsdamer Platz
Vom Leipziger Platz bis zur
Wilhelm- und Vossstraße:
Gigantisches neues Einkaufs-
zentrum und Wohnquartier mit
überdachter Fußgängerpassage.

© 🐾 **Marie-Elisabeth-
Lüders-Haus**
Schiffbauerdamm, Eingang
an der Spree, gegenüber dem
Reichstagsgebäude
U-/S-Bahn: Friedrichstraße

*Der Berliner Volks-
mund nennt das
Haus der Kulturen
der Welt liebevoll
»Schwangere
Auster«*

Vom Panorama-punkt auf dem Kollhoff-Tower kann der Blick in 100 Meter Höhe in die Ferne schweifen

Der Platz der Republik vor dem Reichstag wird gern zu einer Rast genutzt

✆ (030) 22 73 20 27
www.mauer-mahnmal.de
Tägl. außer Mo 11–17 Uhr
Eintritt frei
Kunstraum für wechselnde
Ausstellungen und Mauer-
Mahnmal. Die Mauersegmente,
mit Jahreszahlen und der An-
zahl der Mauertoten versehen,
folgen dem ursprünglichen Verlauf der Mauer an diesem Ort.

♿🏛 Neue Synagoge/ Centrum Judaicum
Oranienburger Str. 28–30, Mitte
S1/2/25: Oranienburger Straße
✆ (030) 88 02 83 16
www.cjudaicum.de
Mo–Fr 10–18, So 10–19, im
Winter Fr nur bis 15, So bis
18 Uhr, Kuppelbesichtigung nur
April–Sept., Eintritt € 3,50/2,50,
Kuppel € 3/2,50
Wunderschöne goldene Kup-
pel, einst die größte Synagoge
Deutschlands (1866 einge-
weiht). Ausstellung zur Ge-
schichte und Veranstaltungen.

㉑ ♿🐾🍽 Panoramapunkt
Potsdamer Platz 1, Tiergarten
U-/S-Bahn: Potsdamer Platz
✆ (030) 25 93 70 80
www.panoramapunkt.de
Plattform: tägl. 10–20, im Winter bis 18 Uhr, Panoramacafé:
tägl. 11–19, im Winter bis 17
Uhr, Auffahrt und Eintritt
€ 6,50/5, bis 6 J. frei, Familien
€ 15,50, VIP-Tickets (ohne Wartezeit) € 10,50/8, Familien € 26,50
Aussichtsplattform mit Freiluft-
ausstellung zur Geschichte des
Potsdamer Platzes und Café.

⓲ 5 ♿🐾✕ Reichstag
Platz der Republik 1, Tiergarten
U55: Bundestag, U-/S-Bahn:
Brandenburger Tor
Anmeldung www.bundestag.
de/besuche/
Anmeldung auch im Besucher-
zentrum vor Ort möglich
Kuppel tägl. 8–24, letzter
Einlass 22 Uhr, Eintritt frei
Aus der gläsernen Kuppel

(23,5 m hoch, 40 m breit), von
Sir Norman Foster entworfen,
genießt man herrliche Aussich-
ten über die Stadt. Einsichten
gibt es in den Plenarsaal, die
Flure sind Stell- und Hängeflä-
che für zeitgenössische Kunst.
Restaurant Käfer (Reservierung ✆ 030-226 29 90) auf der
Dachterrasse.

❼ ♿ Rotes Rathaus
Rathausstr. 1, Mitte
U-/S-Bahn: Alexanderplatz
✆ (030) 90 26 20 32
www.berlin.de
Mo–Fr 9–18 Uhr (außer bei
Veranstaltungen), Eintritt frei
Amtssitz des Regierenden Bür-
germeisters von Berlin, 1861–69
erbaut. Einige Säle stehen zur
Besichtigung offen. Große
Relieftafeln an der Fassade
dokumentieren die Geschichte
Berlins bis 1871.

♿🐾 Siegessäule
Großer Stern, Tiergarten
April–Okt. Mo–Fr 9.30–18.30,

Sa/So 9.30–19, Nov.–März Mo–Fr 10–17, Sa/So 10–17.30 Uhr
Eintritt € 3/2,50
Das Denkmal, gekrönt von der vergoldeten Siegesgöttin Viktoria, »Goldelse« genannt, erinnert an drei Siege der Preußen in den Kriegen gegen die Dänen (1864), gegen Österreich (1866) sowie gegen Frankreich (1870/71). 285 Stufen führen auf die Aussichtsplattform mit herrlicher Rundumsicht auf den Tiergarten.

㉑ ◉🏛🎽✕💭🅓👫 **Sony Center**
Potsdamer Straße, Tiergarten
U2, S1/2/25: Potsdamer Platz
www.sony.de
Entworfen von Helmut Jahn, 2000 eröffnet: Gebäudekomplex mit verglastem Büroturm, Wohn- und Geschäftshäusern um ein großes, lichtdurchflutetes Forum mit vielen Durchgängen, überspannt von der spektakulären Zeltdachkonstruktion in 67 m Höhe. Restaurants, Kinos, Shops, **Museum für Film und Fernsehen** (vgl. S. 51). Das **Café Josty** im großen Atrium hat u. a. den legendären Kaisersaal des historischen Hotels Esplanade integriert.

❿ ◉ **Staatsoper Unter den Linden**
Unter den Linden 5–7, Mitte
Bus: 100/200/TXL: Staatsoper
Die Königliche Hofoper, 1741–43 auf Wunsch Friedrichs II. nach Plänen von Georg Wenzeslaus von Knobelsdorff erbaut, im Lauf der Geschichte mehrmals um- sowie nach Brand- und Kriegsschäden wiederaufgebaut, wird bis Ende 2017 saniert und modernisiert. Bis zur Wiedereröffnung gastiert die Staatsoper im Schillertheater (vgl. S. 205).

◉ **St. Hedwigs-Kathedrale**
Hinter der Katholischen Kirche 3, Mitte
www.hedwigs-kathedrale.de

U6: Französische Straße
Tägl. 10–17, So/Fei 13–17 Uhr
Friedrich der Große ließ den klassizistischen Rundbau mit der imposanten Kuppel – angelehnt an das Pantheon in Rom – für die katholische Gemeinde 1747–73 errichten. Sitz des Bischofs. Ab 2016 wegen Sanierung eingeschränkt betretbar.

◉🏛 **St. Marienkirche**
Karl-Liebknecht-Str. 8, Mitte
U-/S-Bahn: Alexanderplatz
Tägl. 10–21, im Winter bis 18 Uhr
Erbaut um 1270; mehrmals erweitert; beherbergt wertvolle Kunstwerke: Bronzetaufbecken (1437), Marmorkanzel (1703) von Andreas Schlüter, Fresko »Der Totentanz«. Die Kirche ist das älteste Gotteshaus in Berlin, in dem noch Gottesdienste stattfinden.

Gedenkstätten:

㉔ ⑦ ◉🏛ⓘ👫🎧 **Gedenkstätte Berliner Mauer**
Bernauer Str., Wedding
S 1/2/25, Tram 10: Nordbahnhof
✆ (030) 467 98 66 66
www.berliner-mauer-gedenk staette.de

Über dem Sockel mit dem Säulenumgang (links) erhebt sich die Siegessäule fast 67 Meter in die Höhe, gekrönt wird sie von der 8,30 Meter großen Siegesgöttin Viktoria (unten)

Nur 23 Tram-Minuten von Mitte entfernt: Im ehemaligen Stasigefängnis für politisch Verfolgte führen Ex-Häftlinge durch das Gebäude und berichten von ihren Erfahrungen dort. (Genslerstr. 66, Hohenschönhausen, ☏ 030-98 60 82 30, www.stiftung-hsh.de, Tram M5 Freienwalder Straße, Nov.–Feb. Mo–Fr zur jeden vollen Stunde 11–15, Sa/So 10–16 Uhr, März–Okt. stündl. tägl. 10–16 Uhr Eintritt € 5/2,50, Schüler € 1)

– Besucherzentrum
Bernauer Str. 111
Tägl. außer Mo 10–18 Uhr
Informationen, Einführungsfilm, große Auswahl an Medien zum Thema.

– Dokumentationszentrum
Bernauer Str. 119, Wedding
Tägl. außer Mo 10–18 Uhr
Multimedia-Ausstellung zur Geschichte der Teilung Berlins, Aussichtsturm mit Blick auf die ehemaligen Grenzanlagen.

– Ausstellung im Gedenkstättenareal
Tägl. 8–22 Uhr
Zwischen Nordbahnhof und Mauerpark auf dem ehemaligen Todesstreifen werden in vier Teilbereichen die Grenzsperranlagen sichtbar gemacht, die Zerstörungen der Stadt gezeigt und das Leben mit der Mauer geschildert; Themenstationen mit Informationstafeln, Fotos, Hörbeispielen und Videos, archäologische Fenster, Nachzeichnungen verschwundener Gebäude.

– Kapelle der Versöhnung
Tägl. 10–17 Uhr, Andachten für die Todesopfer an der Berliner Mauer März– Okt. Di–Fr 12 Uhr

Der Stampflehmbau mit Holzverkleidung steht an der Stelle, an der die auf Befehl der DDR-Regierung 1985 gesprengte Versöhnungskirche stand. Das damals gerettete Altarkreuz ist ausgestellt. Und die alten Glocken läuten wieder vor der Kapelle.

– Grenz- und Geisterbahnhöfe im geteilten Berlin
Fotoausstellung und Pläne im S-Bahnhof Nordbahnhof, Eingang Gartenstraße

– Mobiler Tourguide
Führung über das Gedenkstättenareal mit dem Smartphone oder Tablet: www.berliner-mauer.mobi

⬛ **Denkmal für die ermordeten Juden Europas (Holocaust-Mahnmal)**
Ebertstr./Behrenstr.; Ort der Information: Cora-Berliner Str. 1, Mitte
U-/S-Bahn: Brandenburger Tor
☏ (030) 263 94 30
www.stiftung-denkmal.de
Ort der Information: tägl. außer Mo 10–20, Okt.–März bis 19 Uhr, Stelenfeld: immer zugänglich, Eintritt frei
2711 graue Betonelemente bilden das Stelenfeld, das einem Labyrinth gleicht, aus dem es kein Entrinnen gibt, das aber auch zum (Versteck-) Spiel einlädt. Der »Ort der Information« erinnert durch die Darstellung exemplarischer Familiengeschichten an die Opfer und stellt die Orte der Vernichtung vor.

⬛ **Denkmal für die im Nationalsozialismus ermordeten Sinti und Roma Europas**
Zwischen Brandenburger Tor und Reichstag, Tiergarten
U-/S-Bahn: Brandenburger Tor
Der israelische Künstler Dani Karavan gestaltete ein Wasserbecken als Spiegel der Erinnerung.

Beeindruckend und bedrückend: das Denkmal für die ermordeten Juden Europas

**⊙ Gedenkstätte Deutscher
Widerstand**
Stauffenbergstr. 13/14
Tiergarten
Bus M29: Gedenkstätte
Deutscher Widerstand
℘ (030) 26 99 50 00
www.gdw-berlin.de
Mo–Mi, Fr 9–18, Do bis 20,
Sa/So/Fei 10–18 Uhr, So 15 Uhr
Führung, Eintritt frei
Die Ausstellung »Widerstand
gegen den Nationalsozialis-
mus« erinnert am historischen
Ort an die Opfer des 20. Juli
1944, die hier hingerichtet
wurden: Claus Schenk Graf
von Stauffenberg, Friedrich
Olbricht, Albrecht Mertz von
Quirheim und Werner von
Haeften.

⊙ Neue Wache
Unter den Linden 4, Mitte
Bus 100/200/TXL: Staatsoper
Durchgehend geöffnet
Eintritt frei
Die übergroße Kopie einer
Skulptur von Käthe Kollwitz,
»Mutter mit totem Sohn«, ist
mahnendes Symbol der »Zen-
tralen Gedenkstätte für die
Opfer von Krieg und Gewalt-
herrschaft«. Das Gebäude er-
richtete Karl Friedrich Schinkel
1816–18 als Wachstube für die
Königliche Leibgarde.

☒☙ Café Einstein
Kurfürstenstr. 58, Tiergarten
U1/2/3/4: Nollendorfplatz
℘ (030) 261 50 96
www.cafeeinstein.com
Tägl. 8–24 Uhr
Wiener Küche und Wiener
Charme: Das Kaffeehaus
punktet in dieser schmucken
Villa mit schönem Garten unter
Kirschbäumen. Im Oberge-
schoss serviert die **Bar Lebens-
stern** (ab 19 Uhr) köstliche
Cocktails und Zigarren. €€

**☒☙ Café Einstein
Unter den Linden**
Unter den Linden 42, Mitte

U-/S-Bahn: Brandenburger Tor
℘ (030) 204 36 32
www.einsteinudl.com
Tägl. 7–22 Uhr

Zu Kaffee, Kuchen und kleinen
Gerichten kommen Hochkarätige (Foto-)Ausstellungen und
eine hohe Promidichte. €€

☒☙ Dinea im Kaufhof
Alexanderplatz 9, Mitte
U-/S-Bahn Alexanderplatz
℘ (030) 24 74 30
www.dinea.de/berlin-alex, Mo–
Mi 9.30–20, Do–Sa 9.30–22 Uhr
Mit bestem Blick auf den Alexanderplatz kann man unter
dem Dach des Kaufhofs in moderner Restaurant-Atmosphäre
preiswert essen oder Kaffee
trinken (Selbstbedienung). Sehr
gute Torten und frisch gepress-
te Säfte. €

ⅈ Berlin Story
Unter den Linden 40, Mitte
U-/S-Bahn: Brandenburger Tor
℘ (030) 20 45 38 42
www.berlinstory.de
Tägl.10–19 Uhr
Riesige Auswahl an Berlin-
Büchern zu allen Themen.

☒ Base Flying
Alexanderplatz 7, Mitte
U-/S-Bahn: Alexanderplatz
℘ (089) 70 80 90 10
www.base-flying.de
Nach Anmeldung ab € 59,90
98 m freier Fall vom Hoteldach
des Park Inn. ✺

*Die Neue Wache ist
seit 1993 die zent-
rale Gedenkstätte
für die Opfer von
Krieg und Gewalt-
herrschaft*

CHARLOTTENBURG
DIE CITY WEST BLÜHT AUF

Berlin erfindet sich immer wieder neu. Das gilt auch für den Westteil der Stadt. Nach dem Mauerfall war das alte West-Berlin eine Zeitlang nicht mehr gefragt. Investoren, Politiker, Touristen, Alt- und Neu-Berliner: Alle schauten mit unterschiedlichen Erwartungen auf das »neue Berlin« in der historischen Mitte, während sich rund um die Gedächtniskirche und am Kurfürstendamm Spuren der Vernachlässigung zu zeigen begannen. Doch jetzt ist die City West wieder da: schöner und luxuriöser als zuvor!

Rund um den Breitscheidplatz

So hat sich am **Breitscheidplatz**, dem Eingangstor zur 9 **City West**, viel getan. Am nordwestlichen Ende, Zoofenster genannt, ragt das 2013 eröffnete Luxushotel ❶ **Waldorf Astoria Berlin** 118 Meter in die Höhe. Gäste der Präsidenten-Suite ganz oben genießen in alle Richtungen spektakuläre Ausblicke auf Berlin– für rund 5000 Euro die Nacht. Auch die weniger »aussichtsreichen« Zimmer sind groß und luxuriös ausgestattet und gelegentlich – als *special offer* – sogar erschwinglich. Das Gourmetrestaurant Les Solistes by Pierre Gagnaire, die Lang Bar und das Romanische Café locken auch Nicht-Hotelgäste in das glamouröse Haus im Stil des US-amerikanischen Art déco.

Ein halbes Jahrhundert alt ist das Europa-Center

Das originale Romanische Café, das in den Goldenen Zwanziger Jahren des letzten Jahrhunderts legendärer Treffpunkt der Berliner Bohème war, stand da, wo sich seit 1965 das ❷ **Europa-Center** 103 Meter hoch erhebt. Der gesamte Komplex umfasst den Sockelbau mit Geschäften und Restaurants am Breitscheidplatz, den Büroturm mit dem Mercedes-Stern in luftiger Höhe als weithin sichtbares Wahrzeichen (Eingang an der Tauentzienstraße), das noble Palace-Hotel an der Budapester Straße und schließlich an der Nürnberger Straße ein Parkhaus mit den Thermen am Europa-Center (vgl. S. 227), einer großen Wellnesslandschaft auf dem obersten Parkdeck.

Das Europa-Center war das erste Hochhaus und zugleich das erste moderne Einkaufszentrum in West-Berlin: Shopping und Kultur, Wohnen und Arbeiten unter einem Dach. Mehrmalige Umbauten und Modernisierungen folgten. Der Flagship Store Nike Berlin zieht auf drei Etagen Sportfans und Lifestyle-Verfechter an, doch andere Shops und gastronomische Angebote sind nicht mehr ganz auf der Höhe der Zeit. Apropos: Die »Uhr der fließenden Zeit«, 1982 im Atrium installiert, ist eine

*Ein nobler Neu-
zugang in der City
West ist das Luxus-
hotel Waldorf
Astoria*

einmalige Sehenswürdigkeit. Hinter einem hohen Glaskasten transportiert ein ausgeklügeltes System aus durchsichtigen Röhren und Kugeln eine grünliche Flüssigkeit präzise durch die Zeit. Alle zwei Minuten füllt sich, von unten nach oben, eine der 30 kleineren, abgeflachten Glaskugeln. Nach einer Stunde ergießt sich das gefärbte Wasser dieser Kugeln in das jeweils folgende der zwölf großen Stundenglaskugeln. Mittags um 13 Uhr und nachts um 1 Uhr entleert sich – ein verblüffender Moment – das ganze System und beginnt von Neuem mit dem Zwölf-Stunden-Zyklus. Kann man an diesem Chronometer nach kurzer Beobachtung die Zeit richtig ablesen, muss man bei der Mengenlehre-Uhr, eine Erfindung von 1975, Grundkenntnisse in Mengenlehre mitbringen. Diese Uhr steht vor dem Eingang an der Budapester Straße.

Gegenüber hat 2014 mit dem ❸ **Bikini Berlin** eine neue Zeitrechnung begonnen: Die angesagte Mode-, Design- und Lifestyle-Szene hält Einzug in der City West. Das Bikini Berlin ist ein bis in den Kern hinein sanierter, modernisierter und äußerlich rekonstruierter 1950er-Jahre-Bau. Damals erregte er durch sein offenes »Luftgeschoss« Aufmerksamkeit: Die keck präsentierte freie Mitte trug dem langgestreckten Gebäude den Namen Bikinihaus ein. Später erhielt auch die

Mitte Wände und Fenster. Im neuen Bikini Berlin öffnet sie sich auf der Rückseite zu einer breiten Terrasse, die auch über eine Freitreppe zu erreichen ist: hier der »Erlebnisraum« der neuartigen Einkaufswelt, dort der Blick auf den Affenfelsen im Zoo und die grüne Weite des Tiergartens. In den Shopping-Etagen – die oberen sind Büroräumen vorbehalten – dominieren Mode und Lifestyle, Technologie und Medien, Restaurants und kleine Cafés. Vor allem italienische Mode und Berliner Labels sind stark vertreten. Der Clou sind die Bikini Berlin Boxes, flexible Verkaufsmodule, in denen Designer und andere kreative Menschen temporär neue Trends präsentieren und Konzepte testen können: Bikini Berlin bietet also immer wieder Neues.

Am östlichen Ende schließt das Hotel 25hours den Bikini-Block ab. Man gelangt von der Budapester Straße ins Haus oder über eine breite Treppe von der Bikini-Terrasse direkt in die Rezeption in der dritten Etage. Dort locken die hauseigene

Das Bikinihaus, 1957 eröffnet, war bis in die 1970er Jahre Zentrum der Berliner Nachkriegskonfektion. Hier arbeiteten Schneider, Designer, Modemacher. Später zogen die Berliner Festspiele ein, war das Haus Festspielzentrum der Berlinale und im geschlossenen Luftgeschoss zeigte die Kunsthalle aufregende Ausstellungen.

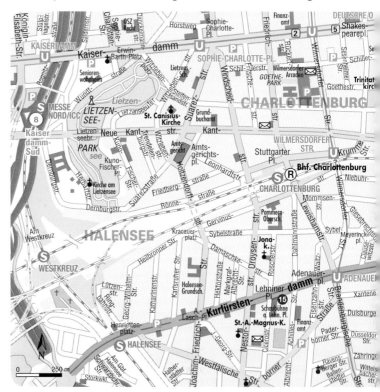

Bäckerei mit verführerischem Duft und gemütliche Sitzecken im großen »Wohnzimmer«. Im zehnten Stock kann man im Restaurant Neni, das der mediterranen Küche orientalische Würze zufügt, ausgezeichnet essen. Und die angrenzende Monkey Bar hat das Zeug zum Szenetreff, nicht zuletzt wegen der tollen Terrasse. Hier kann man den Blick schweifen lassen zwischen Natur auf der einen und urbanem Leben auf der anderen Seite. Wenige Meter neben dem Hotel steht das monumentale Elefantentor, einer von zwei Haupteingängen zum ❹ **Zoologischen Garten Berlin,** dem artenreichsten Zoo der Welt.

Zum Ensemble des Bikini Berlin gehört am westlichen Ende der aufwendig renovierte ❺ **Zoo-Palast.** Das 1957 eröffnete Lichtspielhaus war bis 1999 glamouröser Schauplatz der Berlinale, bis die Internationalen Filmfestspiele Berlin an den Potsdamer Platz zogen. Jetzt werden im Zoo-Palast wieder (nicht nur zur Berlinale) Filme gezeigt. Bei der Renovierung blieben Charme und Atmosphäre der 1950er-Jahre-Architektur bewahrt. Gleichzeitig erhielt das Kino ausgefeilte Technik auf neuestem Stand und besten Komfort. 850 Ledersessel im Hauptsaal und weitere 800 Plätze in sieben kleineren Sälen machen den Filmgenuss perfekt. Und danach lockt noch ein Drink in der Kinobar mit dem wortspielerischen Namen Zoo Loge.

Der Zoologische Garten ist ein Besuchermagnet

Als Mahnmal gegen den Krieg blieb die Ruine der Kaiser-Wilhelm-Gedächtnis-Kirche stehen, im Volksmund »Hohler Zahn« genannt

Kaiser-Wilhelm-Gedächtniskirche

Architektonischer und historischer Mittelpunkt auf dem Breitscheidplatz ist die ❻ **Kaiser-Wilhelm-Gedächtnis-Kirche**. Von der Kriegsruine ist nur der 71 Meter hohe Turm erhalten geblieben, der sich nach jahrelanger Sanierung 2014 wieder aus dem Baugerüst schälte. Die Kirche, 1895 im neoromanischen Baustil zu Ehren des ersten deutschen Kaisers Wilhelm I. eingeweiht, wurde bei einem Bombenangriff im November 1943 zerstört. Nach 1945 wurde die Turmruine zum Mahnmal gegen den Krieg und zu einem Wahrzeichen West-Berlins. Die ursprüngliche Eingangshalle zur Kirche im Alten Turm ist Ausstellungs- und Gedenkhalle. Dokumente und Architekturfragmente erinnern an die Baugeschichte, Zerstörung und Restaurierung. Eindrucksvoll sind gut erhaltene Mosaiken zur Huldigung des Kaisertums. 1961 wurde nach heftigen Debatten über den Entwurf des Architekten Eugen Eiermann die neue Kaiser-Wilhelm-Gedächtniskirche zu beiden Seiten des Alten Turms eröffnet. Mit ihren blauen Glasbausteinen und einer raffinierten Lichtinstallation erzielt sie außen leuchtende Wirkung und im Innern eine meditative Stimmung, ideal für einen Moment der stillen Einkehr.

Trubel herrscht oft draußen, vor allem beim Weihnachtsmarkt oder bei sommerlichem Budenzauber. Und wenn gerade kein öffentliches Fest stattfindet, sorgen Kleinkünstler

Bronzefigur »Die Eitelkeit« am Weltkugelbrunnen

der unterschiedlichen Art für Abwechslung. Als Treffpunkt besonders beliebt ist der Weltkugelbrunnen aus rotem Granit und Bronze von Joachim Schmettau, von den Berlinern Wasserklops genannt. Seine verspielten Figuren und das sanft plätschernde Wasser, das über kleine Treppen und Hindernisse hüpft, erfreuen nicht nur Kinder.

Einkaufsmeile Kurfürstendamm und Tauentzien

Vor dem Wasserklops, direkt am Europa-Center, trifft die Tauentzienstraße auf den Kurfürstendamm. Der Kudamm, 3,5 Kilometer lang, ist die beliebteste, »der Tauentzien«, nur 500 Meter lang, ist die am meisten frequentierte Einkaufsstraße Berlins. Und die Kaufkraft ist stark: Kein Stadtquartier macht mehr Umsatz als die Gegend zwischen Bahnhof Zoo und Wittenbergplatz. Das liegt vor allem am ❼ KaDeWe, das täglich mehr als 50 000 Kunden zählt. Das Kaufhaus des Westens eröffnete 1907 als größtes Warenhaus des Kontinents und gilt seither als Inbegriff für Luxus. Wer kurz vor 10 Uhr kommt, kann miterleben, wie langsam das kunstvoll gearbeitete originale Eisengitter im Boden versenkt wird und sich dahinter das Tor zum Einkaufstempel öffnet. Im pompösen Lichthof werden Produkte aktueller Kampagnen effektvoll zur Schau gestellt. 26 zum Teil gläserne Aufzüge und 64 Rolltreppen verteilen die Kunden auf sieben Etagen. Stilvolle Mode und Accessoires, hochwertige Kosmetik und schöne Dinge zum Wohnen bestimmen das Angebot. Highlight ist die Feinschmeckeretage im sechsten Stock mit ihrer riesigen Auswahl an Köstlichkeiten, von denen viele direkt an der Theke oder in Sitznischen verzehrt werden können. Schließlich ist auch das Restaurant im Wintergarten auf Etage sieben mit seinen Selbstbedienungs- und Kochstationen eine einzige Versuchung.

Tauentzien und Gedächtniskirche 1938, 1945 und 1975

Luxus auf sieben Etagen: das KaDeWe

Bummelboulevard und Luxusmeile

Luxus hat seinen Preis, auch auf dem Kurfürstendamm. Vor allem zwischen Knesebeckstraße und Olivaer Platz sind internationale Top-Designer mit Luxusgeschäften vertreten. Zahlungskräftige Kunden wohnen zum Beispiel im aufwendig modernisierten, noblen Haus Cumberland. Die hundert Jahre alte Fassade blieb erhalten; der Prunk von damals wird im Restaurant und Kaffeehaus Grosz opulent wiederbelebt.

Zwischen Kaufhäusern und Geschäften, die alles bieten, was das Leben schöner machen soll, laden immer wieder Cafés und Restaurants oder ruhige Sitzecken zur Pause ein. Es gibt viel zu entdecken, nicht zuletzt in Museen, Galerien, Theatern und Kinos.

Wer im einst berühmten ❽ **Café Kranzler** einkehren will, muss den Eingang zwischen den Ladengeschäften suchen, denn der legendäre Treffpunkt der 1950er bis 80er Jahre hat zwar seine charakteristische Markise behalten, seine Terrasse an der Kreuzung Joachimsthaler Straße aber verloren. Doch der kleine Balkon des ansonsten eher mittelmäßigen Cafés bietet einen schönen Blick auf die umliegenden Bauten. Die skurrilen Skulpturen von Markus Lüpertz an der behäbig runden Fassade des Swiss-Hotels schräg gegenüber kann man von hier am besten erkennen. Einen Blick verdient hat auch die Verkehrskanzel auf dem Joachimsthaler Platz: Aus dem Glaskasten über dem Kiosk-Pavillon am U-Bahn-Eingang wurden zwischen 1955 und 1962 die Ampeln an der Kreuzung Kurfürstendamm/Joachimsthaler Straße von einem Polizisten per Hand bedient. Auf der Kudamm-Nordseite ragt das gläserne »Neue Kranzler Eck« mit pfeilspitzscharfen Ecken in die Höhe, von Architekturkritikern als »städtebaulicher Sündenfall« bezeichnet – urteilen Sie selbst. Eine Passage führt an diesem von Helmut Jahn (vgl. Sony Center) entworfenen Gebäude und einem ruhigen Platz (vgl. Oasen S. 165) vorbei zur Kant-

Auf dem Kurfürstendamm reiht sich eine Edel-Boutique an die nächste

Versteckt im Neuen Kranzler Eck finden Sie zwei Volieren mit bunt gefiederten Vögeln aus aller Welt

Bevor es zum Kino umgebaut wurde, war das Delphi in den 1920er Jahren ein Tanzpalast

straße. Dort bilden das traditionsreiche **Theater des Westens**, heute Musical-Bühne, die **Vaganten-Bühne** im Hinterhof, der **Jazzkeller Quasimodo** und das **Delphi-Kino** mit Café und Biergarten ein vielseitiges Kulturzentrum.

Ein weiteres kulturelles Kleinod ist das ❾ **Amerikahaus** in der Hardenbergstraße. 1957 eröffnet, wurde das Amerikahaus zu einem offenen Treffpunkt für alle, mit Zugang zu den Medien der freien westlichen Welt. Es präsentierte moderne US-amerikanische Literatur, Zeitschriften, Filme und Musik und wurde so zum Symbol für Demokratie, Informations- und Meinungsfreiheit. Nach Ausbruch des Vietnamkriegs wandelte sich die Haltung vor allem vieler Studenten. Bei den Protesten der 68er-Bewegung gegen den Vietnamkrieg und

Pflastermalerei auf Berlins Gehwegen

KURFÜRSTENDAMM HISTORISCH

Der Kurfürstendamm führt dreieinhalb Kilometer lang vom Breitscheidplatz aus Richtung Südwesten bis zum Rathenauplatz im Ortsteil Halensee. 1542 wurde ein befestigter »Knüppeldamm« als Reitweg für Kurfürst Joachim II. zum Jagdschloss Grunewald angelegt. An weitere märkische Kurfürsten erinnern die Namen vieler Querstraßen im westlichen Teil des Kudamms. Reichskanzler Bismarck forderte 1873 den Ausbau der Straße nach dem Vorbild der Pariser Champs Elysées: 53 Meter breit mit einem Mittelstreifen für Fuhrwerke. Die erste Straßenbahn fuhr hier 1886 – das Geburtsjahr des Kurfürstendamms. Landhäuser und Villen mit Vorgärten entstanden, später prächtige Häuser für das Großbürgertum und in den Goldenen 20er Jahren tobten das wilde und das kulturelle Leben.

Es folgten die Vertreibung der Juden, die Zerstörungen im Zweiten Weltkrieg und der Wiederaufbau. Nach dem Mauerbau wurde der Kudamm als Boulevard und Einkaufsmeile zum Zentrum West-Berlins und Schaufenster der freien Welt sowie zur Bühne für politische Demonstrationen. 1968 wurde Rudi Dutschke, Wortführer der Studentenbewegung, auf dem Kurfürstendamm niedergeschossen. Er starb 1979 an den Spätfolgen des Attentats. An der Hausnummer 140 erinnert eine Plakette an Dutschke. 1979 zog die erste kleine Parade am Christopher-Street-Day (CSD) über den Kurfürstendamm, zehn Jahre später nahm hier ein lustiger kleiner Techno-Umzug namens Love Parade seinen Anfang, der sich innerhalb kürzester Zeit zum Massenspektakel entwickelte. In der Nacht als die Mauer fiel – vom 9. auf den 10. November 1989 – war der Kurfürstendamm das erste Ziel der DDR-Bürger, die ihren Traum verwirklichten: »Einmal Ku'damm und zurück«, wie ein westdeutscher Film über eine DDR-Liebesgeschichte von 1983 hieß. In dieser Nacht und in den folgenden Tagen gab es kaum noch ein Durchkommen.

seine Befürworter war das Amerikahaus als Institution der USA häufiges Ziel von Demonstrationen und gewalttätigen Angriffen. Nach 1975 wurde es wieder zum Ort für die Begegnung mit der Kultur der USA. Seit 2014 nutzt die Fotogalerie C/O Berlin das Haus.

Kultur und Vergnügen

Auf der einstigen Kinomeile Kurfürstendamm sind fast alle Filmbühnen verschwunden, nur die **Astor Filmlounge** und das **Cinema Paris** im französischen Kulturzentrum Maison de France bieten noch cineastischen Genuss. Am südlichen Ende der Meinekestraße, wartet das ⓫ **Haus der Berliner Festspiele** mit hochrangigen Theater-, Musik- und Performance-Festivals rund ums Jahr auf, und die Bar jeder Vernunft im historischen Spiegelzelt auf dem Parkdeck daneben verzaubert immer wieder mit Perlen der Kleinkunst.

In der Fasanenstraße, noch immer eine der besten Wohnadressen in der City West, erinnert das **Wintergarten-Ensemble** mit drei Häusern an die ursprüngliche Villen-Bebauung um 1900: das Auktionshaus Villa Grisebach (Hausnr. 25), das ⓬ **Käthe-Kollwitz-Museum** (Nr. 24) und das **Literaturhaus Berlin** (23). Hier finden Ausstellungen, Lesungen und Gespräche statt, residiert im Souterrain die gut sortierte Buchhandlung Kohlhaas & Company und im Wintergarten das gleichnamige Café-Restaurant. Im Sommer wird im Garten draußen serviert – ein lauschiges Plätzchen!

Im Kudamm-Karree sorgen die beiden Boulevard-Bühnen ⓭ **Komödie und Theater am Kurfürstendamm** für gute Unterhaltung und die Erlebnis-Ausstellung ⓮ **The Story of Berlin** für einen originellen Zugang zur Berliner Geschichte.

Der Theaterbau der renommierten ⓯ **Schaubühne** weiter westlich am Lehniner Platz ist äußerlich eine originalgetreue Rekonstruktion des von Erich Mendelsohn in den 1920er Jahren errichteten Kinos. Die Inszenierungen betrachten auch Klassiker aus einem aktuellen gesellschaftlichen Blickwinkel.

In einer herrschaftlichen Villa zeigt das Käthe-Kollwitz-Museum rund 200 zeichnerische und druckgrafische Arbeiten der Künstlerin

Der Bummel über den Kudamm kann nach zwei Kilometern am Adenauerplatz enden. Mit dem Bus 109 Richtung Flughafen Tegel geht es weiter zum Schloss Charlottenburg.

BAHNHOF ZOO: FOTOS STATT HEROIN

Berühmt-berüchtigt war der Bahnhof Zoologischer Garten in den 1970er und 80er Jahren vor allem als Treffpunkt der Drogenszene und der Kinderprostitution. Inzwischen haben sich die »Kinder vom Bahnhof Zoo«, deren Schicksale durch das Buch von Christiane F. und den gleichnamigen Film aufwühlten, andere Nischen in der Stadt gesucht. Neue Hotels und Restaurants haben eröffnet. Und das ⓽ **Amerikahaus** gleich nebenan wurde für die renommierte **Fotogalerie C/O Berlin** umgebaut. Die Kuratoren widmen sich der Fotokunst in allen Epochen, Stilen und Facetten. Zuvor hatten sie im Postfuhramt in Mitte für spektakuläre Ausstellungen gesorgt. Am neuen Standort hat C/O Berlin mit dem ⓾ **Museum für Fotografie/Helmut Newton Stiftung** in der Jebensstraße neben dem Bahnhof Zoo eine stimulierende Nachbarschaft. Liebhaber der Fotografie finden sich sicher auch unter den Studenten der nahe gelegenen **Universität der Künste** an der Fasanenstraße und der Technischen Universität am Ernst-Reuter-Platz.

Schloss Charlot-
tenburg von der
Gartenseite

Fast 50 Meter lang
ist die prunkvolle
Goldene Galerie im
Schloss Charlotten-
burg

Schloss Charlottenburg

16 **10** **Schloss Charlottenburg** gehört zu den Top-Ten-Sehens-
würdigkeiten der Hauptstadt. Während in Berlins Mitte das
erste Schloss der Hohenzollern in seinem Erscheinungsbild
äußerlich wieder aufgebaut wird, steht in Charlottenburg
ein Original: Schloss Charlottenburg ist die größte erhaltene
Hohenzollernresidenz in Berlin.

In zwei Bombennächten 1943 und 1945 wurde das Schloss
schwer beschädigt. 1950 begann der Wiederaufbau, im
selben Jahr ließ die SED-Führung in Ost-Berlin das Berliner
Stadtschloss in Mitte sprengen. Die Wiederherstellung bis
in künstlerische Details dauerte in Charlottenburg bis in die
1970er Jahre. Und erst nach der Wiedervereinigung bekam

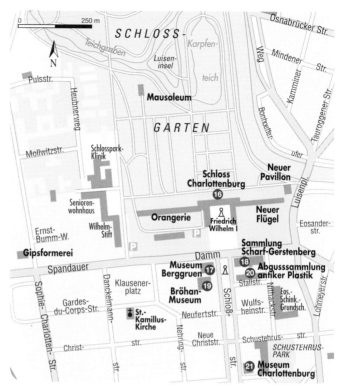

Das Belvedere im Schlossgarten wurde ursprünglich als Teehaus und Aussichtspavillon errichtet

das Schloss durch die Zusammenführung vieler Kunstwerke und Ausstattungstücke seinen Weltrang als Museumsschloss zurück. Heute wird der Rundgang durch prunkvolle Parade-kammern, intime Wohnräume und glanzvolle Festsäle zu einer Zeitreise durch 300 Jahre höfische Kultur in Brandenburg-Preußen, von der Barockzeit bis ins frühe 20. Jahrhundert. Alle

Deckenmalerei im Arbeitszimmer Friedrichs I.: »Allegorie der Jahreszeiten«, Detail Frühling, um 1710 von Johann Friedrich Wentzel d. Ä.

preußischen Herrscher und ihre Gemahlinnen haben zumindest zeitweise das Schloss bewohnt und für Veränderungen im Stil ihrer Epoche gesorgt. Ein weiteres Highlight im Schloss bildet die Ausstellung »Kronschatz und Silberkammer« mit den Kroninsignien, Kostbarkeiten der Tafelkultur und kunstvoll gestalteten Tabaksdosen Friedrichs des Großen.

Einen Spaziergang durch den **Schlossgarten** mit dem kunstvollen Barock-Parterre und dem weitläufigen Landschaftsgarten sollte man sich vor allem bei schönem Wetter nicht entgehen lassen. Links am Karpfenteich vorbei gelangt man zur idyllischen Luiseninsel und am nördlichen Ende kann man sich sogar auf einer Liegewiese niederlassen. Schließlich sind auch weitere Bau- und Kunstwerke im Garten zu entdecken (vgl. S. 73)

Wer noch mehr Zeit und Muße mitbringt, hat unter sieben Museen im Umkreis die Wahl. Die bedeutendste Sammlung der klassischen Moderne mit Werken von Pablo Picasso, Paul Klee, Henri Matisse und Skulpturen von Alberto Giacometti beherbergt das ❼ **Museum Berggruen** am Anfang der Schloßstraße. Zu einem Streifzug durch die Geschichte der fantastischen Kunst lädt im Zwillingsbau gegenüber – beide Häuser dienten im 19. Jahrhundert als Kaserne – die ❽ **Sammlung Scharf-Gerstenberg** ein. Sie umfasst Malerei und Grafik des Surrealismus, u. a. Werke von Salvador Dalí, Max Ernst oder René Magritte sowie von Vorläufern und Nachfolgern dieser Stilrichtung. Das ❾ **Bröhan-Museum** neben dem Museum Berggruen entführt mit einer eindrucksvollen Sammlung in die schöne Welt des Jugendstils und Art déco. Die ❿ **Abguss-Sammlung antiker Plastik** gibt mit rund 2000 Werken auf engem Raum eine eindrucksvolle Übersicht auf die Entwicklung der griechischen und römischen Skulptur. In der nahe gelegenen **Gipsformerei** werden Abgüsse von Göttern, Helden und Herrschern aus Berliner und anderen Museen hergestellt, die in kleiner Form auch zu erwerben sind.

Am Schustehruspark zeichnet das ❹ **Museum Charlottenburg Wilmersdorf** in einer Villa aus dem 19. Jahrhundert die Geschichte »Von der Residenz zur City West« nach.

Als Königin Sophie Charlotte 1705 starb, ließ Friedrich I. ihr Sommerschlösschen Lietzenburg in Charlottenburg umbenennen und erhob die nahe Siedlung der Hofbediensteten zur Stadt Charlottenburg.

*Große Werke
der Klassischen
Moderne zeigt
das Museum
Berggruen*

*Ständige Ausstel-
lung im Käthe-
Kollwitz-Museum*

SERVICE & TIPPS

ℹ Tourist Information
Im Neuen Kranzler Eck
Kurfürstendamm 22, Haus 4
U1/9 Kurfürstendamm
✆ (030) 25 00 25
www.visitberlin.de
Mo–Sa 10–20, So 9.30–18 Uhr

⑳ 🏛 Abguss-Sammlung Antiker Plastik
Schloßstr. 69 B, Charlottenburg
S41/42/46: Westend, Bus: M45/
109/309: Schloss Charlottenburg
✆ (030) 342 40 54
www.abguss-sammlung-
berlin.de
Do–So 14–17 Uhr, Eintritt frei
Griechische und römische Göt-
terstatuen in Gips.

⑲ 🏛 🍴 Bröhan-Museum
Schloßstr. 1 A, Charlottenburg
S41/42/46: Westend, Bus:
M45/109/309
✆ (030) 32 69 06 00
www.broehan-museum.de
Tägl. außer Mo 10–18 Uhr
Eintritt € 8/5, bis 18 J. frei
Landesmuseum für Jugendstil,
Art déco und Funktionalismus

⑨ 🏛 👥 C/O Berlin Galerie im Amerikahaus
Hardenbergstr. 22–24
Charlottenburg
U-/S-Bahn: Zoologischer Garten
✆ (030) 284 44 16 62
Ausstellung und Buchladen:
tägl. 11–20 Uhr, Café: tägl.
10–20 Uhr, Eintritt: € 10/ 5 Euro
Internationale Fotokunst und
-künstler.

🏛 👥 Gipsformerei
Sophie-Charlotten-Str. 17/18
Charlottenburg
✆ (030) 32 67 69 11
www.smb.museum
S41/42/46: Westend
Mo–Fr 9–16, Mi bis 18 Uhr
Eintritt frei
Nofretete und andere Schön-
heiten, rein weiß oder bunt be-
malt, für das »Heimmuseum«.

⑫ 🏛 Käthe-Kollwitz-Museum Berlin
Fasanenstr. 24, Charlottenburg
U1: Uhlandstraße
✆ (030) 882 52 10
www.kaethe-kollwitz.de
Tägl. 11–18 Uhr, Eintritt € 6/3
Die Ausstellungen in der ältesten Stadtvilla (1871 erbaut) der
Straße sind dem Leben und
Werk der sozial engagierten
und gegen den Krieg kämp-
fenden Künstlerin (1867–1945)
gewidmet.

㉑ 🏛 💬 Museum Charlottenburg-Wilmersdorf
in der Villa Oppenheim,
Schloßstr. 55, Charlottenburg
U2: Sophie-Charlotte-Platz
✆ (030) 902 92 41 08
www.villa-oppenheim-berlin.de
Di–Fr 10–17, Sa/ So 11–17, Café
tägl. 9–19 Uhr, Eintritt frei
Ausstellungen zur (Kultur-)
Geschichte des Bezirks. Das
nette Café Frau Bäckerin
hat Terrassenplätze mit Blick
auf den Schusterhuspark.

⑰ 🏛 👥 Museum Berggruen
Schloßstr. 1, Charlottenburg
S41/42/46: Westend, M45/109/
309: Schloss Charlottenburg
✆ (030) 34 35 73 15
www.smb.museum
Di–Fr 10–18, Sa/So 11–18 Uhr
Eintritt € 10/5, online € 9/4,50
(gültig auch für Sammlung
Scharf-Gerstenberg), € 12/6,
online € 11/5,50 (gültig auch für
Sammlung Scharf-Gerstenberg
und Museum für Fotografie),
bis 18 J. frei
Großartige Sammlung der
Klassischen Moderne: Picasso,
Klee, Matisse.

⑩ 🏛 💬 👥 Museum für Fotografie – Helmut Newton Stiftung
Jebensstr. 2, Charlottenburg
U-/S-Bahn: Zoologischer Garten
✆ (030) 266 42 42 42
www.smb.museum
Tägl. außer Mo 10–18, Do bis

20 Uhr, Eintritt € 10/5, online € 9/4,50, Bereichskarte € 12/6, online € 11/5,50 (gültig auch für Sammlung Scharf-Gerstenberg und Museum Berggruen), bis 18 J. frei
Werke und private Dinge von Helmut Newton; wechselnde Ausstellungen der Fotokunst.

⑱ 🏛🖳🍴 Sammlung Scharf-Gerstenberg
Schloßstr. 70, Charlottenburg
S41/42/46: Westend, Bus M45/109/309: Schloss Charlottenburg
✆ (030) 266 42 42 42
www.smb.museum
Di–Fr 10–18, Sa/So 11–18 Uhr
Eintritt € 10/5, online € 9/4,50, Bereichskarte € 12/6, online € 11/5,50 (gültig auch für Museum Berggruen und Museum für Fotografie), bis 18 J. frei
Hier sind die Surrealisten zu Hause: von Piranesi und Goya bis Max Ernst und Dubuffet.

⑯ 🔟 🏛🖉🍴🎧 Schloss Charlottenburg
Spandauer Damm 20–24
S41/42/46: Westend, Bus M45/109/309: Schloss Charlottenburg
✆ (030) 32 09 10, www.spsg.de
Tägl. außer Mo 10–18, Nov.–März 10–17 Uhr, Eintritt Altes Schloss € 12/8, Neuer Flügel € 8/6, Ticket für alles € 17/13
Prachtvolle Hohenzollern-Residenz mit Barockgarten, hochkarätigen Kunstsammlungen und prachtvollen Sälen. Der älteste Teil wurde 1695–1713 erbaut, der Neue Flügel kam 1740–42 hinzu.
Im **Schlossgarten**:

– Belvedere
April–Okt. tägl. außer Mo 10–18 Uhr, Eintritt € 3/2,50
KPM-Porzellansammlung des Landes Berlin.

– Neuer Pavillon
April–Okt. tägl. außer Mo 10–18, Nov.–März tägl. außer Mo 10–16 Uhr, Eintritt € 4/3

Kunst und Kunsthandwerk der Schinkelzeit.

– Mausoleum
April–Okt. tägl. außer Mo 10–18 Uhr, Eintritt € 2/1
Gedenkhalle mit den Marmorsarkophagen der Königin Luise, Kaiser Wilhelms I. und seiner Gemahlin Augusta.

⑭ 🏛 The Story of Berlin
Kurfürstendamm 207/208 Charlottenburg
U1: Uhlandstraße
✆ (030) 88 72 01 00
www.story-of-berlin.de
Tägl. 10–20 Uhr, Eintritt € 12/9, Kinder (6–16 J.) € 5, Familien € 25
In 23 multimedial gestalteten Themenräumen geht es rasant durch Berliner Geschichte und Alltag. Bestandteil des Besuchs ist eine Führung durch einen originalen Atomschutzbunker unter dem Kurfürstendamm.

❸ 🛈�🍴✕🖳🛏 Bikini Berlin
Budapesterstr. 40–50 Charlottenburg
U-/S-Bahn: Zoologischer Garten
www.bikiniberlin.de
Kreative Läden, Mode und Er-

Das Highlight im neuen Bikini Berlin ist eine 7000 m² große, frei zugängliche, begrünte Dachterrasse mit Blick auf den Zoologischen Garten

holung liegen hier dicht beieinander. Schöne Aussichtsterrasse mit Blick auf den Zoo.

❷ ⬛🏨✖💬📀📺♿
Europa-Center
Breitscheidplatz, Charlottenburg
U-/S-Bahn: Zoologischer Garten
www.europa-center-berlin.de
Geschäfte, Gastronomie, Kultur.
Größter **Irish Pub** Berlins
im Keller. Schicker Club mit
spektakulärer Aussicht: **Puro
Sky Lounge** in der obersten
Etage (vgl. S. 194), außerdem
Kabarett-Theater **Die Stachelschweine** (vgl. S. 208)

**❻ 👁 Kaiser-Wilhelm-
Gedächtniskirche**
Gedenkhalle, Tauentzienstr.
U-/S-Bahn: Zoologischer Garten
℮ (030) 218 50 23, www.
gedaechtniskirche-berlin.de

*Ein Urgestein der
Berliner Kinos: der
Zoo Palast*

Tägl. 9–19 Uhr
1895 im neoromanischen Baustil zu Ehren Kaisers Wilhelm I.
eingeweiht und 1945 zerstört,
nur der Kirchturm blieb als Ruine übrig. Die neue Gedächtniskirche (1961) mit schwebendem
Christus und über 30 000 blauen Glasmosaikscheiben ist ein
Entwurf von Egon Eiermann.

**❹ 🐘♿💬 Zoologischer Garten
& Aquarium**
Vgl. S. 219.

♿ Astor Filmlounge Berlin
Kurfürstendamm 225
Charlottenburg
U1/9: Kurfürstendamm
℮ (030) 883 85 51
http://berlin.astor-filmlounge.de
Kino de luxe mit bequemen
Sesseln, der Eintritt ist teurer
als normalerweise. Auf Wunsch
Häppchen am Platz.

❺ ♿📺 Zoo Palast Berlin
Hardenbergstr. 29 A
Charlottenburg
U-/S-Bahn: Zoologischer Garten
℮ 01805-222 966
www.zoopalast-berlin.de
Mit dem Charme der 1950er
Jahre, technisch auf neuestem
Stand und bester Komfort im
Kinosessel. Insgesamt sieben
Säle, im großen Saal laufen die
Blockbuster. Mit Bar.

✖💬 Grosz
Kurfürstendamm 193/194
Charlottenburg
Bus M29/109: Bleibtreustraße
℮ (030) 652 14 21 99
www.grosz-berlin.de
Tägl. 9–23, Fr/Sa bis 23.30 Uhr
Das Kaffeehaus und Restaurant
im Haus Cumberland nimmt in
der Ausstattung die Opulenz
des späten 19. Jh. auf und
bietet für jede Tageszeit die
passenden Köstlichkeiten. €€€

✖💬 Café-Restaurant Wintergarten im Literaturhaus
Fasanenstr. 23, Charlottenburg

U1: Uhlandstraße
ℂ (030) 882 54 14
www.literaturhaus-berlin.de
Tägl. 9–24 Uhr
Frische Bistroküche; am schöns-
ten sitzt man im Garten der
Günderzeitvilla. €€–€€€

ⓧ **Restaurant Le Piaf**
Schloßstr. 60, Charlottenburg
Bus M45/109/309:
Schloss Charlottenburg
ℂ (030) 342 20 40
www.le-piaf.de
Di–Sa 17.30–24 Uhr
Essen wie in Frankreich: klas-
sische Bistroküche; lauschiger
Vorgarten. €€

ⓧⓎ **NENI Berlin**
im Hotel 25hours
Budapester Str. 40
Charlottenburg
U-/S-Bahn: Zoologischer Garten
ℂ (030) 12 02 21 20 0
www.25hours-hotels.com
Mo–Fr 12–23, Sa/So 12.30–
23 Uhr
Ost-mediterrane Küche, herr-
liche Ausblicke. €–€€

ⓧⒹ **Brauhaus Lemke am
Schloss Charlottenburg**
Luisenplatz 1, Charlottenburg
Bus M45: Luisenplatz
ℂ (030) 30 87 89 79
www.brauhaus-lemke.com
Tägl. ab 11 Uhr
Frisch gebrautes Bier und def-
tige Kost, etwa Biergulasch
oder Berliner Eisbein. €

❽ ▣ **Café Kranzler**
Kurfürstendamm 18
Charlottenburg
U1/9: Kurfürstendamm
ℂ (030) 887 18 39 25
www.cafekranzler.de
Tägl. 8.30–20 Uhr
Am besten sitzt man auf dem
kleinen Balkon mit Blick auf
den Trubel auf dem Kudamm.

❶ ▣ⓧ **Romanisches Café im
Waldorf Astoria**
Hardenbergstr. 28

Charlottenburg
U-/S-Bahn: Zoologischer Garten
ℂ (030) 814 00 00
www.waldorfastoriaberlin.com
Tägl. 7–23 Uhr
Außer Torten und Patisserie
auch leichte Gerichte und
Businesslunch.

Ⓓⓧ **Ranke 2**
Rankestr. 2, Charlottenburg
U1/9: Kurfürstendamm
ℂ (030) 883 88 82
www.ranke2.de
Tägl. ab 9 Uhr
Urige Alt-Berliner-Kneipe mit
Berliner und deutscher Küche. €

Ⓓⓧ **Zwiebelfisch**
Savignyplatz 7, Charlottenburg
S-Bahn: Savignyplatz
ℂ (030) 312 73 63
www.zwiebelfisch-berlin.de
Tägl. 12–6, Küche bis 3 Uhr
Stammkneipe von Künstlern,
Intellektuellen und Alt-68ern,
heute auch bei Touristen-
gruppen beliebt. €

Ⓨ **Monkey Bar**
im Hotel 25hours
Budapester Str. 40
Charlottenburg
U-/S-Bahn: Zoologischer Garten
ℂ (030) 120 22 12 00
www.25hours-hotels.com
So–Do 12–1, Fr/Sa 12–2 Uhr
Coole Bar: von der 10. Etage
Ausblick durch riesige Glas-
fenster auf den Zoo, von der
Terrasse zur Gedächtniskirche
und Waldorf Astoria Hotel. ⚜

*Hinter dem
herrschaftlichen
Eingang des
Kaffehauses und
Restaurants Grosz
erwartet Gäste
die Opulenz des
späten 19. Jh.*

*Rund um den
Savignyplatz gibt
es viele gemütliche
Cafés und Restau-
rants*

KREUZBERG

LEGENDÄRES NACHTLEBEN, KREATIVE SZENE, INTERNATIONALES FLAIR

Kreuzberg ist der wohl kontrastreichste Bezirk Berlins. Nirgendwo sonst findet man derart unterschiedliche Lebensentwürfe in unmittelbarer Nachbarschaft. Auf den Straßen rund um das Kottbusser Tor hört man die verschiedensten Sprachen der Welt. Aus der türkischen Bäckerei drängt der Duft von frisch frittierter Gözleme mit Schafskäsefüllung, keine zehn Schritte weiter riecht es nach Koriander und Minze der vietnamesischen Garküche. Vor dem arabischen Café sitzen ältere Herren vor ihren Mokkatassen, nebenan bleibt eine junge Mutter mit Kinderwagen vor den als regional ausgewiesenen Lebensmitteln des Bioladens stehen, und gleich an der Ecke kommt eine Gruppe junger Studenten aus der aktuellen Kunstausstellung. Den Reichtum an Kulturinstitutionen, Cafés, verrückten Läden und Werkstät-

In einer Kreuzberger Bar (oben); DDR- und Sowjet-Souvenirs am Checkpoint Charlie (unten)

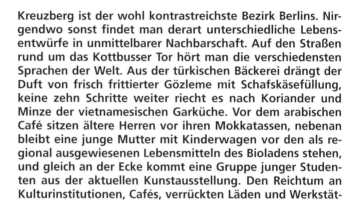

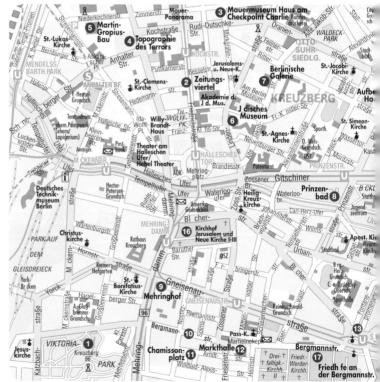

ten verdankt Kreuzberg all diesen verschiedenen Lebensweisen, die sich hier zu einem ganz eigenen Lebensgefühl vermischen. Ein Gefühl, das wohl am stärksten für das Leben in Berlin steht.

Im Herzen des Szenebezirks liegt der U-Bahnhof Görlitzer Bahnhof

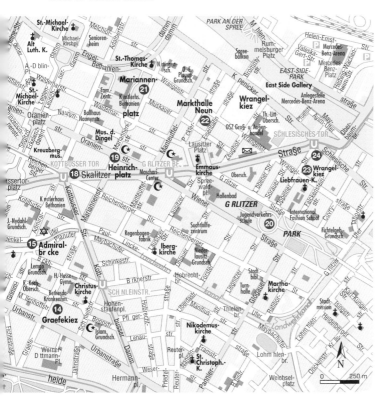

Der Viktoriapark ist eine der vielen grünen Oasen in Kreuzberg

Am Checkpoint Charlie standen sich im Oktober 1961 sowjetische und US-amerikanische Panzer kampfbereit gegenüber

Seinen Namen verdankt der Bezirk dem im Südwesten gelegenen ❶ **Kreuzberg**. Die Anhöhe liegt im heutigen Viktoriapark und war bis 1821 als Tempelhofer Berg bekannt. In jenem Jahr wurde auf seiner 66 Meter hohen Spitze ein von Karl Friedrich Schinkel entworfenes Nationaldenkmal errichtet. Es hat die Form eines Eisernen Kreuzes und soll an die Befreiungskriege gegen Napoleon (1813–15) erinnern. Unterhalb des Monuments entspringt ein künstlicher Wasserfall. Neben einem großen Spielplatz bietet die Grünanlage auch ein kleines Tiergehege.

Bei seiner Gründung 1920 hieß der eigenständige Bezirk zunächst Hallesches Tor und bestand aus der Tempelhofer Vorstadt, einem großen Teil der Luisenstadt, der oberen Friedrichsvorstadt sowie der südlichen Friedrichstadt.

Wenn von Kreuzberg die Rede ist, wird selten an Letztgenannte gedacht, ebenso wenig wie an das ❷ **Zeitungsviertel**, das sich hier im Herzen der wachsenden Großstadt gegen Ende des 19. Jahrhunderts rechts und links entlang der Friedrichstraße, zwischen der Leipziger Straße und dem Mehringplatz, entwickelte. Hier befindet sich heute nicht nur immer noch das eine

SW 61 VERSUS SO 36

Seinen weltweiten Bekanntheitsgrad verdankt Kreuzberg vor allem zwei Quartieren: dem bürgerlich, intellektuellen **Kreuzberg 61** und dem flippig, alternativen **Kreuzberg 36**, dessen spezifische Entwicklung auf die dreiseitige Einkesselung durch die Berliner Mauer zurückgeht. Ihre Namen entsprechen den alten Postzustellbezirken, Südost 36 und Südwest 61, die der Landwehrkanal trennte. Daher rühren auch die gern benutzten Abkürzungen **SO 36** und **SW 61**.

oder andere Verlagshaus (Springer, Tagespiegel, taz, Ullstein), sondern auch etliche Museen. Auf das ❸ **Mauermuseum am Checkpoint Charlie** folgt westlich das Gelände der zwischen 1933 und 1945 wichtigsten Zentralen des nationalsozialistischen Terrors: das Geheime Staatspolizeiamt und Gefängnis, die Reichsführung-SS sowie das Reichssicherheitshauptamt. Die ❹ **Topographie des Terrors** ist eine Dokumentationsausstellung am und zum »Ort der Täter«. Nebenan befindet sich der ❺ **Martin-Gropius-Bau**, eines der wichtigsten Ausstellungshäuser Berlins. Südöstlich liegt das ❻ **Jüdische Museum** mit beeindruckender Zickzack-Architektur (Daniel Libeskind) und Ausstellung zur jüdischen Geschichte. Gleich um die Ecke, in der Alten Jakobstraße 124, steht Berlins jüngstes staatliches Museum, die ❼ **Berlinische Galerie**. Die umgebaute Industriehalle beherbergt eine vielfältige Sammlung von Werken Berliner Künstler aus der Zeit zwischen 1870 und heute.

Der Martin-Gropius-Bau, 1881 im Stil der italienischen Renaissance fertiggestellt, zeigt hochkarätige Ausstellungen

Das Jüdische Museum Berlin ist das größte jüdische Museum Europas

PRINZENBAD

Seit dem Film »Prinzessinnenbad« von 2007 ist das ❽ **Prinzenbad** wohl das bekannteste Schwimmbad der Stadt. Es bietet eine riesige Liegewiese, eine schnelle Rutsche und gleich zwei 50-m-Schwimmbecken. Bei steigenden Temperaturen erfrischt sich hier die bunte Kreuzberger Mischung: Ältere Herrschaften ziehen gemütlich ihre Bahnen, pubertierende Gören präsentieren stolz neueste Bademode, während Gruppen aus Halbstarken scheinbar uninteressiert im Schatten der Bäume abhängen. Und die gesamte Szenerie wird stets im Auge behalten von den muskulösen Bademeistern.

Mit dem Mehringdamm beginnt der südliche Teil **Kreuzberg 61**. An der Ecke Gneisenaustraße liegt das aus den wilden 1970er Jahren stammende alternative Zentrum ❾ **Mehringhof**, das heute noch kollektiv verwaltet wird. Das im Hinterhof gelegene Kultur-, Gewerbe- und Freizeitzentrum steht Besuchern stets offen.

Eine der bekanntesten Straßen dieses Stadtteils ist die ❿ **Bergmannstraße**. Sie galt in den 1950er Jahren als Ku'damm von Kreuzberg, später war sie beliebte Adresse für Studenten. Im Zuge der Wiedervereinigung kurzzeitig totgesagt, ist sie heute wieder eine Flaniermeile, an der sich ein Lokal an das andere reiht. Die ehemaligen Studenten machen nun als Anwälte, Ärzte oder Psychologen das Klientel der hiesigen Geschäfte aus. Sie wohnen in dem aufwendig sanierten Chamissokiez. Der ⓫ **Chamissoplatz** mit seinem Kopfsteinpflaster und alten Straßenlaternen, den verschnörkelten Fenstern und Türen sowie reich verzierten Fassaden und Balkonen der umliegenden Gründerzeitbauten hat ein ganz besonders nobles Flair. Wer es nicht hierher zum allsamstäglichen Öko-Markt schafft, bekommt in der ⓬ **Markthalle** auf dem **Marheinekeplatz** an der Bergmannstraße von Obst und Gemüse aus biologischem Anbau über Spezialitäten aus der Region bis hin zu südländischen Feinkostangeboten alles, was das kulinarische Herz begehrt.

Passiert man den ⓭ **Südstern**, erstreckt sich nördlich zwischen Urbanhafen, Landwehrkanal und Kottbusser Damm

Riehmers Hofgarten heißt eine denkmalgeschützte Wohnanlage, die gegen Ende des 19. Jh. in dem Karree zwischen Hagelberger Straße, Yorck- und Großbeerenstraße errichtet wurde. Etwa 20 Häuser mit über 200 Wohnungen gruppieren sich um einen lauschigen Hofgarten.

Der obere, abschüssige Teil des Mehringdamms ist jährlicher Austragungsort des großen Seifenkistenrennens im Frühsommer (www.jokerteam. de).

Einer der beliebtesten Imbisse auf dem Mehringdamm ist Mustafa's Gemüse-Kebap

der ⑭ **Graefekiez** mit reichem gastronomischen Angebot und vielen kleinen Läden. Auf die Sozialbauten südlich der Urbanstraße folgen imposante Altbauten mit herrschaftlichen Fassaden der Gründerjahre, zum Teil direkt am Wasser, wo sich auch viele Lokale und Biergärten befinden.

Wirkt wie ein Magnet auf Nachtschwärmer: die Admiralbrücke

Die verkehrsberuhigte ⑮ **Admiralbrücke** ist im Sommer allabendlicher Treffpunkt von jungen Menschen, die nach Sonnenuntergang in die umliegenden Bars und Kneipen ziehen. Denn seit 2011 herrscht hier aus Rücksicht auf die Anwohner ab 22 Uhr etwas zutiefst Berlin-Untypisches: Sperrstunde.

FRIEDHÖFE MIT CAFÉ

Kleine Mausoleen, efeuumrankte Denkmäler und viel morbides Gemäuer: Die Kreuzberger Friedhöfe sind riesig und eignen sich bestens für eine Reise in die Vergangenheit. Eine Verfügung im Jahr 1817 schrieb aus hygienischen Gründen vor, Friedhöfe stadtauswärts anzulegen. Dazu zählen die noch heute erhaltenen ⑯ **Friedhöfe vor dem Halleschen Tor** ebenso wie die ⑰ **Friedhöfe an der Bergmannstraße**. Der Eingang zu dem ersten großen Komplex mit mehreren Friedhöfen nebeneinander befindet sich am Mehringdamm. Schilder am Eingang weisen den Weg zu den Gräbern bekannter Persönlichkeiten. Auf dem Friedhof I der Dreifaltigkeitsgemeinde sind beispielsweise die Komponistin Fanny Hensel und ihr Bruder Felix Mendelssohn Bartholdy beerdigt. Das Grab des Schriftstellers E. T. A. Hoffmann befindet sich auf dem Friedhof III der Jerusalems- und Neuen Kirchengemeinde.

Die vier Friedhöfe, die sich entlang der Bergmannstraße bis zum Südstern erstrecken, bergen auf 21 Hektar etliche kulturhistorisch interessante Grabdenkmäler und Mausoleen. Die Grabanlage von Martin Gropius (Friedhof II der Dreifaltigkeitsgemeinde) etwa hat die Form einer Pergola und ist nach eigenen Entwürfen des Architekten errichtet worden. In der Nähe ruhen auch der Dichter Ludwig Tieck und der Philosoph Friedrich Schleiermacher. Etliche der historischen Grabanlagen werden von Berlinern gepflegt, die Patenschaften übernommen haben (www.berliner-grabmale-retten.de).

Auf dem Friedhof der Friedrichwerderschen Gemeinde an der Bergmannstraße lädt ein **Friedhofscafé** zur Rast ein: Dort, wo man früher die Toten aufbahrte, können Besucher heute auf der überdachten Terrasse die Nachmittagssonne und sprichwörtliche Friedhofsruhe genießen.

Fassade in Kreuzberg: gutbürgerlicher Schick mit Stuck

Bei einem Spaziergang entlang des Kanals lohnt sich immer auch ein Blick in die Hinterhöfe: Im alten Pförtnerhäuschen eines Gewerbehofes hat etwa das wohl kleinste Café der Stadt seinen Sitz: Concierge Coffee (Paul-Lincke-Ufer 39/40, U8: Schönleinstraße, Mo–Fr 8.30–18, Sa 12–17 Uhr) bietet kaum mehr Platz als für die große Kaffeemaschine, mit der wissen die zwei Baristi jedoch unglaublich guten Kaffee herzustellen.

Unterwegs am Kottbusser Tor (oben rechts), Objekte u. a. namhafter Designer aus verschiedenen Epochen zeigt das **Museum der Dinge** *in der Oranienstraße 25 (rechts)*

Anlaufpunkt der Partyhungrigen ist der Verkehrsknotenpunkt ⑱ **Kottbusser Tor**. Das **NKZ** (Neues Kreuzberger Zentrum), ein zehnstöckiger Betonklotz, der sich hier über die Adalbertstraße spannt, liegt mitten im »türkischen Teil« Kreuzbergs. Es ist eng, laut und dreckig. Trotzdem oder gerade deswegen ist hier immer etwas los: Am »Kotti« gibt es jede Menge Clubs, Bars und ein Hostel. Die angrenzende **Oranienstraße** mit vielen originellen Läden, Cafés, Restaurants und Buchhandlungen führt am ⑲ **Heinrichplatz** vorbei, dessen Kneipen nicht erst seit den hier spielenden, zentralen Szenen aus dem Film »Herr Lehmann« stets gut besucht sind.

Es folgt im Osten der ⑳ **Görlitzer Park**. Laut Polizeiangaben eine der gefährlichsten Ecken der Stadt. Die Berliner stört das nicht. Im Sommer kommen auf dem ehemaligen Bahnhofsgelände alle zusammen: Zwischen Dealer mischen sich Studenten, jede Menge Familien unterschiedlicher Nationalitäten und Touristen. Unweit entfernt befindet sich der ㉑ **Mariannenplatz** mit dem **Künstlerhaus Bethanien**. Das unter Denkmalschutz stehende ehemalige Krankenhaus beherbergt mehrere Kunstprojekte und Kulturinitiativen. Auch das hiesige Restaurant **3 Schwestern** ist wärmstens zu empfehlen. Keine 500 Meter entfernt steht die ㉒ **Markthalle Neun** in der

Myfest
Straßenschlachten zwischen autonomen Hausbesetzern und Polizei waren früher in Kreuzberg SO36 am 1. Mai die Regel. Seit über 15 Jahren gibt es jedoch eine Alternative: das Myfest. Rund um das Kottbusser Tor, die Oranien-und Mariannenstraße wird am Tag der Arbeit mit vielen Ständen und Auftritten von Musikgruppen aus dem Kiez gefeiert. Randale gibt es seitdem kaum noch.

Eisenbahnstraße, bekannt durch den **Streetfoodmarket** am Donnerstagabend, wo Imbissspezialitäten aus aller Welt angeboten werden. Nachhaltig produzierte Leckereien aus der Region gibt es einmal im Monat beim **Naschmarkt** in der Halle. Die nächste Querstraße ist die Wrangelstraße, sie führt in den an Friedrichshain und Treptow grenzenden ❷ **Wrangelkiez.** In dem dicht besiedelten Wohnquartier haben sich etliche Cafés, internationale Restaurants und kunterbunte Läden etabliert. Mit seinen zum Teil verkehrsberuhigten Straßen und begrünten Hinterhöfen ist der Kiez auch ein Hort der Gründerszene. Gefeiert wird nach der Arbeit in den Clubs und Bars am ❷ **Schlesi** wie die U-Bahnstation Schlesisches Tor der Hochbahnlinie U1 und die parallel zur Spree verlaufende Schlesische Straße gerne bezeichnet werden.

SELBST HERSTELLEN, FREI ARBEITEN

Die DIY-(Do it yourself-)Szene boomt, vor allem am **Moritzplatz** in Kreuzberg. Kreative aus aller Welt haben dort in einer alten Waschlappenfabrik ein neues Zentrum gefunden: Das ❷ **Betahaus** in der Prinzessinnenstraße 19/20 ist der größte sogenannte Co-Working-Space Deutschlands. Rund 200 Freiberufler teilen sich hier Schreibtische, Besprechungsräume, nutzen freies WLAN und vor allem das soziale Netzwerk, das durch diesen kollaborativen Arbeitsort entsteht. Er ist Treffpunkt, Forum und Austauschplattform – und dies nicht nur für kreativ Schaffende: Das Café im Erdgeschoss ist auch für Besucher geöffnet. Außerdem werden laufend Kurse und Workshops zu Themen wie Modedesign, Marketing oder Webseitengestaltung angeboten.

Ein Ort der Begegnung und Inspiration ist auch das ❷ **Aufbau Haus** in der Prinzenstraße 85 gleich um die Ecke. In der ehemaligen Pianofabrik C. Bechstein haben sich der Aufbau Verlag, ein Theater, ein Club, eine Buchhandlung sowie verschiedene handwerkliche und gastronomische Unternehmen eingemietet: Die **Galerie Kai Dikhas** präsentiert zeitgenössische Kunst von Roma und Sinti und der Laden **Planet Modulor** erfreut das Künstlerherz mit einem großen Bestand an Papier, Folien, Farben etc. Besonderer Blickfang innerhalb des Kreativzentrums und Kulturkaufhauses ist das Fotostudio **IMAGO 1 : 1** im Erdgeschoss mit der größten begehbaren Großformatkamera der Welt.

Schräg gegenüber schließlich empfangen am Moritzplatz die **Prinzessinnengärten** Hungrige. Hier wird von Hobbygärtnern Gemüse gezogen, geerntet und im Sommercafé zur Mittagszeit gekocht und serviert.

Die Konzentration auf das künstlerische Schaffen in Berlin macht die Berlinische Galerie besonders interessant

SERVICE & TIPPS

❼ 🏛🍽👥 Berlinische Galerie
Alte Jakobstr. 124, Kreuzberg
U1/6: Hallesches Tor
✆ (030) 78 90 26 00
www.berlinischegalerie.de
Tägl. außer Di 10–18 Uhr
Eintritt € 8/5, bis 18 J. frei,
jeden 1. Mo im Monat € 4,
Ermäßigung mit Ticket des
Jüdischen Museums (nicht älter
als zwei Tage)
Das Landesmuseum für Moderne Kunst, Fotografie und
Architektur sammelt in Berlin
entstandene Kunst von 1870
bis heute: Dada Berlin, Neue
Sachlichkeit, osteuropäische
Avantgarde sowie Kunst zum
geteilten und wiedervereinten
Berlin.

🏛⚙👥 Deutsches Technikmuseum & Science Center Spectrum
Trebbiner Str. 9, Kreuzberg
U1: Gleisdreieck
✆ (030) 90 25 40, www.sdtb.de
Di–Fr 9–17.30, Sa/So 10–18 Uhr,
Eintritt € 8/4, bis 6 J. frei, nach
15 Uhr bis 18 J. frei, Mini-
Familienticket (1 Erw., 2 Kinder
unter 14 J.) € 9, Maxi-Familienticket (2 Erw., 3 Kinder unter
14 J.) € 17
Eines der größten Technikmuseen Europas bietet auf
rund 26 000 m² Ausstellungen zu Schiff- und Luftfahrt

(Flugzeughalle) sowie eine der
größten Sammlungen zum
Schienenverkehr mit alten
Zügen. Die vielen Experimente, Lokomotiven und der
museumseigene Park mit den
Windmühlen ist besonders für
Besucher mit Kindern geeignet.

㉖ 🏛 Galerie Kai Dikhas
Prinzenstr. 84, Kreuzberg
U8, Bus M29: Moritzplatz
✆ (030) 34 39 93 08 09
www.kaidikhas.com
Mi–Sa 12–18 Uhr
Kai Dikhas bedeutet auf Romanes »Ort des Sehens«. Die Galerie widmet sich den Werken
von Sinti- und Roma-Künstlern.

❻ 🏛🍽👥🎧 Jüdisches Museum
Lindenstr. 9–14, Kreuzberg
Bus 248: Jüdisches Museum
✆ (030) 25 99 33 00
www.jmberlin.de
Mo 10–22, Di–So 10–20 Uhr
Eintritt € 8/3, bis 6 J. frei,
Familienticket (2 Erw., max.
4 Kinder) € 14, Audioguide € 3,
Ermäßigung mit Ticket der
Berlinischen Galerie (nicht älter
als zwei Tage)
Eines der interessantesten
Gebäude Berlins (Architekt:
Daniel Libeskind) birgt eine
Ausstellung zu 2000 Jahren
deutsch-jüdischer Geschichte, Sonderausstellungen, das
Archiv, die Bibliothek und den
fensterlosen Holocaust-Turm.

In über 150 erlebbaren Experimenten erfahren Besucher im Deutschen Technikmuseum, wie Physik und Technik funktionieren

❺ 🏛 Martin-Gropius-Bau
Niederkirchnerstr. 7, Kreuzberg
U-/S-Bahn: Potsdamer Platz
✆ (030) 25 48 60
www.gropiusbau.de
Tägl. außer Di 10–19 Uhr
Eintritt je nach Ausstellung
€ 9–11/6–8, bis 16 J. frei
Eines der führenden Ausstellungshäuser für zeitgenössische
Kunst und Fotografie. Der
nach einem seiner Architekten
– dem Großonkel des be-
rühmten Architekten Walter
Gropius – benannte Bau ist
stilistisch an die italienische
Renaissance angelehnt und
eröffnete 1881 als Königliches
Kunstgewerbemuseum.

🏛 ⊘ Science Center Spectrum
Vgl. S. 221.

❹ 🏛 Topografie des Terrors
Niederkirchnerstr. 8, Kreuzberg
S1/2/25: Anhalter Bahnhof
✆ (030) 254 50 90
www.topographie.de
Tägl. 10–20 Uhr, Eintritt frei
Gestapo, SS und Reichssicherheitshauptamt, die zentralen
Institutionen von SS und Polizei
im »Dritten Reich«, sowie die
von ihnen verübten Verbrechen
sind Thema der Ausstellungen
auf dem Außengelände und in
der Halle.

❾ 🖲⚙🚻🪜 Mehringhof
Gneisenaustr. 2 A, Kreuzberg
U6/7: Mehringdamm
✆ (030) 691 80 21
www.mehringhof.de
Im Hinterhof des autonomen
Kulturzentrums haben u. a. politische Initiativen ihren Sitz, es
gibt diverse Angebote von Wei-
terbildungsinitiativen bis hin
zu Sport- und Musikgruppen.
Außerdem Ausstellungsräume,
eine Kneipe und das Mehring-
hof-Theater (vgl. S. 208).

🖲⚙✕🚻 Willy-Brandt-Haus
Wilhelmstr. 140, Kreuzberg
U1/7: Möckernbrücke

✆ (030) 25 99 37 00
www.willy-brandt-haus.de
Tägl. außer Mo 9–18 Uhr
Führungen siehe Internet

Neben der beeindruckenden
Architektur des Hauses (Helge
Bofinger) und der Brandt-
Skulptur von Rainer Fetting
gibt es kostenlose Kunstausstellungen und Lesungen, Läden
und ein Bistro.

⚙✕▦ Prinzessinnengärten
Prinzessinnenstr. 15, Moritzplatz
Kreuzberg
U8, Bus M29: Moritzplatz
✆ (0176) 24 33 22 97
http://prinzessinnengarten.net
Mai–Okt. tägl. ab 10, Café 12–
22 Uhr
Eine grüne Oase mitten in
Kreuzberg. Der gemeinnüt-
zige Garten ist ein Projekt
ökologischer Landwirtschaft in
der Stadt. Zwischen Bäumen,
Sträuchern und Pflanzenkisten
kann man Getränke und Snacks
aus dem Gartencafé genießen.
Nach vorheriger Anmeldung
gibt es 45-minütige Führungen
über das Gelände mit Informationen zum Projekt.

⚙ Wildblumenwiese
Baerwaldstr. 70, Kreuzberg
Bus 140: Wilmsstraße
http://wildblumenwiese.net
Schöne Wildblumenwiese, die
von einem Anwohnerverein
angelegt wurde.

*Die Prinzessinnen-
gärten am Moritz-
platz stehen ganz
im Zeichen des
Urban Gardening*

🦽🏛🖥 **Berliner Gruselkabinett & Bunkermuseum**
Schöneberger Str. 23 A
Kreuzberg
S1/2/25: Anhalter Bahnhof
℅ (030) 26 55 55 46
www.berlinstory-bunker.de
Di–Fr 10–19, Sa/So 12–20 Uhr
Eintritt inkl. Museum € 9,50/7,
nur Museum € 5, Gruselkabinett geeignet ab 10 J.
Im ehemaligen Bunker des Anhalter Bahnhofs lauern Geister
in den dunklen Gängen, um
Besucher in Furcht und Schre-
cken zu versetzen. Das Museum
im Untergeschoss dokumentiert
die Geschichte Berlins von der
Stadtgründung bis heute.

*Club mit Aussicht:
das Solar in der
Stresemannstraße*

🦽🖥 **Moviemento Kino**
Kottbusser Damm 22
Kreuzberg

U8: Schönleinstraße
℅ (030) 692 47 85
www.moviemento.de
Das älteste Kino Deutschlands
hält seit 1907 die Stellung
mit großem Saal (103 Plätze)
und zwei kleineren mit je ca.
65 Plätzen. Gezeigt werden
Arthouse-Filme sowie Klassiker. Am Samstag und Sonntag
gibt´s auch Kinderfilme.

🗙 **Chandra Cumari**
Gneisenaustr. 4, Kreuzberg
U6/7: Mehringdamm
℅ (030) 694 12 03
www.chandra-kumari.de
Tägl. 12–1, So Brunch 11–16 Uhr
Die Mondgöttin serviert
ayurvedische Küche aus Sri
Lanka. Alle Zutaten stammen
aus biologischem Anbau und
artgerechter Haltung. €€

🗙 **Hostaria del Monte Croce**
Mittenwalder Str. 6, Kreuzberg
Bus 248/M41: Blücherstraße
℅ (030) 694 39 68
www.hostaria.de
Tägl. außer So/Mo 19–23 Uhr
Kleine Remise im Hinterhof mit
monatlich wechselndem, acht-
gängigem Menü zum Festpreis
(€ 56) inklusive Wasser, Wein,
Espresso und abschließendem
Grappa. €€

🗙🦽 **3 Schwestern**
Mariannenplatz 2, Kreuzberg
Bus M29, U1: Görlitzer Bahnhof
℅ (030) 600 31 86 00
www.3schwestern-berlin.de
Mo–Sa ab 11, So ab 9 Uhr
Neben täglich wechselnden
Mittagsgerichten bietet das Lo-
kal im Kunstquartier Bethanien
auch Frühstück, eine reich-
haltige Kuchenauswahl sowie
internationale Speisen für die
Abendzeit. Dinner- und Show-
Veranstaltungen. €–€€

🖥 **Café Strauss**
Bergmannstr. 42, Kreuzberg
U7: Südstern
℅ (030) 69 56 44 53

www.cafestraussberlin.de
Tägl. außer Mo ab 9 Uhr
In der ehemaligen Aufbah-
rungshalle des Friedhofs der
Friedrichwerderschen Gemeinde röstet Olga Strauss täglich
Kaffeebohnen, backt Quiche
und Kuchen. Auf der Terrasse
mit Blick auf die Gräber und
Mausoleen kann man diese
wunderbar genießen.

▣ Westberlin
Friedrichstr. 215, Kreuzberg
U6: Kochstraße
℗ (030) 25 92 27 45
www.westberlin-bar-shop.de
Mo–Fr 8.30–19, Sa/So 10–19 Uhr
Bestes Kaffee-, Kuchen- und
Zeitschriften-Angebot weit
und breit.

▣☒ Golgatha
Dudenstr. 40–64, Kreuzberg
U6: Platz der Luftbrücke
℗ (030) 785 24 53
www.golgatha-berlin.de
April–Okt tägl. ab 9 Uhr
Die Holzterrasse des großen
Biergartens mit Grill am Fuße
des Kreuzbergs ist das som-
merliche Wohnzimmer im Kiez.
Samstagabends legen DJs auf.

▣☒♫ Yorkschlösschen
Yorckstr. 15, Kreuzberg
U6/7: Mehringdamm
℗ (030) 215 80 70
www.yorckschloesschen.de
Tägl. 17–3, So ab 10 Uhr
(Brunch 11–15 Uhr)
Das weit über 100 Jahre alte
Yorckschlösschen ist mit seinen
Livemusik-Events ein Leucht-
turm der Jazz- und Bluesszene.

▣ Prinz Charles
Prinzenstr. 85 F, Kreuzberg
U8, Bus M29: Moritzplatz
℗ (0179) 346 23 69
http://princecharlesberlin.com
Do–Sa 19–8 Uhr
Über den Hinterhof gelangt
man zum Eingang des ehe-
maligen Schwimmbads. Der
Blickfang ist die von allen Seiten

zu erreichende Bar, die inmitten
des einstigen Beckens steht.
Wem es beim Tanzen zu heiß
wird, der kann sich bei feinen
Cocktails und Longdrinks auf
der Terrasse abkühlen.

▣☒ Solar
Stresemannstr. 76, Kreuzberg
℗ (0163) 765 27 00
www.solarberlin.com
So–Do 18–2, Fr/Sa 18–4 Uhr
S1/2/25: Anhalter Bahnhof
Schönste Panoramabar Berlins
mit gutem Restaurant. Mittels
gläsernem Fahrstuhl gelangt
man in den 22. Stock und genießt auf Loungemöbeln den
tollen Ausblick über die Stadt.

▤ Grober Unfug
Zossener Str. 33
Kreuzberg
U7: Gneisenaustraße
℗ (030) 69 40 14 90
www.groberunfug.de
Mo–Fr 11–19, Sa 11–18 Uhr
Dieser Comic-Laden ist ein
Eldorado für jeden Fan. Hier
verliert man sich schnell in
der riesigen Auswahl der wohl
sortierten bunten Heftchen
und Zeichnungen.

㉖ ▤ IMAGO 1:1
Prinzenstr. 85 D, Kreuzberg
U8, Bus M29: Moritzplatz
℗ (030) 52 13 26 17
http://imago-camera.com

*Besonders beliebt
im Yorckschlöss-
chen ist der
Sonntagsbrunch
mit Buffet und
Livemusik*

Tägl. außer So 11–19 Uhr
Größte begehbare Großformatkamera der Welt. Ein Unikat im
Format eines Ganzkörperpor-
traits kostet € 370, ein Halbpor-
trait € 250.

⓬ ⛶⛶✕ **Marheineke
Markthalle**
Marheinekeplatz 15, Kreuzberg
U7: Gneisenaustraße
http://meine-markthalle.de
Mo–Fr 8–20, Sa bis 18 Uhr
Ob frisches Obst, Gemüse,
Fleisch oder Fisch, Käse und
Blumen – die Händler in der
Markthalle bieten täglich hoch-
wertige Produkte an. Hung-
rige haben die Wahl zwischen
vielen Imbissküchen – vom
Bio-Steak bis zur Erbsensuppe
ist alles dabei.

⓴ ⛶⛶✕💬 **Markthalle Neun**
Eisenbahnstr. 42/43, Kreuzberg
U1: Görlitzer Bahnhof
✆ (030) 577 09 46 61

www.markthalleneun.de
Kantine & Café Mo, Mi, Do
11.30–15, Fr/Sa 11–17, Streetfood Thursday Do 17–22, Wochenmarkt Di, Fr, Sa 12–20 Uhr
Markthallen haben in Berlin
eine lange Tradition und liegen
aktuell wieder sehr im Trend.
Bei Events wie dem Nasch-
markt, Kochschule, Cheese Berlin oder **Street Food Thursday**
verwandelt sich die Halle in ein
kulinarisches Wunderland.

⛶⛶🏛 **NGBK**
Oranienstr. 25, Kreuzberg
U1: Görlitzer Bahnhof
✆ (030) 616 51 30
www.ngbk.de
Tägl. 12–19, Do–Sa bis 20 Uhr
Buchhandlung mit wahren
Schätze an Kunstbänden und
schöne Schreibwaren. Dahinter
verbirgt sich der basisdemokra-
tische Kunstverein NGBK, der
im hinteren Bereich wechselnde Ausstellungen organisiert.

*Höhepunkt des
viertägigen Karne-
vals der Kulturen
ist der große,
fröhliche Umzug
am Sonntag*

26 🍴 **Planet Modulor**
Prinzenstr. 85 D, Kreuzberg
U8, Bus M29: Moritzplatz
✆ (030) 69 03 60
www.modulor.de
Mo–Fr 9–20, Sa 10–18 Uhr
Das Geschäft ist ein absolutes
Highlight für kreative Leute.
Auf rund 3000 m² werden über
30 000 verschiedene Artikel
angeboten – von Papier, das
den eigenen Wünsche ent-
sprechend zugeschnitten wird,
über Zeichenbedarf bis hin zu
diversen Verpackungen.

8 🏊‍♂️🛏 **Prinzenbad**
Prinzenstr. 113–116, Kreuzberg
U1: Prinzenstraße
✆ (030) 616 10 80
www.berlinerbaeder.de
April–Sept. tägl. 8–20 Uhr
Eintritt € 5,50/3,50
Kampfschwimmer, Planschen-
ten und jede Menge Publikum
in der Horizontalen auf der
großen Liegewiese machen

das Bad mit zwei 50-m-Bah-
nen zu einem einzigartigen
Biotop menschlicher Existen-
zen. Die Bademeister haben
Türsteherqualitäten.

25 🛏☕ **Betahaus**
Prinzessinnenstr. 19/20
Kreuzberg
U8, Bus M29: Moritzplatz
✆ (030) 60 98 09 27
www.betahaus.com/berlin
Mo–Fr 8–20, Sa 9–18 Uhr, Café
bis 22 Uhr
Der Co-Working-Space (eine
Art Gemeinschaftsbüro für Kre-
ative) bietet Miet-Schreibtische,
Konferenzräume, ein Kurspro-
gramm und ein nettes Café im
Erdgeschoss. Führungen durch
das Haus sind nach Anmeldung
möglich.

🎭🛏 **Karneval der Kulturen**
Blücherplatz, Kreuzberg
U6/7: Mehringdamm
✆ (030) 60 97 70 22
www.karneval-berlin.de
Pfingsten Fr–Mo
Exotisch, laut und lustig: Seit
1996 wird am Pfingstwochen-
ende alljährlich zwischen
Hermann- und Blücherplatz
gefeiert. Der kunterbunte
Straßenumzug am Sonntag de-
monstriert (für) die kulturelle
Vielfalt Berlins mit tausenden
von Teilnehmern, die sich schrill
und schön verkleiden. Samstags
ist Kinderkarneval. 🌼

Das Bergmannstra-
ßenfest am letzten
Juniwochenende
verwandelt die
Straße ein Wochen-
ende lang in
eine Musik- und
Kulturmeile mit
Bühnenprogramm

89

FRIEDRICHSHAIN

PARTYZONE IN GESCHICHTS-
TRÄCHTIGER KULISSE

In keinem Viertel Berlins liegen Vergangenheit und Gegenwart so dicht beieinander wie in Friedrichshain. DDR-Architektur, Altbau-Kiez und moderne Baugruppenhäuser wechseln sich munter ab. Besonders das Nachtleben zieht viel Publikum nach Friedrichshain, denn hier befinden sich so viele Clubs wie sonst nirgendwo in der Stadt. Entlang der Revaler Straße, dort wo König Wilhelm I. ab 1867 die zweite Preußische Eisenbahnwerkstatt errichten ließ, kann man heute tage- und nächtelang feiern und Spaß haben. Nach der Stilllegung des 71 000 Quadratmeter großen Geländes hat sich hier eine Mischung aus Clubs, Bars, Kunstprojekten und Trendsportstätten angesiedelt. Und auch das ist Friedrichshain: Biosupermärkte, Bars, Cafés mit Fair-Trade-Coffee-Angebot und Designerläden an jeder Ecke – das öko-hippe Lebensgefühl der Bewohner ist überall spürbar.

Namensgeber des ehemaligen Arbeiterbezirks mit seinen vielen Industrie- und Gewerbebetrieben war 1920 der hiesige Volkspark. Die weitläufige Idylle wurde anlässlich des Thronjubiläums von Friedrich dem Großen Mitte der 1840er Jahre in Friedrichshain als Berlins erste kommunale Grünanlage geschaffen.

Straßencafés gibt es auch in Friedrichshain reichlich

Das Rückgrat des Stadtteils ist die ❶ **Karl-Marx-Allee**, die sechsspurig vom **Frankfurter Tor** zum **Strausberger Platz** und gen Westen weiter durch Reihen von Plattenbauten bis zum Alexanderplatz verläuft. Ostwärts führt die Magistrale als Frankfurter Allee nach Hellersdorf, Lichtenberg und Marzahn. Der lebendige Boulevard lag nach dem zweiten Weltkrieg in Schutt und Asche, überhaupt war kaum ein Berliner Bezirk so stark zerstört wie Friedrichshain. In der ersten Wiederaufbauphase entstanden an der Karl-Marx-Allee 102–104 und 126–128 die ❷ **Laubenganghäuser** (Entwurf: Hans Sharoun). Diese gestalterisch dem Bauhaus verpflichteten »Wohnzellen Friedrichshain« wurden jedoch zufolge der Analyse des sowjetischen Städtebaus als dekadent und zu formalistisch abgetan. Die Architektursprache sollte die ideologischen Unterschiede der Systeme deutlicher hervorheben.

Frankfurter Tor am östlichen Ende der Karl-Marx-Allee

Für den weiteren Wiederaufbau der **Stalinallee**, so hieß die Straße nach 1949, wurden gleich mehrere Baumeister und zahlreiche, unbezahlte Aufbauhelfer eingespannt. Innerhalb weniger Jahre entstand das heute längste Baudenkmal der Welt: 14 aneinandergereihte Gebäudekomplexe im »Zuckerbäckerstil« auf etwas mehr als zwei Kilometern Länge. Den krönenden Abschluss bilden auf der einen Seite die beiden

17. JUNI – AUFSTAND DER ARBEITER AUF DER STALINALLEE

In Friedrichshain nimmt der berühmte Arbeiteraufstand am 16. Juni 1953 seinen Anfang. Aus Protest gegen die Verschlechterung der Arbeitsbedingungen, den Führungsstil der DDR-Regierung und die mangelhafte Versorgung der Bevölkerung fordern Bauarbeiter zweier Großbaustellen an der Stalinallee, der heutigen Karl-Marx-Allee, u. a. freie Wahlen. Die Proteste wachsen sich schnell zu einem DDR-weiten Generalstreik aus. Am darauffolgenden Tag, dem 17. Juni, streiken die Belegschaften vieler Betriebe, in mehr als 700 Städten und Gemeinden werden Stasi-Gefängnisse und Kreisratsgebäude gestürmt. Die sowjetischen Machthaber verhängen daraufhin den Ausnahmezustand, sowjetische Panzer fahren auf und der Aufstand wird gewaltsam beendet. 50 Tote und 15 000 Festnahmen sind das Resultat dieses Tages.

Die DDR ehrte die Stalinallee mit einer eigenen Briefmarke. 1961 erhielt sie ihren jetzigen Namen: Karl-Marx-Allee

Türme am Frankfurter Tor. Auf der anderen Seite, am Strausberger Platz, ragen die 14-geschossigen Hochhäuser, Haus des Kindes und das Haus Berlin empor. Da die repräsentativen Arbeiterpaläste sehr kostspielig waren, konnten die Pläne einer einheitlichen Bebauung bis zum Alexanderplatz nicht durchgehalten werden. Den Abschnitt der Karl-Marx-Allee jenseits des Strausberger Platzes, der zum Stadtteil Mitte gehört, säumen nüchterne Plattenbauten.

Besonders im Winter entwickelt der Anblick dieses architektonischen Ausdrucks einer Zeit der politischen Konfrontation und des ideologischen Wettbewerbs im geteilten Berlin eine besondere Atmosphäre. Dann fühlt man sich hier – tief im Schnee stehend und dem eisigen über die schnurgerade Allee hinweg blasenden Wind trotzend – wie in Moskau oder St. Petersburg. Von der Vision eines Ku'damms des Ostens nach Vorbild der großen Städte der UdSSR ist ansonsten nach der Wende nicht viel geblieben, die Karl-Marx-Allee ist trotz der gigantischen Gehwege mehr Durchgangsstraße als Einkaufsmeile. Geschäfte gibt es kaum, Gastronomie bis auf einige wenige Bars und Cafés ebensowenig. Allein das ❸ **Café Sybille** ist alteingesessener Zeitzeuge und versteht

Die einstigen »Arbeiterpaläste« entlang der Karl-Marx-Allee sind nach ihrer Sanierung beliebte Wohnadressen

sich auch als ein solcher. Neben Ausstellungen, Konzerten und Lesungen bietet eine Aussichtsplattform auf dem Dach des Cafés den ganz besonderen Blick auf »die letzte große Straße Europas«, wie der italienische Stararchitekt Aldo Rossi sie bezeichnete.

Das quirlige Leben Friedrichshains spielt sich in den einzelnen Kiezen ab. Da ist zunächst südlich der Frankfurter Allee das Viertel rund um den ❹ Boxhagener Platz. Es ist den Kriegszerstörungen und den darauf folgenden baukünstlerischen Umformungen der DDR-Architekten weitestgehend entronnen. Der »Boxi« (Boxhagener Platz) ist zentraler Treffpunkt der Friedrichshainer: Man sieht junge Familien auf dem Spielplatz, daneben Punks mit ihren Hunden auf der Liegewiese. Samstags findet hier der Wochenmarkt statt und sonntags der beliebte Flohmarkt. Auch die umliegenden Straßen, die **Grünberger-**, **Krossener-** und **Gärtnerstraße** sowie die ineinander übergehenden **Kopernikus-** und **Wühlischstraße**, sorgen mit ihren zahlreichen kleinen Geschäften für ein extravagantes Einkaufserlebnis. Die ❺ **Simon-Dach-Straße** ist die Ausgehmeile im Viertel. Rechnet man die **Niederbarnimstraße** am nördlichen Ende mit ein, reiht sich bis zur natürlichen Grenze der Bahngleise im Süden ein Lokal an das nächste. Das rege Nachtleben tobt auch in der ❻ **Revaler Straße**, an der ❼ **Warschauer Brücke** und rund um die historische ❽ **Oberbaumbrücke** in vielen Clubs. Ruhiger geht es in der vor über 100 Jah-

Der Berliner Kunstschmied Fritz Kühn gestaltete den Brunnen, der seit 1967 in der Mitte des Strausberger Platzes steht

*Warschauer Straße
1910*

*Das Wahrzeichen
des Bezirks
Friedrichshain-
Kreuzberg, die
Oberbaumbrücke,
verbindet die bei-
den Stadtteile über
die Spree*

ren für das Großbürgertum errichteten ❾ **Knorrpromenade** zu. Säulengeschmückte Prachtbauten samt kleiner Vorgärten stehen auf rund 160 Metern Spalier und lassen sie wie die Miniaturausgabe einer Prachtstraße erscheinen. Die beiden Eingangstore werden gerade restauriert.

Von der Warschauer Straße aus über das ehemalige Reichsbahngelände bis hinunter zur Spree zieht sich der **Rudolfkiez**. Zentrum ist der ❿ **Rudolfplatz**, umgeben von ruhigen Wohnstraßen. In den alten ⓫ **Speicher- und Kraftwerksgebäuden** an der Spree haben sich mehrere Medien- und Modefirmen angesiedelt, darunter Universal, MTV, Hugo Boss und Esprit. Moderne Dienstleistungsgewerbe zogen außerdem in die alte Lampenstadt, das Gelände um die ehemalige Narva Lampenfabrik. Als Wahrzeichen der grundsanierten ⓬ **Oberbaum City** ragt auf dem Narva-Turm, der als Berlins erstes Hochhaus gilt und heute ein Firmensitz ist, ein weithin leuchtender Glasaufsatz empor. Gegenüber, zwischen Warschauer Straße und Ostbahnhof, liegt die ⓭ **Mercedes-Benz Arena**, eine Multifunktionshalle für sportliche und kulturelle Events. Außerdem erstreckt sich hier entlang der Spree die größte Open-Air-Galerie der Welt: die ⓮ **East Side Gallery**. Auf dem längsten erhaltenen Stück **Berliner Mauer** haben sich 118 Künstler aus 21 Ländern verewigt, eines der bekanntesten Werke ist der »Bruderkuss« von Dimitri Vrubel.

Nördlich der Frankfurter Allee befindet sich das ⓯ **Samariterviertel**, benannt nach der Samariter Straße, die als Mittelachse über den Samariterplatz bis zur Eldenaer Straße und dem Neubaugebiet ⓰ **Alter Schlachthof** führt. Im Westen wird der Kiez durch die Petersburger Straße und im Osten durch die

Nach dem Mauerfall wurde im Frühjahr 1990 ein Teil der Grenzmauer auf der östlichen Seite bemalt und zur berühmten East Side Gallery; dazu gehörte auch dieser Trabi

Ringbahn begrenzt. Die Modernisierungs- und Begrünungsmaßnahmen haben für eine familienfreundliche Entwicklung des Gebiets gesorgt. Zahlreiche Lokale und kleinere Geschäfte zogen Parterre ein, tolle Spiel- und Freizeitareale wie beispielsweise am ⓱ **Forckenbeckplatz** sind entstanden.

Zu den reizvollsten Straßen Friedrichshains gehört die denkmalgeschützte ⓲ **Bänschstraße**. Von der Mittelpromenade hat man einen wunderbaren Blick auf die Gründerzeitbauten, deren Jugendstilfassaden allesamt wieder in ihren Originalfarbtönen erstrahlen. Hier befindet sich am westlichen Ende die evangelische **Samariterkriche**. Durch die hier in den späten 1980er Jahren veranstalteten Blues-Messen erlangte sie als ein Zentrum der aufstrebenden Friedens- und DDR-Oppositionsbewegung einen nicht unumstrittenen Bekanntheitsgrad. Ebenfalls überregional geläufig wurde im Zuge der Hausbesetzerbewegung die parallel verlaufende ⓳ **Rigaer Straße.** Die dortige **Galiläakirche** macht Friedrichshain als Ort des zivilen Widerstands alle Ehre: Das hundertjährige gotische Gebäude beheimatet das **Jugendwiderstandsmuseum.**

Während es 1990 rund 40 besetzte Häuser in Friedrichshain gab, sind 2011 die letzten in diesem Kiez geräumt worden. Auch der Großteil der vielen Hinterhofwohnungen mit Kohleofen und Toilette auf halber Treppe sind mittlerweile saniert. Mit der aufwertungsbedingten Verdrängung ärmerer Bevölkerungsschichten, die hier zunehmend zu verzeichnen ist, verändert sich die lokale Identität Friedrichshains und die alternative Stadtteilkultur verschwindet mehr und mehr.

Im Norden, dort, wo Friedrichshain an Prenzlauer Berg grenzt, liegt der gleichnamige ⓴ **Volkspark** mit einer Gesamtfläche von 49 Hektar. Der heute beinahe 170 Jahre alte Friedrichshain ist dank Liegewiesen, Spiel- und Sportplätzen, Trimm-dich-Pfad sowie Restaurant, Biergarten und Freilicht-

Die Tramlinie M10, die vom Nordbahnhof bis zur Warschauer Straße fährt, ist als Partylinie bekannt. Besonders am Wochenende ab 20 Uhr macht sie ihrem Namen alle Ehre. Dann ist hier das feiernde Volk zwischen Prenzlauer Berg und Friedrichshain unterwegs.

Der neobarocke Märchenbrunnen im Volkspark Friedrichshain versammelt die bekanntesten Figuren aus den Märchen der Brüder Grimm

bühne ganzjähriger Anlaufpunkt der Berliner. Im Sommer gibt es ein Open-Air-Kino und im Winter ist der »Mont Klamott«, wie der nach dem zweiten Weltkrieg aus gut zwei Millionen Kubikmetern Schutt aufgetürmte kleine und große **Bunkerberg** im Volksmund heißt, beliebte Rodelbahn. Der aus dem Jahr 1913 stammende **Märchenbrunnen** am Westeingang des Parks erlitt wie die gesamte Anlage 1945 starke Zerstörungen. Die Figuren aus den Grimmschen Märchen, welche die Brunnenanlage schmücken, verschwanden und tauchten erst in den 1950er Jahren in einem Friedrichshainer Garten wieder auf. Heute erstrahlt die Anlage wieder in altem Glanz.

SERVICE & TIPPS

Rotkäppchen mit dem Wolf am Märchenbrunnen

🏛 🖰 **Computerspielmuseum**
Vgl. S. 220.

⓲ 🏛 **Jugendwiderstandsmuseum/Galiläakirche**
Rigaer Str. 10
Friedrichshain
Tram M10/21: Bersarinplatz
✆ (030) 41 72 86 77
http://widerstandsmuseum.de
Di–Sa 11–19 Uhr
Eintritt frei
Die Dauerausstellung »Wartet nicht auf bess're Zeiten! Jugendwiderstand und Jugendopposition in der SBZ/DDR (1948–89)« dokumentiert in der Galiläakirche die Jugendwiderstands-und Jugendoppositionsbewegung der DDR.

⓮ 🖰🖰 **East Side Gallery**
Mühlenstr. 3–100, Friedrichshain
S-Bahn: Ostbahnhof
✆ (030) 251 71 59
www.eastsidegallery-berlin.de
Auf dem längsten noch erhaltenen Stück Berliner Mauer haben sich nach der Wende 118 Künstler aus 21 Ländern verewigt.

❻ 🖰🖰🎵🖰🖰🖰 **RAW-Gelände**
Revaler Str. 99, Friedrichshain
U-/S-Bahn: Warschauer Brücke, Tram M10/M13: Revaler Straße
✆ (030) 292 46 95
www.raw-tempel.de, http://skatehalle-berlin.de, http://derkegel.de, www.vuesch.org, www.studioansage.de
Tägl. rund um die Uhr
Clubs, Kneipen, Bars, Sport-

und Kunsträume machen das ehemalige Bahn-Areal heute zum beliebten An-laufpunkt von Partygängern, Skatern, Kletterern, Musikern und Künstlern. Mit Kinderzirkus Zack und Radiosender. Sonntags sorgt ein Flohmarkt für Andrang.

◉ 🏛 **Samariterkirche**
Samariterstr. 27, Friedrichshain
U5: Samariterstraße
Eine der bekannten Kirchen, die vor der Wiedervereinigung zum Treffpunkt der Bürgerbewegung wurde. Vor dem evangelischen Gotteshaus steht eine von 18 Stelen der Ausstellung »Friedliche Revolution« (http://revolution89.de). Eindrucksvolle Fotos und kurze Texte lassen am authentischen Ort ein spannendes Kapitel deutscher Geschichte lebendig werden.

🄯 🌳🎨🏃 **Forckenbeckplatz**
Friedrichshain
Tram 21: Forckenbeckplatz
www.forcki.de
Beliebt als grüne Lunge im Kiez: Der »Forcki« bietet eine große Liegewiese, Plansche, einen Abenteuerspielplatz sowie Tischtennisplatten, Fußball- und Skateplatz. Außerdem besteht eine Verbindung zum neuen Blankensteinpark.

🄴 🌳🍴🎨✕🍺🏃 **Volkspark Friedrichshain**
Tram M4: Am Friedrichshain, Tram 5/6/8/10: Paul-Heyse-Straße
www.friedhof-der-maerz gefallenen.de
Die 49 ha große Idylle an der Grenze zu Prenzlauer Berg ist der älteste Volkspark (seit 1848) der Stadt. Mit Liegewiesen, Spiel- und Sportplätzen, Trimm-dich-Pfad sowie Restaurant, Biergarten und Freiluftkino. Bei Kindern ist der im Westen gelegene Märchenbrunnen besonders beliebt. Interessant: der Friedhof der Märzgefal-

lenen mit Ausstellung zu den Geschehnissen der Revolution 1848.

🖼 **Galerie im Turm**
Frankfurter Tor 1, Friedrichshain
U5, Tram M10/21: Frankfurter Tor
✆ (030) 422 94 26
www.kulturamt-friedrichshain-kreuzberg.de/galerie-im-turm
Tägl. außer Mo 12–19 Uhr
Die kommunale Galerie des Bezirks Friedrichshain-Kreuzberg bietet vor allem lokalen Künstlern Raum. Begleitend zu den Ausstellungen im Nordturm des Frankfurter Tores finden Konzerte, Performances und kulturelle Projekte statt.

🍺🎵🍴 **Haus Zukunft**
Laskerstr. 5, Friedrichshain
S-Bahn: Ostkreuz
✆ (0176) 57 86 10 79
www.unser-haus-zukunft.de
Je nach Veranstaltung
Das Projekt Zukunft beinhaltet eine Freilichtbühne, Kino, Konzerte und Ausstellungen sowie einen tollen Biergarten. Dort sollte man unbedingt das hauseigene Bier kosten.

🄭 🍺🏃 **Mercedes-Benz Arena**
Vgl. S. 202.

🍺🎨 **Zozoville Gallery**
Mainzer Str. 12, Friedrichshain
U5: Samariterstraße
✆ (0177) 779 59 22

Eine Büste Friedrichs II. steht heute wieder an ihrem Originalstandort im Volkspark Friedrichshain

Am Großen Teich im Volkspark Friedrichshain

Zweimal im Jahr, am 1. Sonntag im Juni und am 1. Sonntag im Juli wird die Oberbaumbrücke zur Open Air Gallery

Türkische Backwaren und Suppen mit bestem Blick auf das Frankfurter Tor im Kaffee & Tee

www.zozoville.com
Tägl. außer So 12–18 Uhr
Die Arbeiten der beiden Künstler Johan Potma und Mateo Dineen, die eine Vorliebe für niedliche Monster haben, bestimmen den Raum. Diese schauen einen mal mehr mal weniger freundlich von allen Wänden an. Die Drucke sind durchaus erschwinglich.

❺ ☒ Keule Berliner Mundart
Simon-Dach-Str. 22
Friedrichshain
Tram M13: Libauer Straße
✆ (030) 22 34 55 01
http://keule-berlin.de
Mo–Do 16–24, Fr 16–4, Sa 12–4, So 10–24 Uhr
»Keule« ist Berlinerisch und bedeutet Bruder oder Kumpel. So tauften die Brüder Mark und Steve Winkler ihr Restaurant, in dem sie frei nach Omis Rezepten und in schönstem Hauptstadtdialekt authentische Berliner Küche servieren. €

☒☕ Café Mocca
Schreinerstr. 44, Friedrichshain
U5: Samariterstraße
✆ (0176) 10 34 23 46
http://cafemoccaberlin.de.tl
Tägl. 10–20 Uhr
Italienische Pizza, Pasta und

Eis sowie Spezialitäten aus dem Kosovo.

❸ ☕🍴🎧 Café Sibylle
Karl-Marx-Allee 72
Friedrichshain
U5: Strausberger Platz
✆ (030) 29 35 22 03
www.cafe-sibylle.de
Tägl. 10–20 Uhr
In dem noch aus DDR-Zeiten stammenden Café wird u. a. eine Ausstellung über die Karl-Marx-Allee gezeigt. Auch bekommt man hier den Audioguide »Stadt im Ohr«, der den Bezirk Friedrichshain und die Geschichte der Karl-Marx-Allee näher bringt.

☕ Kaffee & Tee
Frankfurter Tor 5, Friedrichshain
U5, Tram M10/21: Frankfurter Tor
✆ (0157) 86 84 59 01
Tägl. 9–24 Uhr
Das Interieur des Stalinbaus stammt teilweise noch aus DDR-Zeiten: die Holzvertäfelung, Sofas, Sessel und kleine Tische. Besonders nett sitzt es sich auf dem Podest an der großen Fensterfront mit Blick auf das Frankfurter Tor. Neben Getränken gibt es Kuchen und türkische Spezialitäten.

🄳👣🏃 Brauerei Flessa
Petersburger Str. 39
Friedrichshain (1. Hinterhof)
Tram M10: Straßmannstraße
✆ (030) 23 47 08 31
www.brauerei-flessa.de
Mo–Fr 9–16 Uhr und nach
Anmeldung
Gutes und authentisches Kiezbier. Neben Führungen durch
den Betrieb gibt es Brauseminare. Das selbstgebraute Bier
kann man sechs Wochen später
mit nach Hause nehmen.

🍸👣 Antje Øklesund
Rigaer Str. 71–73, Friedrichshain
U5: Samariterstraße
www.antjeoeklesund.de
Öffnungszeiten je nach
Veranstaltung
Remise mit Ausstellungen,
Konzerten und Partys. Skurril
ist das Institut für Krimskrams:
Fund- und Sammelstücke –
alte Feuerzeuge, Bierdeckel,
Bonbonschachteln, Modellautos oder Liebesbriefe in einer
Ausstellung.

🍸 Bar Kosmetiksalon Babette
Karl-Marx-Allee 36, Mitte
U5: Schillingstraße
✆ (0176) 38 38 89 43
www.barbabette.com
Tägl. ab 18 Uhr
Eigentlich schon Mitte, aber gefühlt Friedrichshain: Wo einst in
dem gläsernen Kubus Haare geschnitten und auf Lockenwickler gedreht wurden, werden
heute Cocktails gemischt. Hier
lässt es sich herrlich zwischen
dem 1960er- und 1970er-Jahre-
Inventar sitzen und gucken, was
der Abend so bringt.

👣 All in One Späti
Boxhagenerstr 30
Friedrichshain
U5, Tram M10/21: Frankfurter
Tor
Tägl. rund um die Uhr
Der Spätkauf, unter Berlinern
liebevoll Späti genannt, ist stets
Retter in der Not. In der Nähe

des Boxhagener Platzes begegnen sich hier Punks, Partygänger und Kiezbewohner, um
frische Brötchen zu holen, Tiefkühlpizza am Sonntagabend,
die aktuelle Zeitungsausgabe
am Morgen oder das Bier für
den Weg in den Club.

👣 Antiquariat
Niederbarnimstr. 13
Friedrichshain
Tram 21: Niederbarnimstraße
✆ (030) 29 35 04 04
Di–Fr 14–18, Sa 12–18 Uhr
Knarrende Dielen und exotische Vogelabbildungen an den
Wänden: Hier kann man in
Ruhe in Büchern stöbern, die
u. a. zum Kilopreis zu haben
sind.

👣 Fräulein Glitter
Boxhagener Str. 14
Friedrichshain
U5, Tram M10/21: Frankfurter
Tor
✆ (030) 88 76 23 62
www.fraeulein-glitter.de
Di–Sa 12–20 Uhr
Zora Popalina alias Fräulein
Glitter bietet nicht nur ausgewählte Vintage und Secondhand Kleidung, sondern auch
gleich das passende Haarstyling
und Make-up-Beratung dazu.

👣 Humana
Frankfurter Tor 3
Friedrichshain
U5, Tram M10/21: Frankfurter
Tor
✆ (030) 422 20 18
www.humana-second-hand.de
Tägl. außer So 10–20 Uhr
Europas größtes Secondhand-
Kaufhaus! 30 000 Gebrauchtwaren auf 2000 m² – neben
unzähligen Klamotten für Alt
und Jung werden auch Möbel,
Bücher, Spielwaren und viel
Krims-Krams angeboten. Aber
Achtung: Der fünfstöckige
Stalinbau am schmucken Platz
Frankfurter Tor besitzt keinen
Fahrstuhl. 🌼

*Das Internationale
Berliner Bier-
festival (www.
bierfestival-berlin.
de) am 1. August-
wochenende auf
der Karl-Marx-
Allee ist mit einer
Länge von 2,2 km
der längste Bier-
garten der Welt.
Hunderttausende
Besucher probieren
die unterschied-
lichsten Biersorten.
Eine Bierregion
steht jährlich im
Mittelpunkt.*

PRENZLAUER BERG

VOM ZENTRUM DES POLITISCHEN WIDERSTANDS ZUM FAMILIENKIEZ

Alles frisch gibt's vom Markt auf dem Kollwitzplatz

Spielzeugläden, Designerateliers, Cafés und Restaurants ohne Ende plus ein konsumfreudiges Publikum: Kaum ein Stadtteil hat sich innerhalb des letzten Jahrzehnts so verändert wie der Prenzlauer Berg im Nordosten Berlins. Als Teil des Bezirks Pankow, eines der ehemaligen Quartiere der DDR-Regierung, zog es zunächst die Berliner Bohème in das einstige Arbeiterviertel. Die künstlerische und politische Avantgarde lebte und arbeitete zu DDR-Zeiten in den jahrelang vernachlässigten Gründerzeitbauten, die fast alle den zweiten Weltkrieg heil überstanden hatten. Es folgten die Studenten, und nach der Wende machte sich der Prenzlauer Berg mit seiner Vielzahl trashiger Bars und dem wilden Nachtleben als »Kreuzberg des Ostens« einen Namen. Seinen morbiden Charme verlor das heruntergekommene Viertel, grob gelegen zwischen Bornholmer Straße, dem nördlichen Teil der Landsberger Allee sowie Tor- und Schwedter Straße, mehr und mehr, als es in den 1990er Jahren zum größten Sanierungsgebiet der Stadt wurde. Heute sind die aufgehübschten Altbauwohnungen sehr begehrt: Vor allem junge Familien fühlen sich zwischen Wasserturm, Kollwitz- und Helmholtzplatz wohl. Gleichwohl die in den letzten Jahren oft zu lesende Bezeichnung »geburtenreichste

Region Europas« sich statistisch als Zeitungsente erwies, prägen dennoch sichtbar viele Kleinkinder samt jungen Müttern und Vätern das Straßenbild. Und es gibt kaum eine Straße im Prenzlauer Berg, in der nicht mindestens ein Spielplatz und ein Kindergarten vorhanden sind.

Das Zentrum an sich gibt es in Prenzlauer Berg nicht, die wichtigsten Straßen sind die früheren Chausseen, Schönhauser-, Prenzlauer- und Landsberger Allee sowie die Greifswalder Straße, die sternförmig aus der Stadt hinausführen und die dazu rechtwinklig verlaufenden großen Ringstraßen wie die

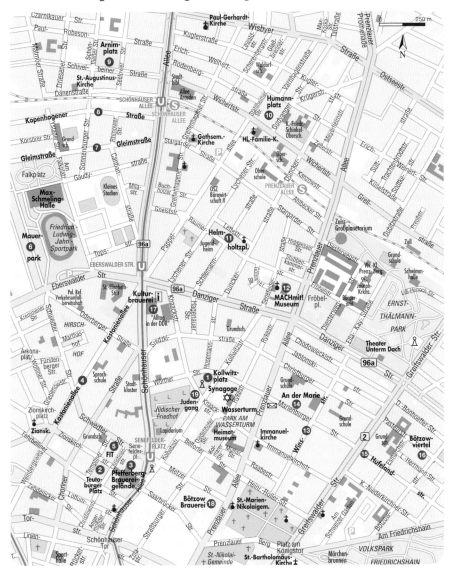

*Neben Künstler-
ateliers und Gale-
rien befindet sich
auf dem Gelände
des Pfefferbergs
auch das Museum
für Architektur-
zeichnung*

Danziger- und Bornholmer Straße, die Storkower Straße und die Ostseestraße. Spinnennetzartig zwischen den Verkehrsachsen eingebunden liegen die einzelnen Kieze. Über die Grenzen Berlins hinaus bekannt ist der zwischen Wasserturm, Kulturbrauerei, Senefelderplatz und Rykestraße gelegene ❶ **Kollwitzkiez**. Mehr als 50 Jahre wohnte die Bildhauerin Käthe Kollwitz hier, die als überlebensgroße Statue mitten auf dem begrünten, nach ihr benannten Platz zu sehen ist. Rundherum reihen sich Cafés und Lokale jeglicher Art, deren große Terrassen bis in den Oktober hinein ein mediterranes Flair schaffen. Besonders beliebt ist samstags der hiesige **Bio- und Ökomarkt**: Von A wie Apfel bis Z wie Ziegenkäse bieten die Stände alles an frischen und meist regionalen Produkten sowie Schmuck und Strickwaren. Das Szenario des familiären Marktbesuchs ist charakteristisch für das Lebensgefühl in Prenzlauer Berg: Hier legt man Wert auf Nachhaltigkeit.

Südwestlich des Kollwitzkiezes liegt der ❷ **Teutoburger Platz**. Bereits zu Beginn des letzten Jahrhunderts gab es hier einen Spielplatz, heute nimmt er den größten Teil der urwüchsigen kleinen Parkanlage ein. Im Gegensatz zum Kollwitzplatz geht es hier eher ruhig zu. Es gibt bedeutend weniger Shops und Restaurants als im Nachbarkiez, dafür sind einige Perlen darunter, wie das Café Schwarze Pumpe oder Onkel Phillip's Spielzeugwerkstatt in der Choriner Straße. Nicht zu vergessen der ❸ **Pfefferberg**: Das Gelände, auf dem der bayerische Braumeister Joseph Pfeffer 1841 das erste untergärige Bier Berlins braute, machte sich bereits in den 1990er Jahren einen Namen als Kulturstandort und beherbergt in seinen alten Gemäuern verschiedene Galerien, Ateliers und Museen. Seit einiger Zeit duftet es hier auch wieder nach Maische: die einstige Schankhalle wurde fast originalgetreu wieder in Stand gesetzt, und nach beinahe 100 Jahren wird in dem Restaurant und Biergarten nun des Prenzlbergs eigenes Bier, das Pfefferbräu, ausgeschenkt. Im hinteren Teil des unter Denkmalschutz

stehenden Gebäudetraktes befindet sich außerdem ein Theater- bzw. Kinosaal, in dem bis zu 300 Zuschauer den vorwiegend komödiantischen Stücken folgen können.

Parallel zur Choriner Straße, die allein der unterschiedlichsten Fassaden wegen einen Bummel wert ist, erstreckt sich die wohl bekannteste Trendmeile Berlins: die ❹ **Kastanienallee**. Sowohl hier als auch in der quer dazu verlaufenden Oderberger Straße gibt es viele kleine Modeläden, Cafés, Restaurants und Kneipen. Für viele ist das Viertel die beste Gegend für eine berlintypische Shoppingtour. Auch der Prater, am oberen Ende der Kastanienallee, hat als ältester Biergarten der Stadt nichts an Attraktivität verloren.

Vom politischen Aktionismus und dem selbstorganisierten, wilden Leben und Wohnen nach der Wende ist jedoch auch in diesem Kiez nur noch we-

Eine der nach wie vor trendigsten Straßen Berlins: die Kastanienallee

nig zu spüren. Die Straßen wurden samt der breiten Gehwege erneuert, die Hausfassaden und stuckgerahmten Berliner Fenster restauriert. Aus Hippie wurde hip. Überbleibsel vergangener Zeiten sind allerdings die besetzten Häuser bzw. Wohnprojekte K77, K85, K86 (K steht für Kastanienallee, die Zahl für die jeweilige Hausnummer). Und auch im Café Morgenrot ist das einstige Flair noch zu spüren.

In der Schwedter Straße 261 steht die ❺ **FIT**, die freie internationale Tankstelle. Inspiriert von Joseph Beuys hat der Künstler Dida Zende Anfang des letzten Jahrzehnts Deutschlands älteste Tankstelle zusammen mit Anwohnern zu einem Treffpunkt für Künstler und Kiezbewohner umgestaltet. Am ersten Sonntag im Monat lädt Berlins DIY-Szene hier im Sommer zum Makers Market ein. Ein Eldorado für alle, die sich für Selbstgemachtes und Kreatives aus dem Bereich Design interessieren. Schräg gegenüber sitzt man bei einem der beiden Italiener oder dem kleinen Asiaten zu allen vier Jahreszeiten in der Sonne, gegebenenfalls eben hinter der Scheibe.

Die Karaoke-Show im Mauerpark ist inzwischen Kult

Am nördlichen Ende der Schwedter Straße trifft man auf den ❻ **Mauerpark**. Anlässlich des hiesigen über die Stadtgrenzen hinaus bekannten Flohmarkts, verwandelt sich der ehemalige Todesstreifen zwischen Wedding und Prenzlauer Berg jeden Sonntag zu einer Art Festivalgelände: Einheimische sowie Touristen aus aller Welt zieht es auf der Suche nach dem besonderen Fund durch seine Stände. Gaukler, Künstler und Musiker zeigen ihr Können, es wird gepicknickt, gefeiert und entspannt. Publikumsmagnet ist im Sommer außerdem die gratis Karaoke-Show im Amphitheater: Mehrere tausend Menschen sitzen bereits auf den Steinstufen, wenn gegen 15 Uhr der unter dem Künstlernamen bekannte Joe Hatchiban mit seinem umgebauten Lastenfahrrad ankommt und die Boxen in Position bringt.

156 736 Menschen leben derzeit in Prenzlauer Berg, das kommt der Größe einer mittelgroßen Stadt gleich. Drei von vier der hier wohnenden Erwachsenen sind Akademiker, so viele wie sonst in kaum einem anderen Stadtteil Berlins.

Am nördlichen Ende des Mauerparks steht neben dem Friedrich-Ludwig-Jahn-Sportpark die Max-Schmeling-Halle. Die Multifunktionshalle ist eine der größten Berlins und Heimstätte des Handball-Erstligisten Füchse Berlin und des Volleyball-Bundesligisten Berlin Recycling Volleys. Auf dem davor liegenden Falkplatz, damals noch Exerzierplatz, soll angeblich 1892 der Fußballverein Hertha BSC gegründet worden sein. Bereits zu Beginn des Mauerbaus errichtete man hier unmittelbar an der Hinterlandmauer Liegewiesen und eine Plansche, und nach wie vor ist die Parkanlage beliebter Treffpunkt zum Grillen, Sonnen und Spielen.

Die Größe der Bäume in der angrenzenden ❼ **Gleimstraße** zeugt noch von der Lage am einstigen Grenzstreifen und einige Baulücken in der Korsöer Straße weisen auf die ehemaligen Zugänge der Hinterhöfe hin, die den Anwohnern Jahre lang einzige Möglichkeit waren, ihre Wohnungen im Grenzgebiet zu betreten. Parallel zur Gleim- verläuft die ❽ **Kopenhagener Straße**. Die hier dominierenden Jugendstilbauten sind großteils immer noch unsaniert und beherbergen im Erdgeschoss neben Cafés und Kneipen vor allem Büroräume von Illustratoren, Architekten und Grafikdesignern sowie Film- und Tonstudios oder Galerien. Das ursprünglich erhaltene Kopfsteinpflaster bewahrt die Straße vor zu viel Verkehr und ist begehrter Drehort verschiedener Filmproduktionen.

Auf der anderen Seite der Ringbahn ist der ❾ **Arnimplatz**, um den sich das eher ruhige Nordische oder Skandinavische Viertel erstreckt. Es unterscheidet sich durch seine schlichten Fassaden deutlich vom Nachbarkiez. Ähnlich gestaltet sich das Viertel rund um den ❿ **Humannplatz**, etwa auf gleicher Höhe östlich der Schönhauser Allee. Auf dem riesigen Spielplatz tummeln sich nachmittags unzählige Kinder, während die Eltern im Schatten der großen Pappeln sitzen. Im Gegensatz zum nahegelegenen LSD-Viertel (Lychener-, Schliemann- und Dunckerstraße) im ⓫ **Helmholtzkiez** bietet dieser Teil des Prenzlauer Bergs wenige Ausgeh- und Einkaufsmöglichkeiten.

Der Dichter Achim von Arnim ist mit seiner Frau in einer Skulptur auf dem nach ihm benannten Arnimplatz verewigt

Zentrum des Helmholtzkiezes, benannt nach dem Physiker Hermann von Helmholtz, ist der gleichnamige Platz, der von den Prenzlbergern liebevoll » Helmi « genannt wird. Er ist die grüne Oase inmitten des beliebten Quartiers, eines der am dichtest besiedelten Gebiete der Stadt. Inmitten der Parkanlage lädt das Café Kiezkind Familien mit einem Indoorsandkasten und großer Terrasse zum Verweilen ein. Den Sommer über wird hier jeden letzten Sonntag im Monat ein Kinderflohmarkt veranstaltet. Ein Bummel durch die angrenzenden

GEDENKSTÄTTE BORNHOLMER STRASSE

Am Abend des 9. November 1989 war hier die erste Stelle, an der die Berliner Mauer geöffnet wurde. Der Grenzübergang Bornholmer Straße, am östlichen Ende der Bösebrücke, die über die Bahngleise nach Wedding führt, ist somit einer der wichtigsten Ausgangspunkte der Deutschen Einheit. Ein Gedenkstein, Fototafeln, Mauerreste sowie im Boden eingelassene chronologische Zitate auf dem 2010 eingeweihten **Platz des 9. November 1989** rekapitulieren die historischen Ereignisse jener Nacht.

Häuserfassaden im Bötzowviertel

Prenzlauer Berg gehört seit 2011 zu Pankow. Wer den großen Bezirk erkunden möchte, dem sei die Wanderoute entlang dem Flüsschen empfohlen, dem der Bezirk seinen Namen verdankt. Der 14 km lange Panke-Wanderweg ist ausgeschildert. (www.panke.info)

Straßen mit ihren durchweg restaurierten Altbauten zeigt, dass die Infrastruktur sich hier nach den Menschen richtet. Es gibt unendlich viele kleine Geschäfte mit Kinder- und Schwangerschaftsmode, Spielzeug- und Buchläden sowie Sport- und Musikangebote für Kinder und Jugendliche. Dazwischen reihen sich gemütliche Cafés, Bars und Restaurants. Die kulinarische Bandbreite zieht sich dabei durch alle Landesküchen der Welt. In dem Gebäude der ehemaligen Eliaskirche, in der Senefelderstraße, befindet sich das ⓬ **MACHmit! Museum für Kinder** (vgl. S. 223). Wechselnde Ausstellungen sowie ein buntes Angebotsprogramm reizen hier zum Entdecken, Ausprobieren und Toben.

Auf der Ostseite der Prenzlauer Allee verläuft vom Leisepark bis zur Danziger Straße die ⓭ **Winsstraße**, benannt nach einem Berliner Bürgermeister aus dem 15. Jahrhundert. Das Viertel könnte aber ebenso gut Winzerviertel heißen, denn es gibt hier überdurchschnittliche viele Weinhändler. Altbauten aus der Gründerzeit, zum Teil modern saniert, säumen die Straßen ähnlich wie im Kollwitzviertel.

Ein für die enge Bebauung des Prenzlauer Bergs ungewöhnliches Gelände erstreckt sich in der Marienburger Straße: ⓮ **An der Marie** heißt das preisgekrönte Wohnungsbauprojekt, das neben unterschiedlichen Wohnungen zum Selbstkostenpreis auch eine gemeinschaftliche Gartenanlage mit ausgedehnter Grünfläche samt vielen Spielmöglichkeiten und Liegewiesen sein Eigen nennt. Dank der angrenzenden Schulen und Kindergärten ist »die Marie« beliebter Nachmittagstreffpunkt der Kinder im Kiez.

Folgt man der Marienburger Straße gen Osten gelangt man über die hübsche ⓯ **Hufelandstraße** mit ihren vielen kleinen Geschäften und Lokalen ins ⓰ **Bötzowviertel**, dem wohl prachtvollsten Kiez in Prenzlauer Berg. Familie Bötzow besaß um 1900 drei Brauereien im Stadtteil und gehörte mit zu den größten Bierproduzenten Europas. Während die ehemalige

Schultheissbrauerei ihren Braubetrieb bereits 1967 einstellte und das denkmalgeschützte Gelände aus sechs Höfen und über 20 Gebäuden in den 1990er Jahren zur ❼ **Kulturbrauerei** umfunktioniert wurde, hat die ⓲ **Bötzow Brauerei** erst nach längerem Dornröschenschlaf einen Investor gefunden. Die Sanierungs- und Umbaumaßnahmen sind in vollem Gange. Im Atelierhaus der unter Denkmalschutz stehenden Industrie-Ruine betreibt Promikoch Tim Raue sein Restaurant La Soupe Populaire (vgl. S. 183). Im Berlin typischen »industrial-shabby-chic« – Vintage-Möbel, unverputzte Backsteinwände, warme Beleuchtung und KPM-Porzellan – kann auf zwei Ebenen sowohl die jeweilige Ausstellung besucht als auch gegessen werden. Auch Bartender Gregor Scholl mischt »auf Bötzow« bereits extravagante Cocktails. Seine Bar Le Croco Bleu ist in den ehemaligen Maschinenraum der Brauerei gezogen. Besichtigungen des Bützow-Areals samt der weitläufigen Kellergewölbe sind nach Anmeldung möglich.

Brauerei- und Ausschankgelände der Bötzow Brauerei um 1900

JUDENGANG

Zwischen Kollwitz- und Senefelderplatz erstreckt sich entlang der östlichen Begrenzungsmauer des Jüdischen Friedhofs Schönhauser Allee, wo u. a. Max Liebermann begraben ist, der sogenannte ⓳ **Judengang**. Es handelt sich dabei um einen 400 m langen Weg, der heute wie eingemauert zwischen Friedhof und rückwärtigen Hauswänden der westlichen Kollwitzstraße liegt. Eine Erklärung für die Entstehung des Judengangs ist möglicherweise die besondere Bedeutung des Osttors für die jüdischen Priester; über den einstigen Feldweg gelangten sie direkt zum Hintereingang des Friedhofs und konnten so die halachischen Reinheitsgebote wahren. Eine andere besagt, dass König Friedrich Wilhelm III. während seiner Fahrten zum Schloss Niederschönhausen der Anblick der Leichenzüge zuwider war, so dass die trauernden Juden zu bestimmten Zeiten ausschließlich den über den Judenweg zu erreichenden Eingang nutzen durften. Einen Blick auf den Gang kann man von der Knaackstraße 41 am Kollwitzplatz aus durch das Gittertor werfen.

*In der Kastanien-
allee gibt's alles:
Boutiquen, Bars,
Cafés, Restaurants,
Souvenirs ...*

SERVICE & TIPPS

ℹ tic Tourist Information
Schönhauser Allee 36
10435 Berlin
U2, Tram M1/M10/12:
Eberswalder Straße
✆ (030) 44 35 21 70
www.tic-berlin.de
Tägl. 11–19 Uhr
Das Tourist Information Center
(tic) im alten Maschinenhaus
der Kulturbrauerei bietet Infos
zu Sehens- und Erlebenswer-
tem in den Berliner Stadtteil-
en Prenzlauer Berg, Pankow
und Weißensee sowie Tickets,
Postkarten, Berlin-Literatur,
Souvenirs und Stadtpläne. Auch
Führungen werden vermittelt.

🏛 Museum Pankow
Prenzlauer Allee 227
Prenzlauer Berg
Tram M2: Knaackstraße
✆ (030) 902 95 39 17
Tägl. außer Mo 10–18 Uhr
Heimatgeschichtliche Spuren
und Stadtkultur sowie die
gegenwärtigen, rasanten
Veränderungen des Bezirks
werden in unterschiedlicher
Form dokumentiert und vermit-
telt. Ausstellungen von Berliner
Künstlern.

**🏛🎨 MACHmit! Museum für
Kinder**
Vgl. S. 223.

⑭ 🎨🎨 An der Marie
Marienburger Str. 40
Prenzlauer Berg
Tram M2: Marienburger Straße
Preisgekröntes Wohnareal mit
Spielplätzen und Liegewiese.

⑮ 🎨🎨❌🍸 Bötzow Brauerei
Prenzlauer Allee 242
Prenzlauer Berg
Tram M2: Metzer Straße
www.boetzowberlin.de
Noch ist das Areal aus dem Jahr
1885 nicht ganz fertig reno-
viert, aber die ersten Mieter
sind bereits eingezogen: die
Galerie im Atelierhaus mit
Ausstellungen international er-
folgreicher Künstler, Tim Raue
mit dem Restaurant **La Soupe
Populaire** (vgl. S. 183) oder die
Bar **Le Croco bleu**. Führungen
(gratis) sind möglich.

**🎨 Jüdischer Friedhof
Schönhauser Allee**
Schönhauser Allee 22
✆ (030) 441 98 24
Prenzlauer Berg
U2: Senefelderplatz
Mo–Do 8–16, Fr 7.30–13 Uhr
Friedhof von 1827 mit Juden-
gang (vgl. S. 107). Der Maler
Max Liebermann wurde hier
1935 beerdigt, außerdem
der Verleger Leopold Ullstein
und der Mäzen der Berliner
Museumsinsel James Henry
Simon. Ein Gedenkstein mahnt:

*Ausstellungs-
raum im Museum
Pankow*

Die ehemalige Bötzow Brauerei entwickelt sich zu einem neuen kultigen Ort für Genießer

»Hier stehst du schweigend, doch wenn du Dich wendest, schweige nicht!«

🔥🎋 Jugendfarm Moritzhof
Vgl. S. 223.

⑰ 🅲♻✕🍷🎎 Kulturbrauerei
Schönhauser Allee 36,
Knaackstr. 97
Prenzlauer Berg
U2, Tram M1/M10/12:
Eberswalder Straße
✆ (030) 44 35 26 14
www.kulturbrauerei.de
www.hdg.de/berlin
www.streetfoodaufachse.de
DDR-Ausstellung tägl. außer
Mo 10–18, Do bis 20 Uhr
Eintritt frei
Der ehemalige Schultheiss-Brauereibetrieb mit seinen restaurierten Klinkerfassaden beherbergt heute u. a. ein Kinocenter, Theater, Konzertsäle, Läden und mehrere Clubs. Die **Dauerausstellung »Alltag in der DDR«** der Stiftung Haus der Geschichte der Bundesrepublik Deutschland zeigt Originalobjekte, Dokumente, Film- und Tonaufnahmen aus der DDR. Jeden 2. Sonntag gibt es im Hof einen **Streetfoodmarket** mit internationalen Spezialitäten.

❸ 🅲♻✕🅳🔄 Pfefferberg
Christinenstr. 18–19
Schönhauser Allee 176
Prenzlauer Berg
U2: Rosa-Luxemburg-Platz
www.pfefferberg.de
www.bassy-club.de
www.pfefferbett.de
Galerien, Ateliers, Restaurants, das Hostel Pfefferbett, der Bassy Club und ein großer Biergarten beleben das riesige Areal der ehemaligen Brauerei Pfeffer aus dem 19. Jh.

🅲 Synagoge Rykestraße
Rykestr. 53, Prenzlauer Berg
Tram M2: Knaakstraße
✆ (030) 442 59 31
www.jg-berlin.org
Die neoromanische Basilika (Einweihung 1904) im Innenhof gehört mit heute 1200 Sitzplätzen zu den größten Europas. Der gesamte Gebäudekomplex wurde restauriert und 2007 feierlich eingeweiht.

🅲 Wasserturm
Knaackstr. 22
Prenzlauer Berg
Tram M10: Husemannstraße
Berlins ältester Wasserturm (1877 erbaut) dient heute als Wohngebäude. Eine Inschrift erinnert daran, dass die SA in dem dazugehörigen Maschinenhaus – heute befindet sich an dessen Stelle ein Spielplatz – 1933 etliche Menschen ohne Gerichtsurteil interniert und ermordet hatte.

🌸🅲 Neuer Hirschhof
Oderberger Str. 19
Prenzlauer Berg
U2, Tram M1/M10/12: Eberswalder Straße, Tram M10: Friedrich-Ludwig-Jahn-Sportpark

Der Wasserturm von 1877 im Kollwitzkiez ist der älteste Wasserturm Berlins

Nachdem der geschichtsträchtige Hirschhof, eine kleine Parkanlage und Treffpunkt der Untergrundkultur Ost-Berlins, privatisiert wurde, entstand 2012 nebenan der Neue Hirschhof – ein großer Kletter- und Wasserspielplatz. Er ist beliebter, sonniger Treffpunkt der Familien im Kiez und weist in diesem Sinne doch Parallelen zum alten Hirschhof auf.

❺ 🐾 🎨 FIT – Freie internationale Tankstelle

Schwedter Str. 261
Prenzlauer Berg
U2: Senefelderplatz
✆ (0170) 352 64 50
www.f-i-t.org
Der Künstler Dida Zende hat eine Tankstelle aus den 1920er Jahren zu einem Treffpunkt im Kiez gemacht u. a. mit Performances und Ausstellungen.

Solche Leckereien (oben) gibt es von der bezaubernden Zuckerfee in der Greifenhagener Straße (unten)

🐾 Bücherwald

Sredzki-/Ecke Kollwitzstraße, Prenzlauer Berg
Immer geöffnet
Mit Regalen versehene Bäume

auf dem Gehweg laden ein, Bücher umsonst mitzunehmen und/oder gegen gelesene einzutauschen. Da in der Gegend viele Leseratten wohnen, sind in den Regalen selten Ladenhüter.

📺🎞 Downstairs Filmcafé

Schliemannstr.15, Prenzlauer Berg
Tram 12: Raumerstraße
✆ (030) 81 01 90 50,
www.dasfilmcafe.de
Eintritt € 4,50
Das kleine Programmkino im Keller eines Cafés bietet anspruchsvolle Filme. Unbedingt früh da sein oder reservieren, das Kino hat nämlich nur 40 Plätze. Regelmäßig läuft hier der Kultfilm »Viktor und die Liebe« (S. 29) Tipp: Sonntags wird ein Brunch geboten mit Filmprogramm!

✗ GoBento

Stubbenkammerstr. 5
Prenzlauer Berg
Tram M2: Fröbelstraße
✆ (0172) 365 22 65
www.facebook.com/gobentoberlin
Mi–So 17–22.30 Uhr
Der kleine, etwas abseits des Trendkiezes gelegene Laden funktioniert nach einem einfachen Prinzip: Der Koch kommt an den Tisch und klärt kurz die Vorlieben der Gäste ab, um dann spontan japanische Köstlichkeiten frisch zuzubereiten. Eine Karte gibt es nicht, Tee wird kostenlos ausgeschenkt, andere Getränke sind mitzubringen. Aufgrund der begrenzten Plätze unbedingt vorher reservieren! €

🍵 Die Zuckerfee

Greifenhagener Str. 15
Prenzlauer Berg
U-/S-Bahn: Schönhauser Allee
✆ (030) 52 68 61 44
www.zuckerfee-berlin.de
Tägl. außer Mo 10–18 Uhr
Bezauberndes kleines Café mit

unschlagbar köstlichem Frühstücksangebot. Ob süß oder
herzhaft, alles wird frisch zubereitet und auf einer Etagère
angerichtet serviert.

❹ ▣🗙 Prater
Kastanienallee 7–9
Prenzlauer Berg
U2, Tram M1/M10/12:
Eberswalder Straße
www.pratergarten.de
Biergarten April–Sept. tägl.
ab 12 Uhr, Gaststätte Mo–Sa ab
18, So ab 12 Uhr
Der älteste Biergarten Berlins
mit langen Tischreihen unter
Kastanien. Sommer wie Winter
genießen die Gäste auch drin-
nen rustikale deutsche Küche.

🍸 Becketts Kopf
Pappelallee 64, Prenzlauer Berg
Tram 12: Raumerstraße
☎ (0162) 237 94 18
www.becketts-kopf.de
Tägl. außer Mo ab 20 Uhr
Cocktails trinken auf höchstem
Niveau: Auf das Klingeln öffnet
der Kellner die Tür und nimmt
die Jacken entgegen, so dass
man sich gleich den phanta-
sievollen Beschreibungen der
hochwertigen Drinks hingeben
kann. Reservierung ist Pflicht.

**🎁🎈 Onkel Philipp's
Spielzeugwerkstatt**
Choriner Str. 35
Prenzlauer Berg
U-/S-Bahn: Eberswalder Straße,
Tram 1/12: Schwedter Straße
☎ (030) 449 04 91
www.onkel-philipp.de
Di, Mi, Fr 9.30–18.30, Do 11–20,
Sa 11–16 Uhr
Da möchte man nochmal Kind
sein! Der Laden von Onkel Phil-
lipp ist voll bis unter die Decke
mit neuem und gebrauchtem
Spielzeug.

**🎁👕🎁 Shakespeare & Sons
Bookstore**
Raumerstr. 36, Prenzlauer Berg
Tram 12: Raumerstraße

☎ (030) 46 79 63 32
www.shakesbooks.de
Mo–Sa 9–20, So 10–20 Uhr
Wer gleich morgens kommt,

wird von warmem Bagelgeruch
empfangen. Also, in Origi-
nalausgaben stöbern und die
leckeren Teigringe probieren!

🎁 Herbathek
Kollwitzstr. 76, Prenzlauer Berg
Tram M10: Prenzlauer Allee/
Danziger Straße, M2: Marien-
burger Straße
☎ (030) 25 79 70 21
www.herbathek.com
Mo–Fr 10–19, Sa 10–16 Uhr
Das herzliche Personal der
Herbathek berät kompetent
und in aller Ruhe über Funk-
tion und Auswahl der Bioheil-
kräuter, Tees, Gewürze und
Naturheilmittel.

🎁👕 Memory Vintage
Schwedter Str. 2
Prenzlauer Berg
U2: Senefelderplatz
☎ (030) 55 12 73 27
www.memoryberlin.com
Shop Mo–Fr 14–19, Café tägl.
außer So 8.30–17 Uhr
Die Besitzerin liebt Retro-Arti-
kel der 1950er bis 1970er Jahre.
Unter den Kleidern, Möbeln
und Accessoires sowie dem Geschirr und Spielzeug finden sich
wahre Schätze. Und nebenan
im Café gibt es leckere Snacks
wie Suppe oder Quiche. ⚜

*Onkel Philipp
hat nicht nur
Spielsachen bis
unter die Decke, er
repariert auch das
liebste Spielzeug,
wenn es einmal
kaputt ist*

TEMPELHOF-SCHÖNEBERG

GAY-SZENE, GRÜNGÜRTEL UND JEDE MENGE HISTORIE

Schöneberg hat schon immer Maler und Literaten inspiriert – und Lebenskünstler angelockt. Der Regenbogenkiez rund um den Nollendorfplatz ist bevorzugter (Wohn-)Ort der Schwulen- und Lesbenszene. Alteingesessene in dem gut-bürgerlichen Bezirk sind Beamte, Akademiker, Intellektuel-le, vor allem im Bayerischen Viertel und in Friedenau. Dort

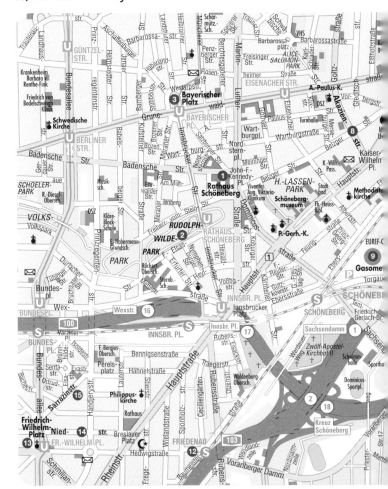

fühlen sich Familien, aber auch junge Menschen wohl in großen, sanierten Wohnungen, das nächste Café gleich um die Ecke, umgeben von vielen Parks und nicht weit entfernt von der großen Spielwiese Tempelhofer Freiheit. Und wer es ruhiger mag: Die südlichen Ortsteile Mariendorf, Marienfelde und Lichtenrade haben ihren dörflichen Charakter bewahrt. Regenbogenkiez und Ökomarkt, Eisenbahnanlagen und grüne Verbindungswege, Stadtquartier der Zukunft und Schauplätze der Geschichte: Der folgende Spaziergang führt durch ganz unterschiedliche Kieze.

Vom Rathaus Schöneberg zum Winterfeldtplatz

»Ich bin ein Berliner«. Es gibt wohl kaum jemanden, der den hierzulande am häufigsten zitierten Ausspruch John F. Kennedys noch nicht gehört oder gelesen hat. Mit diesen deutsch

Der Musiker David Bowie wohnte von 1976–78 in einer Altbauwohnung in der Schöneberger Hauptstraße 155 und erlebte in West-Berlin seine musikalisch produktivsten Jahre. Drei seiner wichtigsten Alben gelten als »Berlin-Trilogie«. Marlene Dietrich wurde 1901 in der Leberstraße 65 geboren, in der Nummer 33 verbrachte Hildegard Knef ihre Kindheitsjahre. Beide wurden Weltstars. Die Knef sang mit Wehmut: »Ich hab' noch einen Koffer in Berlin«.

gesprochenen Worten krönte der amerikanische Präsident seine Rede, in der er zwei Jahre nach dem Mauerbau der West-Berliner Bevölkerung die Solidarität der US-Regierung zusicherte. Schauplatz der legendären Rede war der Platz vor dem Schöneberger Rathaus. Auf dem heutigen John-F.-Kennedy-Platz drängten sich am 26. Juni 1963 Hunderttausende Menschen und jubelten Kennedy zu.

Damals war das ❶ **Rathaus Schöneberg** politischer Mittelpunkt West-Berlins und Symbol für den Freiheitswillen der Bevölkerung. Das Berliner Abgeordnetenhaus tagte hier bis 1993, bis 1991 war das Rathaus Sitz des Regierenden Bürgermeisters von Berlin. Bei Kennedys Besuch stand der damalige Amtsinhaber Willy Brandt mit ihm während der Rede auf der Tribüne. Fast an derselben Stelle vor dem Rathaus wurde am Abend des 10. November 1989 vor allem »Willy« gefeiert, als der Altkanzler neben der aktuellen Regierungsriege am Tag nach dem Mauerfall zur Zukunft Deutschlands und Europas sprach.

Seit 1993 ist das Rathaus wieder alleiniger Sitz der Regierung des Bezirks Schöneberg, der 2001 mit dem Nachbarn Tempelhof zum sehr viel größeren Bezirk Tempelhof-Schöneberg fusionierte.

Das Rathaus ist außen und innen von imposanter Größe: 93 Meter lang, der Turm 70 Meter hoch, vier Flügel um mehrere Innenhöfe, endlose Flure, Türen, Treppenanlagen, Säulen und rund 500 Räume. Nachdem das Dorf Schöneberg 1898 Stadtrecht erhalten hatte und die Einwohnerzahl rasant zunahm, sollte sich die Stärke der Bürgerschaft im Kaiserreich,

»Alle freien Menschen, wo immer sie leben mögen, sind Bürger von Berlin, und deshalb bin ich als freier Mann stolz darauf, sagen zu können: Ich bin ein Berliner.«
John F. Kennedy, 26. Juni 1963

Auf der Fahrt im offenen Wagen durch den Westteil der Stadt jubelten Tausende Berliner dem US-Präsidenten John F. Kennedy zu

Geschichtsträchtiger Ort: das Rathaus Schöneberg

Am Hans-Rosenthal-Platz steht das traditionsreiche RIAS-Funkhaus, aus dem heute Deutschlandradio Kultur sendet. Von 1946 bis 1993 meldete sich der RIAS stets als »freie Stimme der freien Welt«. Der »Rundfunk im Amerikanischen Sektor« spielte eine bedeutende Rolle in der geteilten Stadt. Für Millionen Menschen in der DDR war er die Hauptnachrichtenquelle, obwohl oder weil das RIAS-Hören verboten war.

durchaus rivalisierend mit den Nachbargemeinden, weithin sichtbar zeigen. So wurde 1911 auf Initiative des Oberbürgermeisters Rudolph Wilde mit dem Bau des Rathauses begonnen: Im Kriegsjahr 1914 war es fertig. Bereits 1920 wurde Schöneberg zusammen mit der Gemeinde Friedenau zum Bezirk des neu gegründeten Groß-Berlin.

In den Schöneberger Rathaussälen finden heute u. a. Lesungen, Konzerte und weitere Veranstaltungen statt. Eindrucksvoll ist in einer Halle im Hochparterre die Dauerausstellung »Wir waren Nachbarn« mit 148 Alben, die Biografien jüdischer Zeitzeugen mit Fotos, Dokumenten und Berichten nachzeichnen. Sie geben Einblick in die Schicksale berühmter und unbekannter Menschen im Bezirk, die von den Nazis verfolgt, deportiert und ermordet wurden. Schöneberg hatte einen hohen Anteil jüdischer Bevölkerung. Besonders viele Juden lebten im Bayerischen Viertel mit seinen prächtigen Gründerzeithäusern. Berühmte Bewohner waren unter anderem Albert Einstein, Gottfried Benn und Egon Erwin Kisch.

Vor dem Streifzug durch das Bayerische Viertel lohnt ein Spaziergang durch den ❷ **Rudolph-Wilde-Park**. Der östliche Schöneberger Parkteil ist mit Bänken, Blumenbeeten und Brunnen als vornehme Gartenanlage mit Kurparkcharakter gestaltet. In der Mitte des Brunnens erhebt sich eine fast neun

GEDENKEN IM VORÜBERGEHEN

Eine andere Form des Gedenkens und Erinnerns sind überall in Berlin sogenannte Stolpersteine des Künstlers Gunter Demnig. Die messingfarbenen Quader, wie Pflastersteine in den Boden eingelassen, tragen eingraviert Namen und Lebensdaten von Menschen, die hier lebten und von den Nazis deportiert wurden.

An vielen Häusern erinnern zudem Gedenktafeln an die einstigen Bewohner, nicht nur jüdische Nachbarn. So haben der Komponist und Pianist Ferrucio Busoni und der Regisseur Billy Wilder im selben, heute durch einen Neubau ersetzten Haus (Viktoria-Luise-Platz 11) gewohnt, allerdings nicht zur selben Zeit.

Hirschbrunnen im Rudolph-Wilde-Park (Bj. 1912)

Bücher zum Rundgang:
– »Das Bayerische Viertel in Berlin-Schöneberg. Leben in einem Geschichtsbuch«, von Gudrun Blankenburg, Bäßler Verlag 2012, € 11,95
– »Ruhige Straße in guter Wohnlage. Die Geschichte meiner Nachbarn«, von Pascale Hugues, Rowohlt 2013, € 19,95

Meter hohe Säule, auf der ein goldener Hirsch, das Wappentier Schönebergs, weithin leuchtet.

Neugierig macht im Wiesengrund ein langgestrecktes weißes Gebäude, das mit hohen Fenstern an eine Orangerie erinnert, aber den U-Bahnhof Rathaus Schöneberg verbirgt. Die heutige Linie 4, die von hier über vier Stationen bis zum Nollendorfplatz führt, wurde 1910 als eigenständige, von der Stadt Schöneberg erbaute Linie, eröffnet. Das Dach des U-Bahnhofs verlängert sich zur Brücke über Wiese und Ententeich. Diese Carl-Zuckmayer-Brücke – der Autor des »Hauptmann von Köpenick« wohnte gleich um die Ecke in der Fritz-Elsass-Straße – gehört zu den schönsten, fast noch geheimen Plätzen in Berlin, um einen romantischen Sonnenuntergang zu erleben.

Weiter geht es zu Fuß durch die Innsbrucker Straße oder mit der U-Bahn eine Station zum ❸ **Bayerischen Platz** und dann mitten durch das Bayerische Viertel zum ❹ **Viktoria-Luise-Platz** (oder gleich mit der U-Bahn bis dorthin). Dieses Stadtviertel entstand zwischen 1900 und 1914 auf dem

Ackerland Schöneberger Bauern, die durch den Verkauf an den Grundstücksunternehmer und Stadtplaner Salomon Haberland zu »Millionenbauern« wurden. Einige Straßen sind nach bayerischen Städten benannt, vor allem aber gab die Bauweise im »Alt-Nürnberger«-Stil mit Erkern und mittelalterlich anmutenden Spitzgiebeln dem Viertel den Namen. Die großbürgerlichen Mietshäuser in – auch heute – bester Wohnlage hatten große Etagenwohnungen, Vorgärten und begrünte Innenhöfe. Die wohlhabenden Bürger, die hier einzogen, sollten den Steuersäckel der Stadt Schöneberg füllen.

Nach dem Zweiten Weltkrieg war das Viertel großflächig zerstört. Ein besonders opulentes Beispiel der originalen Bebauung ist das Gebäude am Viktoria-Luise-Platz 6, das Alfred Messel 1902 für den Lette-»Verein zur Förderung der Erwerbsfähigkeit des weiblichen Geschlechts« errichtete. Heute unterrichtet in dem denkmalgeschützten Ensemble das Berufsausbildungszentrum Lette-Verein.

Sechs Straßen treffen strahlenförmig auf den Viktoria-Luise-Platz, der den Durchgangsverkehr verhindert. Stattdessen laden Bänke unter schattigen Bäumen und Liegewiesen nicht nur Schüler und Anwohner zu einer erholsamen Pause ein. Schön sitzt man auch in den Cafés und Restaurants rund um den Platz.

So viel Idylle war nicht immer. 80 Tafeln, an Lampenmasten angebracht, sind als flächendeckendes Denkmal im ganzen Bayerischen Viertel verteilt. Auf einer Seite erregen die Tafeln mit einem bunten Bild Aufmerksamkeit, auf der Rückseite nennt ein kurzer Text mit Datum antisemitische Einschränkungen und Verbote. Das »Denk mal« erinnert an die schleichende Ausgrenzung und Entrechtung, Vertreibung, Deportation und Ermordung von Berliner Juden 1933–45.

Benannt wurde der Viktoria-Luise-Platz nach der einzigen Tochter Kaiser Wilhelms II., deren Hochzeit 1913 mit Herzog Ernst August von Braunschweig-Lüneburg eines der letzten gesellschaftlichen Großereignisse des europäischen Hochadels vor Ausbruch des Ersten Weltkrieges war.

Die Gegend um den Nollendorfplatz ist ein Zentrum der schwullesbischen Szene

Regenbogenkiez am Nollendorfplatz

Die Motzstraße führt Richtung Nordosten zum ❺ **Nollendorfplatz** und mitten hinein in das Regenbogenviertel der Schwulenszene mit vielen Bars, Clubs, Restaurants und passenden Geschäften. Besonders bunt, schrill und schillernd geht es hier zu beim lesbisch-schwulen Stadtfest im Juni. An diesem Wochenende drängen sich im Nollendorf-Kiez Zehntausende Menschen zwischen Verkaufs- und Informationsständen, Bühnen und Bars. Hier präsentiert sich das ganze Spektrum lesbischer, schwuler, bisexueller und transidentischer Projekte, Vereine und Organisationen. Und jede und jeder kann sich so geben, wie mann/frau ist oder sein will und wie man sich vielleicht zu Hause in der Provinz nicht zu zeigen traut.

»Totgeschlagen – totgeschwiegen« Eine Tafel an der U-Bahnstation Nollendorfplatz erinnert an die schwulen und lesbischen Opfer des Nationalsozialismus. Nachts leuchtet die Kuppel des U-Bahnhofs in den Regenbogenfarben.

Rund um den Nollendorfplatz befand sich schon in den 1920er Jahren ein beliebtes Amüsierviertel für Schwule, Lesben und alle anderen, die etwas erleben wollten. Der britische Schriftsteller Christopher Isherwood, der von 1929–33 in der Nollendorfstraße 17 wohnte, holte sich in den Bars, Tanzsalons und Varietés Anregungen für seinen Roman »Leb wohl, Berlin«. Der wurde zur Vorlage zunächst für das Broadway-Musical, später für den Film »Cabaret«. Heute gehören etwa Hafen und Heile Welt Bar in der Motzstraße zu den Treffpunkten der Schwulenszene. Schickster Club für Partyfans ist das Goya, dessen schönster Saal samt Nebenräumen allerdings nur für Veranstaltungen vermietet wird. Erbaut wurde das pompöse Gebäude 1905 als Theater am Nollendorfplatz, in dem Erwin Piscator 1927 sein politisches Avantgarde-Theater erfand. Später waren die Theatersäle Kino, Disco (Metropol) und Konzerthaus für Rock und Jazz.

Markt am Winterfeldtplatz

Ob regenbogenbunt, Bio-Schickeria, Single, Paare oder Familien – für viele Kiezbewohner und Berlinbesucher ist der Bummel über den Markt auf dem ❻ **Winterfeldtplatz** am Samstag Pflicht. Man schlendert von Stand zu Stand, probiert hier eine Olive, trinkt dort einen frisch gepressten Orangensaft, prüft das Angebot an frischem Obst und Gemüse aus dem Havelland und deckt sich mit Fleisch- und Wurstwaren sowie Brot und Käse von bester Qualität ein. Zum Schluss die Blumen nicht vergessen, die »Rosen-Rudi« lautstark anzupreisen versteht. Danach ist Zeit für einen Café Latte, Prosecco oder Aperol Spritz in einem der zahlreichen Cafés und Restaurants in der Winterfeldt- und Maaßenstraße. Das Café Berio (Maaßenstraße 7) ist eine Institution und hat 24 Stunden geöffnet. Wer in der Gegend keinen Platz findet, wandert ein Stück weiter nach Süden, wo weniger Szene, dafür mehr Kiez zu erleben ist.

In der ❼ **Goltzstraße** reihen sich Cafés, Weinläden, indische und italienische Restaurants, Sushi- und Tapasläden – alle mit Außenplätzen – aneinander. Dazwischen gibt es kleine Boutiquen mit schicken Klamotten, Taschen und Schmuck, den Reisebuchladen Chatwins, antike Möbel, die Apfelgalerie mit frischem Obst und – seit ewigen Zeiten – den Hobby-Shop Rüther mit Bastelmaterial und Künstlerbedarf. Das legendäre **Café M**, ursprünglich Mitropa, konserviert den Stil der 1980er Jahre. Die liebevoll als lebendiges Museum ausgestattete **Kaffeestube Sorgenfrei** feiert die 1950er Jahre. Außer Kaffee und Kuchen gibt es stilecht auch Toast Hawaii. Und wer sich in

Ob vor dem Marktbesuch auf dem Winterfeldtplatz oder danach: Für Stärkung sorgen die vielen Cafés und Restaurants in der Maaßenstraße.

*Eine richtige Kiez-
straße mit kleinen
Läden ist die
Akazienstraße*

*Weithin sichtbar
ist der 78 Meter
hohe ❾ Gaso-
meter, ein Indus-
triedenkmal und
Schöneberger
Wahrzeichen auf
dem Gelände des
EUREF-Wissen-
schafts-Campus
an der Torgauer
Straße. An jedem
Sonntagabend
hat es seinen
Fernsehauftritt, um
die Talksendung
von Günter Jauch
einzuleiten. Für
das Studio wurde
im Inneren die
Reichstagskuppel
nachgebaut.*

ein Haushaltsgerät, Spielzeug, Möbel- oder Dekorationsstück verliebt, kann dieses auch kaufen.

Die Fortsetzung der Goltzstraße jenseits der Grunewald-straße heißt ❽ **Akazienstraße.** Hier finden sich Bäcker, Frisör und Reinigung neben Feinkostladen, Cafés und asiatischen Restaurants. Im Buddhahaus kann man gut essen, im Nepal-Bazar gibt es Kunsthandwerk und alles für das körperliche und geistige Wohlbefinden. Das **Café Bilderbuch** lädt zu Ausstellungen und Kleinkunst ein. Und wer zuhause oder im gemieteten Apartment selber kochen will, aber viel Aufwand scheut, findet im **Kochhaus** Schöneberg perfekt aufeinander abgestimmte Zutaten einschließlich Rezept für ein einfaches oder raffiniertes Menü.

Mit dem Fahrrad ins Grüne

Radfahrer lieben die neuen Parks und verbindenden Wege. Bis auf wenige Teilbereiche vollendet ist der ❿ **Nord-Süd-Grünzug** der parallel zu den Bahntrassen der S-Bahn-Linien 2 und 25 und der Fernbahn verläuft. Vom **Bahnhof Südkreuz** aus geht es nach Norden bis zur Yorckstraße und weiter durch den Kreuzberger ⓫ **Park am Gleisdreieck** bis zum Potsdamer Platz. Sport-, Spielplätze und andere Freizeitangebote sowie immer wieder reizvoll angelegte Bänke und Erholungsinseln mit Blick auf unberührte Natur und die Stadtlandschaft laden zur Rast ein. Vom Südkreuz nach Süden geht der Weg durch den langen Streifen des Hans-Baluschek-Parks. Radfahrer und Skater flitzen hier weiter, Spaziergänger können an Fit-nessstationen innehalten oder am Matthäifriedhofsweg zum **Naturpark Schöneberger Südgelände** wechseln. Dort sind sie dann zwischen den Trassen der S-Bahn und der Fernbahn fast allein mit der Natur und Überresten der Eisenbahngeschichte, als hier noch Loks rangiert und ausgebessert wurden. Der südwestliche Ausgang des Geländes liegt unmittelbar neben dem S-Bahnhof Priesterweg.

Künstler und Literatenviertel Friedenau

Der Kaiser gab sein Einverständnis: Friedenau wurde der neue Ort außerhalb der Stadt Berlin genannt, der damit Bezug nahm auf den gerade erreichten Friedensschluss. Nach Ende des Deutsch-Französischen Krieges von 1870/71 hatte ein »Landerwerbs- und Bauverein auf Aktienbasis« einen Teil des landwirtschaftlich genutzten Ritterguts Lichterfelde erworben, um dort Parzellen für den Bau von Stadtvillen anzulegen und zu verkaufen. Gedacht waren die großzügigen Villen vornehmlich für Pensionäre und das gehobene Bürger- und Beamtentum. Entworfen wurde eine neue Kleinstadt, der man noch heute – ein Blick auf den Stadtplan genügt – diese einheitliche Planung ansehen kann.

Friedenau bekam auch gleich einen eigenen Bahnhof an der Wannseebahn nach Potsdam. Lange hielt diese Idylle des Luftkurorts außerhalb Berlins allerdings nicht. Ende des 19. Jahrhunderts hatte sich die Stadt so weit ausgedehnt, dass es lukrativ wurde, die Villen in den großen Gärten abzureißen und mehrstöckige gründerzeitliche Mietshäuser zu bauen, immer noch mit Vorgärten, aber eben doch viel enger als vorher. Heute ist der kleine Friedenauer Kiez, in dem noch immer einige der alten einstöckigen Villen stehen, laut Statistik der am dichtesten besiedelte Ortsteil Berlins.

Ein Spaziergang vom ehemaligen ⓬ **Bahnhof Friedenau** (heute S-Bahnhof) zum ⓭ **Friedrich-Wilhelm-Platz**, der exakt im Ortszentrum liegt, führt an beiden Haustypen vorbei: S-Bahnhof Friedenau, Sponholz-, Hedwigstraße, Schmargen-

Ein Geheimtipp: das gemütliche S-Café direkt am S-Bahnhof Friedenau

dorfer Str.aße, René Sintenis-Platz, Handjery-, Niedstraße bis zum Friedrich Wilhelm-Platz.

In der ⓮ **Niedstraße 13** lebte lange Zeit der Schriftsteller und Literaturnobelpreisträger Günter Grass. Sein Kollege Uwe Johnson wohnte von 1959–68 im Nachbarhaus (Nr. 14); im selben Haus wohnte von 1911 bis 1933 übrigens der Maler Karl Schmidt-Rottluff, einer der wichtigsten Vertreter des Expressionismus. Der bekannte Schweizer Autor Max Frisch verbrachte von 1973–78 seine Berliner Jahre um die Ecke in der ⓯ **Sarrazinstraße 8**. Die Schriftstellerin Herta Müller hat 2009 erneut den Literaturnobelpreis nach Friedenau geholt. Ihre Adresse wird nicht verraten.

TEMPELHOFER FELD: VOM ZENTRALFLUGHAFEN ZUR SPIELWIESE

Die Weite des ehemaligen Flugfelds fasziniert und so viel Platz für Radfahrer, Skater, Jogger, Kitesurfer, Segway-Fahrer und Spaziergänger gibt es selten. Hunde haben ihren eigenen Auslaufbereich, seltene Vögel ihre geschützten Brutplätze. Und dann sind da noch Liegewiesen, Grillstationen, Picknick- und Ballspielplätze, ein Biergarten – sehr viel mehr Freizeitvergnügen an einem Ort geht kaum.

Gegen die Schließung des Flughafens, von dem am 31. Oktober 2008 der letzte »Rosinenbomber« abhob, gab es viele Proteste: Tempelhof war ein Symbol für die Freiheit West-Berlins. Während der Berlin-Blockade starteten und landeten von Juni 1948 bis Oktober 1949 nahezu pausenlos Flugzeuge der amerikanischen und britischen Alliierten, um über diese Luftbrücke Lebensmittel, Medizin, Kohle und »Rosinen« in die durch die Sowjets abgeriegelte Halbstadt zu transportieren. Das verbindet.

Kaum war der Flughafen geschlossen, der 1923 erstmals den Flugbetrieb aufgenommen hatte, wucherten Ideen und Visionen zur künftigen Nutzung und Gestaltung. Politische Entscheidungen fallen in Berlin jedoch nicht so schnell. Unterdessen hat »das Volk« das weite Feld erobert – und will den freien Platz in der Mitte der Stadt nicht mehr hergeben.

Das historische Flughafengebäude, 1936 als eines der wenigen verwirklichten und erhaltenen Projekte Hitlers für die Umgestaltung Berlins zur »Welthauptstadt Germania« erbaut, ist mit seinem 1200 Meter langen Hallenbogen, der durch Treppentürme gegliedert wird, eines der größten Bauwerke der Welt und steht unter Denkmalschutz. Heute wird es vielfältig genutzt, darunter für Messen und Konzerte.

Wie vielfältig über die Literaturszene hinaus Kultur im Kiez präsent ist, kann man alljährlich an einem Wochenende im Herbst erleben, wenn die **Südwestpassage Kultour** zu rund 60 Kulturorten in Friedenau, zu Künstler-Ateliers, Galerien und Werkstätten führt.

Das riesige Flugfeld des ehemaligen Zentralflughafens Tempelhof bietet Platz für jede Menge Freizeit-aktivitäten

SERVICE & TIPPS

🏛🎨 **Jugend Museum**
Vgl. S. 224.

🏛💼 **Schwules Museum**
Lützowstr. 73, Tiergarten
U1–4: Nollendorfplatz
✆ (030) 69 59 90 50
www.schwulesmuseum.de
Mo, Mi–Fr, So 14–18, Sa 14–19 Uhr, Eintritt € 6/4
Wechselnde Ausstellungen zu schwulen, lesbischen, bisexuellen, trans-identischen und queeren Themen und Lebensentwürfen.

🖐 **Luftbrückendenkmal**
Am Platz der Luftbrücke
Tempelhof
U6: Platz der Luftbrücke
Das Luftbrückendenkmal vor dem ehemaligen Flughafen Tempelhof gedenkt den Men-schen, die bei Unfällen während der Luftbrücke (1948/49) ums Leben kamen. Die drei Streben der »Hungerharke«, die Richtung Westen weisen, stehen für drei Luftkorridore zwischen West-Berlin und der Bundesrepublik Deutschland über welche die Versorgung der 2 Mio. West-Berliner mög-lich war. Rund 1000 Flugzeuge versorgten die Stadt täglich.

❶ 🖐🏛✕🖼 **Rathaus Schöneberg**
John-F.-Kennedy-Platz 1
U4: Rathaus Schöneberg
U7: Bayerischer Platz
Ausstellung: »Wir waren Nachbarn«
✆ (030) 902 77 45 27
www.wirwarennachbarn.de
Tägl. außer Fr 10–18 Uhr
Eintritt frei
Turmbesichtigung April–Okt.
tägl. 10–16 Uhr, Eintritt frei

»Sie gaben ihr Leben für die Freiheit Berlins im Dienste der Luftbrücke 1948/1949«, so die Inschrift am Sockel des Luftbrücken-denkmals, das 1951 errichtet wurde

Der 18 ha große Natur-Park Schöneberger Südgelände beherbergt eine Vielzahl seltener und vom Aussterben bedrohter Tiere und Pflanzen

Kantine im Ratskeller:
Mo–Do 7–14.30, Fr bis 14 Uhr
Ehemaliges Rathaus (Bj. 1911–14) der Stadt Schöneberg und später von West-Berlin, heute Rathaus des Bezirks Tempelhof-Schöneberg. Die Freiheitsglocke, für die über 16 Millionen US-Amerikaner spendeten, schlägt seit 1950 täglich um 12 Uhr. Hier hielt J. F. Kennedy 1963 seine berühmte Rede mit den Worten »Ich bin ein Berliner.« Beeindruckende Ausstellung über verfolgte und ermordete jüdische Schöneberger.

Hans-Wurst-Nachfahren
Theater am Winterfeldtplatz

Gleditschstr. 5, Schöneberg
U1–4: Nollendorfplatz
℅ (030) 216 79 25
www.hans-wurst-nachfahren.de
Die Spieler verzaubern Groß und Klein mit ihren hinreißenden Figuren. Das Theatercafé mit Terrasse öffnet eine Stunde vor Beginn der Aufführungen und zu den Zeiten des Winterfeldtmarktes (Sa 10–15.30 Uhr).

Lesbisch- Schwules Stadtfest
Motzstr., Schöneberg
U1–4: Nollendorfplatz
℅ (030) 23 62 60 98
www.regenbogenfonds.de
3. Wochenende im Juni
Buntes Treiben auf Bühnen und Dancefloors; zu der zweitägigen Party reisen Schwule und Lesben von weit her an.

Natur-Park Schöneberger Südgelände
Prellerweg 47–49, Schöneberg
S2/25: Priesterweg
℅ (030) 700 90 60
www.gruen-berlin.de, tägl. 9–20 Uhr, im Winter bis 17 Uhr
Hier hat sich die Natur das Gelände um einen stillgelegten Rangierbahnhof zurückerobert. Im Sommer Theater der Shakespeare-Company (vgl. S. 207) unter freiem Himmel.

*Herrschaftliche
Gründerzeitfassade
in der Grunewald-/
Ecke Akazienstraße*

⌇⊚ Stadtbad Schöneberg
Vgl. S. 224.

⚑ Tempelhofer Feld
Tempelhofer Damm, Tempelhof
U-/S-Bahn: Tempelhof
U6: Platz der Luftbrücke
www.thf-berlin.de
www.gruen-berlin.de
Tägl. ab 7.30, im Sommer ab
6 Uhr bis Sonnenuntergang
Führungen siehe Internet
Auf dem riesigen Flugfeld des
ältesten Verkehrsflughafens
der Welt (seit 2008 geschl.)
kann man herrlich radeln,
skaten oder segeln. Nach einem
Volksentscheid soll das Gelände
weitgehend bleiben wie es ist.

⚑ Café Bilderbuch
Akazienstr. 28, Schöneberg
S1: Julius-Leberbrücke
✆ (030) 78 70 60 57
www.cafe-bilderbuch.de
Mo–Sa 9–24, So/Fei 10–24 Uhr
Café, Galerie, Bibliothek und
samstags kostenloses Klein-
kunst-Programm mit Chansons,
Satire, Klassik.

⚑ Café M
Goltzstr. 33, Schöneberg
U7: Eisenacher Straße
✆ (030) 216 70 92
www.cafe-m.de
Mo–Fr ab 9.30, Sa/So ab 12 Uhr
Seit den 1980er Jahren eine
Schöneberger Institution.

⚑ Café Sorgenfrei
Goltzstr. 18, Schöneberg
U7: Eisenacher Straße
✆ (030) 30 10 40 71
www.sorgenfrei-in-berlin.de
Di–Fr 12–19, Sa 10–18, So 13–
18 Uhr
Gemütliche Kaffeestube mit
Antiquitäten aus den 1950er-
und 1960er Jahren.

⚑ Kochhaus Schöneberg
Akazienstr. 1, Schöneberg
S1: Julius-Leber-Brücke
✆ (030) 577 08 91 00
www.kochhaus.de
Tägl. außer So 10 –21 Uhr
Alle Zutaten einkaufen plus
Rezept für ein perfektes Essen.
Filialen in Prenzlauer Berg
(Schönhauser Allee 46) und
Kreuzberg (Bergmannstr. 94).

⚑ Trödelmarkt
John-F.-Kennedy-Platz
Schöneberg
U4: Rathaus Schöneberg
Sa/So 8–17 Uhr
Flohmarkt vor dem Rathaus
Schöneberg.

⚑ Winterfeldtmarkt
Winterfeldtplatz, Schöneberg
U1–4: Nollendorfplatz
Mi 8–14, Sa 8 –16 Uhr
Angesagter Markt mit vielen
Spezialitäten, regionalem Ge-
müse und Fleisch sowie Mode
und Kunsthandwerk. ✺

*Berliner Floh- und
Trödelmärkte
laden zum Stöbern
ein*

NEUKÖLLN
AUFBRUCHSTIMMUNG IM PROBLEMBEZIRK

Alles neu in Neukölln! Der Stadtteil südlich von Kreuzberg ist Berlins Trendkiez Nummer Eins. Sein Dasein als Inbegriff eines düsteren Migrantenviertels hat er mehr und mehr hinter sich lassen können. Studenten und Kreative aus aller Welt lassen sich nicht mehr abschrecken von politischen Debatten und Neuköllns schlechtem Ruf. Tagtäglich rollen Möbelwagen durch die Straßen und an jeder Ecke eröffnen Cafés und Bars. Auch ein bunter Reigen an Restaurants hat sich neben der lebendigen Kneipenszene etabliert und fast überall ist Kunst zu finden: Streetart, Galerien, Ateliers oder interaktive Ausstellungen. Kunst und Kultur steht in Neukölln nicht nur während Berlins populärstem Kunstfestival »48 Stunden Neukölln« auf dem Programm.

Wenn von Neukölln die Rede ist, ist allerdings meist nur der namensgebende Stadtteil an der Grenze zu Kreuzberg, zwischen Landwehrkanal und Ringbahn gemeint. Er ist auch als Nord-Neukölln oder – seiner alten Postleitzahl entsprechend – Neukölln 44 bekannt. Dabei gehört zu dem im Süden Berlins gelegenen Bezirk eine weitaus größere Fläche: Mit der Bildung Groß-Berlins im Jahr 1920 wurde die Stadt Neukölln zusammen mit den Dörfern Britz, Rudow und Buckow eingemeindet. Auch diese Ortsteile haben neben reizvollen Grünflächen viele interessante kulturelle Einrichtungen zu bieten. Insgesamt lässt es sich hervorragend auf den Spuren der einzelnen historischen Gemeinden wandeln.

Mit rund 315 000 Einwohnern zählt Neukölln zu den bevölkerungsreichsten Bezirken Berlins

Dem heute einheitlichen Straßenbild aus Handyläden, Wett-büros und Friseursalons an der Sonnenallee trotzend, zeugen beispielsweise am ❶ **Richardplatz** sowie in der umliegenden Kirchgasse und Richardstraße Strukturen des alten Dorfkerns vom frühen Rixdorf: Schulhaus, Scheunen, Schmiede, Friedhof und Kirche, die 1737 böhmische Glaubensflüchtlinge erschufen, sind bis heute erhalten geblieben und verbreiten ländliches Flair. In der Siedlung wohnen sogar noch Nachfahren der Exilanten in achter Generation. Hier befindet sich auch der ❷ **Comenius-Garten**. Er ist als begehbarer »Lebensweg« entlang der Theorien des wohl bekanntesten Pädagogen seiner Zeit, Johann Amos Comenius, entworfen und wird sowohl von umliegenden Einrichtungen als auch Ansässigen als Ort des Lernens, Erholens und Spielens genutzt.

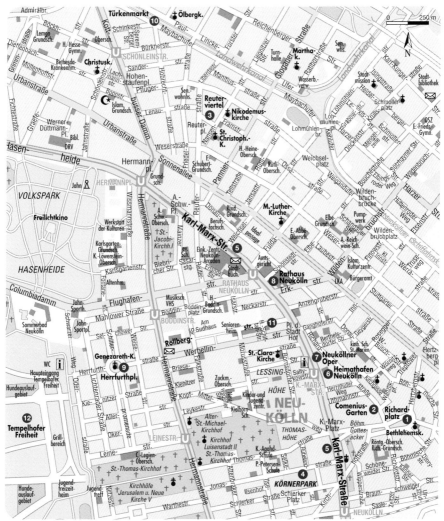

127

Mit seiner Orangerie wirkt der 2,4 ha große und Körnerpark wie ein richtiger Schlossgarten. Benannt nach Franz Körner, dem Besitzer der Kiesgrube, in der die Grünanlage 1912–16 entstand

Die Sonnenallee hält dagegen bis heute nicht, was ihr Name verspricht. Von einem großen, hellen Boulevard unter Bäumen ist sie weit entfernt. Dennoch hat sich binnen der letzten zehn Jahre im ❸ **Reuterkiez**, den sie südlich begrenzt einiges getan: In das Ghetto der Geringverdiener zog es aufgrund günstiger Mieten viele Künstler und Studenten. Sie brachten das mit, was schon die böhmischen Einwanderer und auch Migranten der 1960er und 1970er Jahre mitbrachten: Hoffnung, Ideen, Träume. Die internationalen Kreativen, die sich hier niederließen, Projektgruppen schufen, Ateliers mieteten und eine entsprechende Infrastruktur aufbauten, haben dem Quartier binnen kürzester Zeit ein neues Gesicht gegeben.

Auch südlich von **Kreuzkölln**, wie das Viertel aufgrund seiner Nähe zu Kreuzberg genannt wird, hat sich einiges ver-

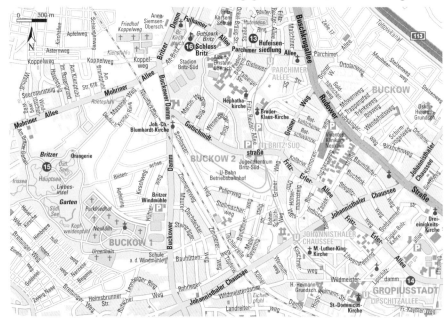

»IN RIXDORF IS MUSIKE …«

Vor rund 120 Jahren gab es viele Biergärten, Ballhäuser und andere Amüsierbetriebe in Rixdorf, wie Neukölln damals hieß und so kamen die Berliner hierher vor allem, um sich zu betrinken, zu tanzen und Spaß zu haben. Regelmäßig gab es Schlägereien und der Ruf Rixdorfs war mehr als schlecht. Um das Image zu verbessern wurde die Stadt 1912 kurzum in Neukölln – angelehnt an die Siedlungen, die südlich von Berlin-Cölln lagen – umbenannt. Ob nun Rixdorf oder Neukölln – Vergnügen wird auch heute wieder großgeschrieben.

ändert. Zwischen den beiden Magistralen des Quartiers, der Karl-Marx-Straße und der Hermannstraße, liegt das Gartendenkmal ❹ **Körnerpark**, der Namenspate für den umgebenden **Körnerkiez**. Der Park mit seiner neobarocken Anlage wird von Anwohnern oft als das Sanssouci Neuköllns beschrieben. Die große Terrasse des Cafés sowie Konzerte und Ausstellungen in der ehemaligen Orangerie bilden einen starken Kontrast zum pulsierenden Leben rundherum.

Die vielbefahrene ❺ **Karl-Marx-Straße** war Anfang der 1960er Jahre eine angesagte, bürgerlich geprägte Einkaufsstraße; wie ausgestorben wirkt sie auch ein halbes Jahrhundert später keinesfalls. Anstelle der Juweliere und Modehäuser sind allerdings Handyläden, Ein-Euro-Shops und Imbisse getreten, deren Namen einen Hinweis auf die Heimat der Besitzer oder zumindest ihrer Eltern geben. Derzeit versucht ein Standortmarketing renommierten Kultureinrichtungen in der Karl-Marx-Straße wie dem ❻ **Heimathafen Neukölln** (vgl.S.208) und der ❼ **Neuköllner Oper** (vgl.S.205) Zuwachs zu bescheren.

Sehenswert ist auch das ❽ **Rathaus Neukölln** (1905–1909). Den Sitz der Bezirksverwaltung im Stil der deutschen Renaissance krönt auf dem 67 Meter hohen Turm die kupferne, 2,20 Meter große Glücksgöttin Fortuna des Bildhauers Josef Rauch.

Die gut 50 Meter breite **Schillerpromenade** westlich der Karl-Marx-Straße mit dem mittig gelegenen ❾ **Herrfurthplatz** und den dazugehörigen

Viel Kultur unter einem Dach: Neuköllner Oper und Passage Kino in der Karl-Marx-Straße 131

129

TÜRKENMARKT AM MAYBACHUFER

Jeden Dienstag und Freitag zwischen 11 und 18 Uhr herrscht hinter der Kottbusser Brücke am ⑩ **Maybachufer** ein buntes Treiben. Es duftet nach frittierten Falafelbällchen, Schafskäsepasten, frischem Obst und süßem türkischen Gebäck. Dazu liegt ein Stimmengewirr aus unterschiedlichen Sprachen in der Luft, durchmischt von Gesang und Gitarrenklängen. Bis zur Schinkestraße reihen sich die Händler des orientalisch angehauchten Wochenmarktes mit ihren Ständen aneinander und versuchen sich lautstark mit Angebot und Preisen gegenseitig zu unterbieten. Neben Tomaten, Gurken oder Salat gehen hier je nach Saison auch Trauben, Kirschen oder Melonen für wenig Geld über den Tresen. Es schieben sich Neuköllner und Kreuzberger Familien samt Kinderwagen durch das Gedrängel, um leckere Antipasti, Gewürze und Fladenbrot zu kaufen, ebenso wie türkische Großmütter, die ihre Trolleys mit dem Wocheneinkauf und günstiger Kleidung befüllt hinter sich herziehen. Dazwischen tummeln sich immer wieder Grüppchen aus Berliner Modestudenten, die sich gerne mit der günstigen Meterware an Stoffen eindecken. Wenn man den engen Marktbereich passiert hat, warten auf der Kanalseite meist Künstler oder kleine Bands, die ihr Können zum Besten geben. So sitzt man hier gerne noch eine Weile auf dem Gehweg beisammen, packt die erstandenen Leckereien aus und genießt Neukölln at its best.

Nebenstraßen stammt aus dem frühen 20. Jahrhundert. Die Anlage wurde auf dem damaligen Ackerland als Gegenpol zu der Arbeitersiedlung auf dem ⑪ **Rollberg**, die noch heute ein Brennpunkt ist, für das gut situierte Bürgertum angelegt und hat den zweiten Weltkrieg fast unbeschadet überstanden. In den kleinen symmetrisch angeordneten Straßenzügen gibt es mittlerweile viele Ateliers, kleine Läden und Cafés, die mit ihren unverputzten Wänden oder Retrotapeten und zusammengewürfeltem Omi-Mobiliar das typisch, lässige shabby-chic Flair verbreiten. Überdies sorgte die Schließung des benachbarten Tempelhofer Flughafens 2008 für eine Aufwertung des Schillerkiezes. Die weite Fläche des ehemaligen Flugfeldes ⑫ **Tempelhofer Freiheit** (vgl. S. 122) soll langfristig

so bleiben wie sie ist mit vielen Möglichkeiten für Sport, Spiel und Erholung. Das Flughafengebäude mit Hangars wird derzeit als Standort für Festivals und Messen genutzt. Bürgerinitiativen nutzen die Fläche am Rand und pflanzen und ernten beim Urban Gardening (vgl. S. 17) oder bauen mit Kindern dort Kunstobjekte.

Im Gegensatz zu der dichten Bebauung in Nord-Neukölln weisen die südlichen Stadtteile eher vorstädtische Strukturen auf. Aber auch hier gibt es die den gesamten Bezirk ausmachenden Brechungen: Da ist etwa die ⓭ **Hufeisensiedlung**, die nach Plänen der Architekten Bruno Taut und Martin Wagner infolge des großen Wohnungsmangels nach dem ersten Weltkrieg in Britz entstand. Die sozialen Siedlungsbauten stehen unter dem Schutz des UNESCO-Weltkulturerbes und sind bis heute beliebtes Wohngebiet.

Die Installation »Tempelhofer Kunstflugfeld« wurde von Schülern geschaffen

Lust auf Design der 1920er Jahre? In dem detailgetreu eingerichteten Ferienhaus Tautes Heim (Gielower Str. 43, U7: Parchimer Allee, ℂ 030-60 10 71 93, www.tautes-heim.de) in der Hufeisensiedlung kann man Einheimischer spielen.

Museum zum Mieten: Tautes Heim

In der Nähe der Hufeisensiedlung entstand ab 1958 der Stadtteil ⑭ **Gropiusstadt**, eine von Architekt Walter Gropius erdachte Trabantenstadt mit dem höchsten Wohnhaus Deutschlands (Fritz-Erler-Allee 120). Christiane F. aus der Gropiusstadt beschrieb in ihrem Buch »Wir Kinder vom Bahnhof Zoo« eindrücklich das Milieu, das teilweise in den Sozialbauten herrschte. Heute sehen viele Wohnblöcke gepflegt aus und vor allem ältere Menschen schätzen den Komfort mit Lift und Hausmeisterservice.

Ländliches Idyll weist im Süden des Bezirks der herrliche ⑮ **Britzer Garten** mit vielen Themengärten und einer der letzten von acht **Berliner Windmühlen** auf. Auch das ⑯ **Schloss Britz** aus dem 18. Jahrhundert ist einen Ausflug wert.

Kleinod in Neukölln: Schloss Britz

Die Gropius-Passagen (Mo–Fr 10–20, Sa 10–22 Uhr, Johannisthaler Chaussee 317, U7: Johannisthaler Chaussee) sind mit 85 000 m² Verkaufsfläche das größte Shopping-Center der Stadt und zählen zu den größten Deutschlands.

SERVICE & TIPPS

❾ 🛈 **Neukölln Info Center**
Karl-Marx-Str. 83, 12040 Berlin
U7: Rathaus Neukölln
✆ (030) 902 39 35 30
www.berlin.de/ba-neukoelln
Mo–Do 10–17, Fr 10–15 Uhr
Im Rathaus Neukölln geben die Mitarbeiter des Info Centers Auskunft über den Bezirk und informieren über aktuelle Veranstaltungen. Das Angebot reicht von Informationen der Neuköllner Kultureinrichtungen über Führer durch die Neuköllner Gastroszene bis zu Souvenirs aus Neukölln.

⑯ 🏛 ♿ 👥 **Museum Neukölln**
Alt-Britz 81, Neukölln
Bus M44/M46: Fulhamer Allee
✆ (030) 627 27 77 27
www.museum-neukoelln.de
Tägl. außer Mo 10–18 Uhr
Eintritt frei
In dem ehemaligen Gutshof Britz befindet sich das moderne Regionalmuseum des Bezirks.

Neben einem wechselnden Programm bietet die Dauerausstellung »99 x Neukölln« einen ungewöhnlichen Einstieg in die Geschichte des Bezirks: Gezeigt werden 99 sehr unterschiedliche Objekte aus Neukölln. An Computern kann man je nach persönlichem Interesse Informationen über die Gegenstände abzurufen. Etwa, dass einst Mammuts in der Gegend lebten. Weitere Tipps führen zu Hintergrundwissen und stellen wirtschaftliche und geschichtliche Zusammenhänge her.

⑬ ♿ 🛈 **Hufeisensiedlung**
Information: Fritz-Reuter-Allee 44, Neukölln
U7: Parchimer Allee
Fr, So 14–18, im Winter Fr, So 13–17 Uhr
Führungen: ✆ (030) 420 26 96 12
www.hufeisensiedlung-berlin.de
Von Bruno Taut entworfenes und 1925–33 erbautes Wohnquartier mit einem Hauptgebäude in Hufeisenform,

das von der UNESCO zum Weltkulturerbe erklärt wurde.

⑯ 🖼️❌🐑🌿 Schloss Britz
Alt-Britz 73, Neukölln
Bus M44/M46: Fulhamer Allee
✆ (030) 60 97 92
www.schlossbritz.de
Tägl. außer Mo 11–18 Uhr
Eintritt Gutshaus € 3/2, Schüler € 1, bis 12 J. frei, Sonderausstellungen € 7/5
Das unter Denkmalschutz stehende prächtige Gutshaus (mit Museum) aus dem 18. Jh. und die dazugehörige Parkanlage sind besonders im Sommer beliebt. Neben dem **Museum Neukölln**, das seine Räumlichkeiten im ehemaligen Stall hat, sorgen Konzerte und Lesungen für ein abwechslungsreiches Programm. Ein Highlight für Kinder sind die Schafe, Kühe, Ziegen, Pferde und Esel im Gehege.

🖼️ Sehitlik Moschee
Columbiadamm 128, Neukölln
Bus 104: Friedhöfe Columbiadamm
✆ (030) 692 11 18
www.sehitlik-camii.de
Besichtigung nach Anmeldung über den Buchungskalender www.moscheeteam.de/termine
Austellungen tägl. 11–17 Uhr
Die Moschee auf dem Gelände des alten Türkischen Friedhofs gilt mit ihrer 12 m hohen Hauptkuppel als die größte Moschee Berlins. Sie ist Teil des Kulturzentrums und dient den Muslimen der angrenzenden Ortsteile als Gebetsstätte. Insgesamt verfügt die Moschee über 1500 Plätze. Eine Führung ist nur nach Voranmeldung möglich. Im Kulturhaus werden Ausstellungen zu Themen wie »Muslime in Berlin und Brandenburg« gezeigt.

❷ 🌿 Comenius-Garten
Richardstr. 35, Neukölln
U7: Karl-Marx-Straße

✆ (030) 686 61 06
www.comenius-garten.de
Tägl. ca. 10–18 Uhr
Wer den silbernen Türöffner findet, hat Einlass zu einem kleinen Paradies inmitten der Großstadt. Die Anlage mit Obststräuchern und -bäumen, einer Wiese und Blumenbeeten wurde anhand der Theorien von Johann Amos Comenius angelegt, der im 17. Jh. ein Leben im Einklang mit der Natur als Grundlage allen menschlichen Lernens lehrte.

⑮ 🌿 Britzer Garten
Vgl. Oasen S. 163

✿ Pyramidengarten
Columbiadamm 120, Neukölln
Bus 104: Friedhöfe Columbiadamm, www.pyramidengarten-berlin.de, tägl. 24 Std. offen
Auf über 800 m² hegen und pflegen Bewohner aus der Nachbarschaft gemeinsam ihre Beete. Highlight ist der Backtag: An jedem ersten Sonntag des Monats wird der Lehmofen dafür angefeuert.

🐾 Tierpark Neukölln
Vgl. S. 222.

🍴🍷 Art und Weise Kunstraum & Heilbar
Leinestr. 48, Neukölln
U8: Leinestraße
✆ (0178) 306 37 87
http://art-und-weise.tumblr.com
Tägl. außer Mo 19–2 Uhr
Regelmäßige Ausstellungen,

Wohnkultur der Gründerzeit im Schloss Britz

48 Stunden Neukölln: *Mit rund 400 Einzelveranstaltungen an über 300 verschiedenen Standorten feiert (sich) Neuköllns Kunstszene Mitte Juni ein Wochenende lang auf Bühnen, in Galerien und vielen Partylocations.*

Ein kleines Paradies: der Comenius-Garten

Neuköllner Pflanze: Der Volkspark Hasenheide ist nicht nur bei Familien beliebt. Mit einem kleinen Tierpark, dem Freilichtkino und vielen Bäumen ist er eine wichtige Erholungszone im dicht besiedelten Gebiet. Hier hielt »Turnvater Jahn« 1811 seine ersten Sportkurse ab, ein Denkmal erinnert daran.

Konzerte und Kickertisch haben dem Art und Weise ein breites Stammpublikum beschert.

⑪ 🍴📷🍷🅿 Kindl-Brauerei
Am Sudhaus 2, Neukölln
U8: Boddinstraße
✆ (030) 832 15 91 20
www.kindl-berlin.de
www.rollberger.de
Brauerei Do 17–23, Fr/Sa 17–24 Uhr
Die ehemalige Kindl-Brauerei bietet eine bunte Mischung: Auf rund 5500 m² zeigt das **Zentrum für zeitgenössische Kunst** Ausstellungen. In der ehemaligen Abfüllhalle gibt es immer wieder mal Partys. Auch Bier wird hier gebraut: Köstliches **Rollberger Biobier** mit Ausschank.

🍴 kunstraum t27
Thomasstr. 27, Neukölln
U7: Karl-Marx-Straße
✆ (030) 56 82 19 64
www.kunstraumt27.de
Mi–So 15–19 Uhr
Im monatlichen Wechsel gibt es Ausstellungen bildender Kunst, Lesungen, Konzerte, Videoinstallationen und Performances.

☕✕🍴 Café Rix
Karl-Marx-Str. 141, Neukölln
U7: Karl-Marx-Straße
✆ (030) 686 90 20
www.caferix.de
Tägl. 10–24 Uhr
Dielen, Stuck und große Spiegel schmücken die historischen Kaffeehaus-Räume des Saalbaus Neukölln. Das dazugehörige Restaurant, die Galerie und das vielfältige Programm des Theaters Heimathafen Neukölln (vgl. S. 208) schaffen zudem eine einzigartige Verbindung aus Gastronomie und Kunst.

☕ Elit Simit
Karl-Marx-Str. 109, Neukölln
U7: Karl-Marx-Straße
✆ (030) 68 08 53 54

www.elitsimit.de
Tägl. 6–22 Uhr
Simit bedeutet so viel wie Sesamring. Die einfache Grundrezeptur ist in der Türkei bereits seit 500 Jahren bekannt. In dem orientalischen Café gibt es das Gebäck in allerlei Varianten, dazu Kaffee, Tee oder auch Suppe oder Salate.

☕ Geschwister Nothaft
Weisestraße 34, Neukölln
U8: Leinestraße
✆ (030) 96 60 20 51
Mo–Fr 8–20, Sa ab 9, So ab 10 Uhr
Symphatische Kaffeebar direkt am S-Bahnhof Sonnenallee mit allem, was die Nachbarschaft schätzt: Faire Bohnen, leckere Shakes und selbstgebackenen Kuchen. Wechselnde Ausstellungen.

☕ Vux
Wipperstr. 14, Neukölln
U-/S-Bahn: Neukölln
kein Tel.
www.vux-berlin.com
Mi–Sa 12–19, So 12–18 Uhr
Das vegane Café beglückt mit himmlischen Torten, Cupcakes, Bagels und Suppen.

🍷🎭✿🍴 Klunkerkranich
Karl-Marx-Str. 66, 5. Etage, dann den Kranichspuren folgen
Neukölln
U7: Rathaus Neukölln
www.klunkerkranich.org
Sommer Mo–Sa ab 10, So ab 12 Uhr, im Winter siehe Internet
Der Mix aus Strandbar, Open-Air-Bühne und Dachgarten auf dem obersten Parkdeck des Einkaufszentrums Neukölln Arcaden ist Kult. Es gibt Tische und Bänke, lauschige Sitzecken, eine Sandfläche und sehr viele Grünpflanzen. Schöner kann man den Sonnenuntergang über Berlin kaum genießen.

🍷 Kuschlowski
Weserstr. 202, Neukölln

Bus 171/194/M29/M41:
Sonnenallee/Pannierstraße
℡ (0176) 24 38 97 01
www.kuschlowski.de
Tägl. ab 20 Uhr
Vorzugsweise russischen Wodka
und dazu kleine Pumpernickel-
häppchen genießt man in der
Bar von Daniel Neugebauer.
Das Mobiliar ist großteils vom
Inhaber selbst entworfen.

🏨🍴 buch|bund
Sanderstr. 8, Neukölln
U8: Schönleinstraße
℡ (030) 61 67 12 20
http://buchbund.de
Mo–Fr 10–19, Sa 11–16 Uhr
Die deutsch-polnische Buchhandlung von Marcin Piekoszew-
ski verfügt über zeitgenössische
polnische und ausgewählte
deutsche Literatur. Mit kleinem
Café.

🏊🌳 Sommerbad Neukölln
Columbiadamm 160, Neukölln
Bus 104: Sommerbad Neukölln
℡ (030) 627 88 30
www.berlinerbaeder.de
Juni–Sept. tägl. 8–20 Uhr
Eintritt € 5,50/3,50

Mo–Fr 10–15 Uhr € 3,50/2,
Familien € 11,50
Morgens kann man im
50-m-Becken herrlich seine
Bahnen ziehen. Nachmittags
wird die große Liegewiese
von Jugendlichen und türki-
schen Großfamilien belagert.
Mit 10-m-Sprungturm und
Kinderbecken.

🏊🌳 Stadtbad Neukölln
Ganghoferstr. 3, Neukölln
U7: Rathaus Neukölln
℡ (030) 682 49 80
www.berlinerbaeder.de
Mo 12–22.30, Di–Fr 6.30–8 und
14–22.30, Sa/So 10–22.30 Uhr
Eintritt € 5,50/3,50, Familien
€ 11,50
Seit über 100 Jahren zählt das
Schwimmbad im Stil einer antiken Therme zu den schönsten
Jugendstilbädern Europas.
Neben den beiden Schwimm-
hallen mit ihren Wandelgän-
gen und hohen Travertinsäulen
bietet es einen sehr schönen
Saunabereich. Am letzten Freitag im Monat findet bis 1 Uhr
das Mitternachtsschwimmen
statt. ❀

*Eine Perle des
Jugendstils ist das
Stadtbad Neukölln*

*Schmökern und
Kaffee genießen
können Sie in der
deutsch-polnischen
Buhhandlung
buch|bund*

VON WANNSEE BIS KÖPENICK
JENSEITS VON MITTE

Von der Zitadelle bis Adlershof, vom Mittelalter bis zu Deutschlands modernstem Technologiepark, von Dörfern über kleinstädtischen Charme bis zu noblen Villenvierteln und Schlössern, dazu Wälder und Wiesen, Flüsse und Seen, Parks und Gärten: Es gibt viel zu entdecken jenseits der Trendbezirke. Die folgenden Highlights sind eine kleine Auswahl.

Die Insel Wannsee

»… und dann nüscht wie raus nach Wannsee«, klingt der 1950er-Jahre-Schlager von Hans Bradtke im Ohr. Der Große Wannsee, eine Ausbuchtung der Havel, mit dem Strandbad Wannsee am östlichen Ufer ist die Badewanne (West-)Berlins. Wannsee heißt auch der vornehme Ortsteil

Getreu dem bekannten Schlager zieht es im Sommer viele Berliner ins Strandbad Wannsee

im äußersten Südwesten der Stadt, ein reizvolles Ausflugsziel voller Kultur und Geschichte mit viel Wald und Wasser,
ideal für eine Radtour. Auch Spaziergänger finden in diesem
Teil des Großbezirks Steglitz-Zehlendorf schöne Wege. Nicht
zuletzt lässt sich die Insel Wannsee mit dem Boot umrunden.

Am Bahnhof Wannsee, der Station für die S- und Regional-
bahn, kann man Fahrräder mieten. An der Schiffsanlegestelle
können Literaturfreunde Kopfhörer und Audioplayer ausleihen und sich mit diesem akustischen Denkmal im Ohr auf
den Hörspiel-Parcours zum **Kleist-Grab** in der Bismarckstraße
2–4 begeben. Unterwegs auf gekennzeichnetem Pfad lauscht
man Auszügen aus den Verhörprotokollen zu dem Doppel-
selbstmord und aus Abschiedsbriefen des Dichters und seiner
Freundin. Heinrich von Kleist und Henriette Vogel nahmen
sich am 21. November 1811 am Kleinen Wannsee das Leben.
Knapp zwei Stunden dauert das packende Hörspiel. Über Leben, Sterben und Nachruhm des zu Lebzeiten verkannten
Dramatikers geben auch Informationstafeln Auskunft.

Die Wannseebrücke führt über die Stelle, an der sich der
Große zum Kleinen Wannsee verengt. Wer per Boot dem
Wasserweg folgt, gelangt über sieben Seen und unter der
Glienicker Brücke hindurch in die Havel und vorbei an der
Pfaueninsel und am Strandbad Wannsee wieder zurück zum
Großen Wannsee.

*Schon zu Zilles
Zeiten war der
Wannsee ein be-
liebtes Ausflugsziel*

Von der Liebermann-Villa zur Pfaueninsel

In der Straße Am Großen Wannsee zieht die schmucke **Liebermann-Villa am Wannsee** viele Besucher an. In seinem

»Schloss am See«, 1909/10 erbaut, verbrachte der Maler Max Liebermann (1847–1935) viele Sommermonate und verewigte den wunderbaren Garten auf zahlreichen Gemälden. Einige der schönsten zeigt die Dauerausstellung. Vor dem Haus blüht und gedeiht es üppig im Blumen- und Gemüsegarten. Zum See hin fällt eine Rasenpartie, von Wegen, Birken und Hecken gerahmt, malerisch ab. Von der Café-Terrasse kann man den Ausblick auf den Großen Wannsee genießen.

Der prächtige Nutz- und Staudengarten der Liebermann-Villa

Ein paar Häuser weiter erinnert in einer imposanten Villa (1914/15) die **Gedenkstätte Haus der Wannsee-Konferenz** an die Tagung, bei der 1942 die menschenverachtende »Endlösung der Judenfrage« festgeschrieben wurde. Beide Häuser entwarf der Architekt Paul Otto Baumgarten. Sie gehören zu den repräsentativen Bauten der Kolonie Alsen, die ab 1870 für aufsteigende Berliner Industrielle und Bankiers angelegt wurde. Nach Eröffnung der Wannseebahn 1874 kamen immer mehr wohlhabende Berliner zur Sommerfrische »aufs Land« und ließen sich verspielte oder prächtige Häuser bauen; einige sind noch zu bewundern. Der **Flensburger Löwe**, ein Siegessymbol der preußischen Truppen über Dänemark (1850), schmückte schon 1874 die Kolonie. 1938 wurde die monumentale Skulptur, ein Zinkabguss des dänischen Originals, am heutigen Standort an der Aussichtskanzel Heckeshorn am Großen Wannsee aufgestellt.

Eine Ausstellung in der Gedenkstätte Haus der Wannsee-Konferenz zeigt Hintergründe auf und dokumentiert die Verfolgung der Juden in Deutschland

Rund vier Kilometer lang führt von hier aus ein Weg immer am Wasser entlang mit herrlichen Ausblicken – an »weitsichtigen« Plätzen stehen übergroße Bänke bereit – bis zum Fähranleger an der Pfaueninsel. Unterwegs laden mehrere Badestellen zum Schwimmen und Sonnenbaden ein.

Eine verwunschene Idylle erwartet Besucher auf der Pfaueninsel

Die **Pfaueninsel** ist ein einmaliges Paradies, Naturschutzgebiet und Landschaftspark zugleich. König Friedrich Wilhelm II. (1744–97) ließ das Schloss im romantischen Ruinenstil errichten. Königin Luise (1776–1810), die Gemahlin seines Nachfolgers, hielt sich gerne in den Sommermonaten auf der Insel auf. Heute spaziert man über die Pfaueninsel, um die Hektik der Großstadt weit hinter sich zu lassen. Hier findet man Ruhe, bezaubernde Blumengärten, überraschende Parkbauten, verschlungene Wege, die immer wieder neue Ausblicke eröffnen, und prächtige Pfauen natürlich.

Auf dem Festland, nördlich der Königstraße, bilden auf einer Anhöhe über der Havel, mitten im Volkspark Glienicke, das **Blockhaus Nikolskoe**, das schon im frühen 19. Jahrhundert Ausflügler bewirtete, und die **Kirche St. Peter und Paul** mit charakteristischem Zwiebelturm ein russisches Ensemble.

Pfauen dürfen auf der Pfaueninsel natürlich nicht fehlen

Dagegen spiegeln **Schloss und Park Glienicke** den preußischen Traum von Arkadien. Nach Plänen des Architekten Karl Friedrich Schinkel wurde 1824 für Prinz Carl ein früheres Gutshaus zur klassizistischen Villa umgestaltet und zusammen mit den antikisierenden Nebengebäuden zu einem idyllischen Stück »Italien an der Havel«.

Mitten auf der geschichtsträchtigen **Glienicker Brücke** beginnt das Stadtgebiet von Potsdam. Von der Brücke hat man einen schönen Blick auf die wasser- und waldreiche Potsdam-Berliner Kulturlandschaft, die seit 1990 auf der UNESCO-Weltkulturerbeliste steht.

139

Garten auf der Seeseite der Liebermann-Villa

Schloss Glienicke ist der steinerne preußische Traum von Arkadien

SERVICE & TIPPS

🏛 **Haus der Wannseekonferenz**
Am Großen Wannsee 56–58
Wannsee
S1/7: Wannsee, dann Bus 114:
Haus der Wannseekonferenz
www.ghwk.de
Tägl. 10–18 Uhr, Eintritt frei
Sa/So 16 und 17 Uhr kostenlose
Führungen
Gedenk- und Bildungsstätte am
historischen Ort: Hier fand am
20. Januar 1942 die »Bespre-
chung über die Endlösung der
Judenfrage« statt. Verfolgung
und Vernichtung der Juden
hatten längst begonnen.

🏛👁☕✿👶 **Liebermann-Villa
am Wannsee**
Colomierstr. 3, Wannsee
Bus 114: Haus der
Wannseekonferenz
✆ (030) 80 58 59 00
www.liebermann-villa.de
April–Sept. Mo–Mi, Fr 10–18,
Do, Sa/So 10–19, Okt.–März
tägl. außer Di 11–17 Uhr
Eintritt Winter € 6/4, Sommer
€ 7/4, Sonderausstellungen

€ 8/4, Kinder bis 14 J. frei
Dauerausstellung und wech-
selnde Präsentationen im
Sommerhaus des Malers Max
Liebermann; zauberhafter
Garten, Café mit Terrasse und
Buchladen.

👁 **Flensburger Löwe**
Am Großen Wannsee, Wannsee
Bus 114: Haus der Wannsee-
konferenz
Aussichtskanzel Heckeshorn
Zinkkopie der Originalskulptur,
die preußische Truppen in
Dänemark erbeuteten und
später zurückgaben hatten.

👁🏛♣✿ **Schloss Glienicke**
Königstr. 36, Wannsee
S1/7: Wannsee, dann Bus 316
✆ (03 31) 969 42 00
www.spsg.de, www.konzerte-
schloss-glienicke.de
April–Okt.: tägl. außer Mo 10–
18 Uhr, Nov.–März: Sa/So/Fei
10–17 Uhr, Kammerkonzerte im
Gartensaal Sa, Mai–Sept. auch
So 16 Uhr
Eintritt € 5/4, Konzerte € 20/17,
unter 6 J. frei

Roter Saal, grüner Salon, tiefblaue Bibliothek: Kräftige Farben an den Wänden, edles Mobiliar, von Schinkel entworfen, machen das Schloss zu einem klassizistischen Juwel. Ein Ausstellungsbereich ist den königlichen Hofgärtnern gewidmet. Am Wochenende klassische Konzerte.

◉ Kirche St. Peter und Paul
Nikolskoer Weg 17, Wannsee
S1/7: Wannsee, weiter mit Bus 218 (fährt stündl.): Pfaueninsel, ℂ (030) 805 21 00
www.kirche-nikolskoe.de
Tägl. 11–16 Uhr, Eintritt frei
1834–37 entstand die Kirche im russischen Stil, heute ist sie eine beliebte Hochzeitskirche.

◉🔔⚓🏰🏛 Pfaueninsel
Nikolskoer Weg, Wannsee
S1/7: Wannsee, dann Bus 218 (stündl.): Pfaueninsel
www.spsg.de
Fähre: tägl. Nov.– Feb. 10–16 Uhr, März, Okt. 9–18, April, Sept. 9–19 Uhr, Mai–Aug. 9–20 Uhr
Überfahrt (hin und zurück): € 4/ € 3, Familienkarte € 8
– **Schloss auf der Pfaueninsel**
ℂ (0331) 969 42 00, April–Okt. tägl. außer Mo 10–17.30 Uhr
Besichtigung mit Führung € 3/ € 2,50, Tickets im Fährhaus auf der Insel
Highlights in diesem Märchenschloss sind der prachtvolle Festsaal und ein Kabinett, das mit illusionistischer Malerei die Südsee nach Preußen holt.
– **Meierei auf der Pfaueninsel**
April–Okt. Sa/So 10–17.30 Uhr
Eintritt € 2/1,50
Auch Könige liebten das einfache Landleben. Das Erdgeschoss bietet historische landwirtschaftliche Geräte, im Obergeschoss überrascht ein Festsaal.

🏖🛥🚴💨🛥 Strandbad Wannsee
Wannseebadweg 25, Nikolassee
S1/7: Nikolassee, dann 10 Min.

Fußweg
ℂ (030) 70 71 38 33
www.berlinerbaeder.de
April tägl. 10–18, Mai–Mitte Juli, Sept. Mo–Fr 10–19, Sa/So 9–20, Mitte Juli–Aug. Mo–Fr 10–20, Sa/So 9–21 Uhr
Eintritt € 5,50/3,50
Berlins schönstes Strandbad lädt seit 1907 zum Schwimmen, Sonnenbaden, Spiel, Spaß und Sport ein: Strand mit feinstem Ostseesand, 1200 m lang, 80 m breit; Strandkörbe und Liegestühle, Wasserrutschen, Bootsverleih, FKK-Bereich.

🎧◉ Akustisches Kleist-Denkmal
Ausgabestelle: Souvenirverkauf an der Schiffsanlegestelle am S-Bahnhof Wannsee
www.hoerspielpark.de/kleistdenkmal
April–Okt. tägl. 10.30–14.30 Uhr, Rückgabe bis 17.30 Uhr
Leihgebühr € 3
Eine spannende Tour mit Audioguide über den Hörspiel-Parcours zum Heinrich-von-Kleist-Grab.

⊠ Bootsverleih Berlin Wannsee
Wannseebadweg 25, Nikolassee
Am Haupteingang zum Strandbad der Beschilderung folgen
S1/7: Nikolassee, dann 10 Min. Fußweg
ℂ 0171-217 28 87
www.windsurfing-berlin.de
April–Okt. tägl. 10–18 Uhr
Ruder-/Paddelboot: € 10/Std., Tretboot: € 12/Std., Segelboot: ab € 35/2 Std.
Hier kann man verschiedene Boote mieten für den eigenen Trip auf dem Wannsee.

🚲 Fahrradverleih am Wannsee
Bahnhof Wannsee, Königstr. 5
S1/7: Wannsee
ℂ (030) 80 10 89 43
www.fahrradverleihberlin-wannsee.de
Mo–Fr 8–17, Sa/So 9–18 Uhr
Leihgebühr € 10/Tag

Kirche St. Peter und Paul

Mit der BVG-Fähre von der Anlegestelle Wannsee (S1/7: Wannsee) lässt sich günstig eine kleine Bootsfahrt auf dem Wannsee unternehmen. Mit einem Ticket des öffentlichen Nahverkehrs (AB) schippert man in 20 Minuten nach Kladow am Westufer der Havel (stündl. Linienverkehr). Dort gibt es etliche Ausflugslokale.

Bootshaus auf der Pfaueninsel

Auf einer Anhöhe mit schöner Aussicht liegt das gemütliche Blockhaus Nikolskoe

⊡ Bootstouren

Anlegestelle Wannsee, Kronprinzessinnenweg
S1/7: Wannsee
www.sternundkreis.de
April–Okt. tägl. 10.30–17.30 Uhr
stündl., Rundfahrt € 11
Sieben-Seen-Rundfahrt: in zwei Stunden einmal um die Insel Wannsee. Andere Touren führen nach Potsdam, Spandau und Tegel.

✗ Lutter & Wegner im Schloss Glienicke

Restaurant Remise und Weinhandlung
Königstr. 36, Wannsee
S1/7: Wannsee, dann Bus 316
℡ (030) 805 40 00
www.schloss-glienicke-berlin.de
Tägl. ab 11 Uhr, Reservierung empfohlen
Anspruchsvolles Haus mit gehobener Regionalküche. €€€

✗ Haus Sanssouci

Am Großen Wannsee 60 Wannsee
Bus 114: Haus der Wannseekonferenz
℡ (030) 805 30 34
www.haussanssouci.de
Tägl. außer Mo 11.30–23 Uhr
Gute Küche in schönem Ambiente am Flensburger Löwen, drinnen und draußen. €€

✗ ☺ Blockhaus Nikolskoe

Nikolskoer Weg 15, Wannsee
S1/7: Wannsee, weiter mit Bus 218 (fährt stündl.)
℡ (030) 805 29 14
www.blockhaus-nikolskoe.de
Tägl. 10.30–18 Uhr, im Winter Mo/Di geschl.
Friedrich Wilhelm III. ließ das Haus nach russischem Vorbild für seine Tochter errichten, als sie nach ihrer Hochzeit mit Zar Nikolaus 1819 die Heimat besuchte. Innen gemütlich, außen schöne Terrasse, die vorderen Tische mit Blick auf die Havel. Gekocht wird deftig je nach Saison, Spezialität sind Wildgerichte. Auch Kuchen und Torten. €€

✗ ☺ ♫ ⊡ Wirtshaus Moorlake

Moorlakeweg 6, Wannsee
S1/7: Wannsee, weiter mit Bus 218 oder 316 plus Fußweg
℡ (030) 805 58 09
www.moorlake.de
Tägl. ab 10 Uhr, im Winter Mo/Di geschl.
»Schweizer Haus« mit einem der schönsten Biergärten Berlins in idyllischer Wasserlage; gutbürgerliche, saisonale Gerichte; Kaffee und Kuchen, Eis. Lesungen und Kabarett. €€

✗ ⊡ Loretta am Wannsee

Kronprinzessinnenweg 260 Wannsee
℡ (030) 80 10 53 33
www.loretta-berlin.de
Bei schönem Wetter tägl. ab 11 Uhr
Großer Biergarten mit Bänken und Liegestühlen mit Blick auf den Wannsee; deftig-bayerische Gerichte. Im Restaurant an der Straße wird etwas feiner aufgetischt. €–€€

✗ Restaurant Seehaase

Am Großen Wannsee 58–60 Wannsee
Bus 114: Haus der Wannseekonferenz
℡ (030) 80 49 64 74
Tägl. 11–22 Uhr
www.restaurant-seehaase.de
Lauschig direkt am Wasser gelegen; die Küche ist deutsch-türkisch-mediterran. €

✗ Wirtshaus zur Pfaueninsel

Pfaueninselchaussee 100 Wannsee
S1/7: Wannsee, weiter mit Bus 218: Pfaueninsel
℡ (030) 805 22 25
www.pfaueninsel.de
Tägl. außer Di ab 10 Uhr, im Winter Mo/Di geschl.
Ufer-Biergarten mit Blick auf die Insel; Kaffee, Kuchen, saisonale Gerichte. €

Dahlem – Kulturschätze aus aller Welt

Ein paar Jahre noch, dann werden die reichen ethnologischen Sammlungen und außereuropäischen Kunstwerke im Humboldt-Forum in Berlins Mitte zu sehen sein. Auf gepackten Kisten sitzen die Museen Dahlem deshalb aber keinesfalls, auch wenn die Besucherströme bereits nachgelassen haben. Verdient haben das die reichen Sammlungen nicht.

Drei Museen sind in Dahlem in einem Gebäudekomplex vereint und sie laden ein zu einer Weltreise durch alle Kontinente: Das **Ethnologische Museum** gehört zu den international größten und bedeutendsten Sammlungen zur Kunst und den Kulturen der außereuropäischen Welt. Die Südsee-Sammlung holt mit maßstabsgetreuen Booten und spektakulären Häusern Ozeaniens die Atmosphäre der pazifischen Inselwelt nach Berlin – eine Attraktion besonders auch für Kinder. »Kunst aus Afrika« – vorwiegend Skulpturen aus kostbaren Materialien und reich verzierte Masken – wird effektvoll inszeniert. Und die Indianer Nordamerikas werden in der Dokumentation »Vom Mythos zur Moderne« nähergebracht. Dem Ethno-

Ernst Ludwig Kirchners »Artistin Marcella« (1910) im Brücke-Museum in Dahlem 143

Der Botanische Garten Berlin zählt zu den schönsten der Welt und gehört mit rund 20 000 Pflanzenarten auch zu den bedeutendsten

Zu den Highlights im Alliiertenmuseum zählen die Originalfassade des ersten Wachhäuschens vom Checkpoint Charlie und ein Segment des amerikanisch-britischen Spionagetunnels

logischen Museum angegliedert ist das Juniormuseum (vgl. S. 224), das Kinder außereuropäische Gegenstände, Denkweisen und Verhaltensmuster spielerisch vermittelt.

Das **Museum für Asiatische Kunst** vereint die Sammlungen der Indischen und der Ostasiatischen Kunst und präsentiert sie in enger Verbindung zu der jeweiligen Religion. Das **Museum Europäischer Kulturen** wiederum widmet sich den Lebenswelten und Kulturkontakten in Europa vom 18. Jahrhundert bis heute.

Alle drei Museen sind umgeben von zahlreichen Instituten der **Freien Universität (FU) Berlin**. Das Restaurant **Luise** mit herrlichem Biergarten und Spielplatz hält seit Jahrzehnten seinen Stammplatz unter den angesagten studentischen Treffpunkten.

Ganz in der Nähe liegt der **Botanische Garten Berlin**, einer der größten und durch seine Artenvielfalt einer der bedeutendsten wissenschaftlichen Gärten der Welt (vgl. S. 162).

SERVICE & TIPPS

🏛 **Alliiertenmuseum**
Clayallee 135, Dahlem
U3: Oskar-Helene-Heim
℗ (030) 818 19 90
www.alliiertenmuseum.de
Tägl. außer Mo 10–18 Uhr
Eintritt frei
Im ehemaligen Outpost Theater, dem Kino der US-Streitkräfte, erzählt die Dauerausstellung »Wie aus Feinden Freunde wurden« die Geschichte der Westmächte in Berlin, vom Einmarsch der amerikanischen, britischen und französischen Besatzungstruppen 1945 bis zum feierlichen Abschied 1994.

🏛 **Brücke-Museum**
Bussardsteig 9, Dahlem
Bus 115: Pücklerstraße
℗ (030) 831 20 29
www.bruecke-museum.de
Tägl. außer Di 11–17 Uhr
Eintritt € 5/3, Schüler frei
Herausragende Sammlung von Werken der expressionistischen Künstlergruppe Brücke um die Maler Ernst Ludwig Kirchner, Erich Heckel, Karl Schmidt-Rottluff und anderen. Wechselnde Ausstellungen.

Das Brücke-Museum ist ganz der Kunst des Expressionismus und der Künstlergruppe »Brücke« gewidmet

🏛🎨🍴👥 **Domäne Dahlem – Landgut und Museum**
Königin-Luise-Str. 49, Dahlem
U3: Dahlem-Dorf
✆ (030) 666 30 00
www.domaene-dahlem.de
Freigelände: tägl. 10–18 Uhr
Eintritt frei (außer Marktfeste)
Museum: tägl. außer Di 10–18 Uhr
Eintritt € 1,50, bis 16 J. frei
Hofladen: Mo–Fr 10–18,
Sa 8–13 Uhr
Landleben in der Großstadt:
Hier werden noch Felder bewirtschaftet und Tiere gehalten; alte Handwerksbetriebe zeigen ihre Fertigkeiten.

🏛🎨🍴 **Jagdschloss Grunewald**
Hüttenweg 100, Dahlem
Bus 115: Pücklerstraße plus 15 Min. Fußweg
✆ (0331) 969 42 00
www.spsg.de
April–Okt. Di–So 10–18, Nov./ Dez., März Sa/So, Fei 10–16 Uhr
Kombiticket Schloss und Jagdzeugmagazin, inkl. Führung im Schloss an Wochenenden und Feiertagen € 6/5, nur Jagdzeugmagazin € 2/1,50
Kurfürst Joachim II. von Brandenburg ließ 1542 das Renaissanceschloss »Zum gruenen Wald« errichten. Nahezu alle preußischen Herrscher waren leidenschaftliche Jäger und

nutzten das Schloss zur höfischen Jagd; darüber informiert das Jagdzeugmagazin. Das Schloss beherbergt die größte Berliner Cranach-Sammlung: rund 30 Werke von Lucas Cranach dem Älteren, Lucas dem Jüngeren und ihrer Werkstatt.

🏛✖🍴👥 **Museen Dahlem**
Lansstr. 8, Dahlem
U3: Dahlem-Dorf
✆ (030) 266 42 42 42,
Sa/So: ✆ (030) 830 14 38
www.smb.museum
Di–Fr 10–17, Sa/So 10–18 Uhr
Eintritt: Bereichskarte Dahlem € 8/4, online € 7/3,50
Die »Museumsinsel des Südens«

Samstags findet im Gutshof der Domäne Dahlem ein Ökomarkt statt

Der große Biergarten des Gasthauses Luise in Dahlem nahe der Freien Universität zwischen Grunewald und Botanischem Garten ist nicht nur bei Studenten beliebt

vereint das Ethnologische Museum und das Museum für Asiatische Kunst sowie in einem eigenen Gebäude im selben Komplex das Museum Europäischer Kulturen.

🏛️ ⊙ 🦺 **Museumsdorf Düppel**
Clauertstr. 11, Düppel
S1: Mexikoplatz, dann Bus 118: Clauertstraße
✆ (030) 24 00 21 62
www.dueppel.de
www.stadtmuseum.de
April–Okt. Sa/So, Fei 10–17 Uhr
Eintritt € 3/1,50, Kinder bis 12 J. frei
Lebendiges Mittelalter im Freilichtmuseum: Zur rekonstruierten Dorfanlage aus dem 13. Jh. gehören Wohnhäuser, Speicher, Handwerksstätten. Bei Festen und Märkten werden historische Techniken vorgeführt. Auf den Feldern wächst »Düppeler Roggen«, auf den Weiden grasen Schafe und das »Düppeler Weideschwein«

🦺❌🌿🦺 **eßkultur**
In den Museen Dahlem

Lansstr. 8
Dahlem
U3: Dahlem-Dorf
✆ (030) 830 14 33
www.esskultur-berlin.de
Programm siehe Internet
Themenveranstaltungen wie »Kulinarische Weltreisen« und »Literatur zum Essen« locken Groß und Klein ins Museum. Sonntags um 11 Uhr: Orientalisches Märchenfrühstück im Beduinenzelt (frühzeitig reservieren). €–€€

❌🦺🅳 **Luise**
Königin-Luise-Str. 40–42
Dahlem
U3: Dahlem-Dorf
✆ (030) 841 88 80
www.luise-dahlem.de
Tägl. ab 10 Uhr
Gemütliches Gasthaus mit großem Biergarten; beliebter Studententreff. Gekocht wird von allem etwas (Pizza, Nudeln, Schnitzel), aber gut.
Eine Spezialität sind Mozzarella-Gerichte mit Käse von Wasserbüffelmilch aus der Prignitz. €–€€

Der Müggelsee

Was im Westen der Wannsee, ist im Osten der Müggelsee: ein beliebtes Ausflugsziel an schönen Tagen! Der Müggelsee zwischen Rahnsdorf und Friedrichshagen ist eine gewaltige Ausbuchtung der Spree, die hier, vom Südosten aus dem Spreewald kommend, noch Müggelspree heißt. Bei Alt-Köpenick, nach dem Zusammenfluss mit der Dahme, nimmt sie den Namen Spree an und fließt quer durch Berlin, bis sie bei Spandau in die Havel mündet.

Rund dreimal so groß wie der Wannsee, ist der Müggelsee ein Freizeitparadies. Wassersportler haben sämtliche Möglichkeiten vom Schwimmen und Paddeln über Segeln bis zum Motorbootfahren. Auch die Trendsportart Stand-Up-Paddeln (SUP) kann man hier ausprobieren. Skater finden am Südufer eine fast schnurgerade Bahn parallel zum Müggelheimer Damm vor. Radfahrer können den ganzen See umrunden (einmal muss man die Fähre nehmen). Wanderer begnügen sich gern mit Teilstrecken. Unterwegs laden nostalgische Ausflugsgaststätten und idyllische Badestellen zur Rast ein. Andere Wanderwege in diesem ausgedehnten Naturschutzgebiet

Der Europaradweg R1 führt direkt am Müggelsee vorbei. Von Boulogne-sur-Mer bis St. Petersburg verbindet er auf über 3500 km Menschen, Natur und Kultur neun europäischer Länder.

führen im Süden hinauf in die bewaldeten Müggelberge. Der höchste erreicht 115 Meter. Auf dem zweithöchsten ragt der **Müggelturm** knapp 30 Meter über die Baumwipfel hinaus und bietet einen herrlichen Rundumblick auf viel Grün und Wasser; die Stadt erscheint weit weg am westlichen Horizont. Mountainbiker stürzen sich ganz in der Nähe auf der ehemaligen Rodelbahn mutig »downhill«, auf der einzigen offiziellen Strecke für diesen Extremsport in Berlin.

Wer es dagegen ganz bequem haben will, lässt sich von einem Ausflugsdampfer über die Gewässer schippern: einmal rund um den Müggelsee oder weiter nach Südosten über die Müggelspree, am Fischerdorf Rahnsdorf vorbei, bis nach Neu Venedig. Hier wurden ehemalige Sumpfwiesen durch Kanäle entwässert. Die Grundstücke dazwischen, mit kleine Datschen oder protzigen Villen bebaut, haben alle einen eigenen Bootssteg. An der historischen Gaststätte **Neu-Helgoland** wenden die meisten Fahrgastschiffe. In der Gegenrichtung nach Nord-Westen verengt sich der Müggelsee bei **Friedrichshagen** wieder zur Müggelspree.

Vierreihig sollen die Maulbeerbäume gestanden haben in den Plantagen, die Friedrich der Große am nördlichen Müggelseeufer für die Seidenraupenzucht anlegen ließ, um kostbare Seidenstoffe nicht mehr importieren zu müssen. 1753 holte der Preußenkönig böhmische Siedler ins Land, die das zarte Gespinst zu feinen Seidenfäden spinnen sollten. Für sie wurden in Friedrichshagen einstöckige Kolonistenhäuser erbaut; entlang der heutigen Bölschestraße sind einige noch erhalten. Ende des 19. Jahrhunderts entdeckten stadtmüde Berliner die Gegend am Müggelsee als ideale Sommerfrische und ließen repräsentative Geschäftshäuser und vornehme Villen erbauen. Auch immer mehr Dichter, Denker und reformbewegte Lebenskünstler jener Zeit wollten »zurück zur Natur«. Im **Friedrichshagener Dichterkreis** fanden sich ab 1888

*Der alte Müggel-
turm fiel 1958
leider einem Brand
zum Opfer*

*Seebad Fried-
richshagen am
Müggelsee*

Die Dahme mit Köpenicker Altstadt, Laurentius-Kirche (links), Rathaus (Mitte) und Schloss (rechts)

Friedrichshagen ist eine idyllische Wohngegend. Hier kennt man sich wie in einer Kleinstadt. Als die Flugrouten für den künftigen BER-Flughafen bekannt wurden, bildete sich eine Bürgerinitiative, die seither jede Woche zur Montagsdemonstration aufruft (www.fbi-berlin.org).

Gleichgesinnte zusammen. Die Anregung dazu kam von Wilhelm Bölsche (1861–1939) und Bruno Wille (1860–1928), beide Schriftsteller und Journalisten, die gemeinsam 1890 auch die Freie Volksbühne gründeten.

Im Antiquariat und Buchladen Brendel hat der Kulturhistorische Verein Friedrichshagen e.V. ein kleines Museum eingerichtet, das bedeutenden Mitgliedern und dem Wirken des Dichterkreises gewidmet ist. Nach Bölsche wurde die Friedrichshagener Hauptstraße benannt. Die **Bölschestraße** führt 1,3 Kilometer lang schnurgerade vom S-Bahnhof Friedrichshagen bis zum Müggelseedamm: Hier lässt es sich an kleinen Läden und Cafés vorbei angenehm flanieren: »Ku´damm des Ostens«, lautet eine etwas hochgestochene Bezeichnung für die pittoreske Einkaufs- und Wohnstraße.

Vorbei an der stillgelegten Bürgerbräu-Brauerei erreicht man bald den Müggelsee und kann trockenen Fußes durch einen Tunnel unter der Spree ans andere Ufer wechseln. Am Westufer des Müggelsees entlang geht es zum **Rübezahl** (ca. 3,5 km), der populären Ausflugsgaststätte mit Biergarten und einem Ferienpark. Ein anderer Wander- und Radweg führt gut fünf Kilometer durch das Naturschutzgebiet Kämmereiheide oder an der Müggelspree entlang bis nach Alt-Köpenick. Man kann aber auch an der Anlegestelle Friedrichshagen auf das nächste Schiff warten oder die Straßenbahn 60 nehmen, die am Nordufer entlang zum historischen **Wasserwerk** fährt.

Filmplakat von 1956

Köpenick

Die Altstadt von Köpenick ist weltbekannter Schauplatz der »Köpenickiade«. 1906 marschierte der arbeitslose Schuster Wilhelm Voigt in der Uniform eines Hauptmanns in das Rathaus, ließ den Bürgermeister verhaften und beschlagnahmte

die Stadtkasse. Die Untertanen der Preußischen Garde gehorchten dem Befehlshaber in Uniform aufs Wort. Dieser »Hauptmann von Köpenick« inspirierte Carl Zuckmayer zu einem Theaterstück, zahlreiche Verfilmungen folgten. Und Köpenick lässt den Hauptmann als hervorragenden Werbeträger zu besonderen Gelegenheiten persönlich auftreten. Regelmäßig marschiert des Hauptmanns Garde vor dem **Rathaus** auf. An der Eingangstreppe steht die bronzene Statue des Wilhelm Voigt. Im ehemaligen Tresorraum erinnert eine ständige Ausstellung an das wahre Geschehen um den falschen Hauptmann. Das Rathaus, 1901–04 in märkischer Backsteingotik erbaut, hat ein eindrucksvolles Treppenhaus und einen schönen Innenhof, der im Sommer zur Kulisse für das **Köpenicker Blues & Jazzfestival** wird.

Nicht weit entfernt vom Rathaus befindet sich am Ufer des Frauentogs der Kietz, eine **slawische Fischersiedlung** aus dem 14. Jahrhundert mit hübschen Häuschen.

Mutter Lustig: Ein Denkmal am Frauentog, einem Nebenarm der Dahme, erinnert an Henriette Lustig (1808-1888), die 1835 die Wäsche für einen Berliner Fleischer wusch und damit die erste Lohnwäscherei in Köpenick betrieb. Bald machten es ihr viele Frauen nach. Doch es war ein Mann, Julius Spindler, der 1871 ein großes Wäschereiunternehmen im Ortsteil Spindlersfeld aufbaute. Lange Zeit wurde in Köpenick Berlins schmutzige Wäsche gewaschen.

Der Köpenicker Kietz, ursprünglich eine slawische Fischersiedlung, wurde 1355 erstmals urkundlich erwähnt

149

Die 30 m hohe Skulptur Molecule Man des US-Amerikaners Jonathan Borofsky ragt weithin sichtbar aus der Spree. Sie symbolisiert die drei Stadtteile Kreuzberg, Friedrichshain und Treptow, die hier aufeinander treffen.

Auf der Schlossinsel, auf der schon im 9. Jahrhundert eine slawische Burganlage stand, ist heute im aufwendig sanierten Barockschloss (1677–90) eine Dependence des **Kunstgewerbemuseums** Anziehungspunkt. Gezeigt werden in prächtigen Räumen mit original erhaltenen Stuckdecken komplette Raumausstattungen mit Wandbespannungen, Möbeln, Spiegeln, Tafelgerät, Lichtquellen und Kunstwerken aus Renaissance, Barock und Rokoko.

SERVICE & TIPPS

i Tourist Information Köpenick
Alt-Köpenick 31–33, Köpenick
Tram 62: Rathaus Köpenick
☏ (030) 655 75 50
www.tkt-berlin.de
Mo–Fr 9–18.30, Sa 10–13, Mai–Sept bis 16 Uhr

⛴ Anfahrt nach Alt-Köpenick und Friedrichshagen
Mit dem Schiff ab Hafen Treptow
S-Bahn: Treptower Park
www.sternundkreis.de

🏛👁👁 Köpenicker Schloss/ Kunstgewerbemuseum
Schloßinsel 1, Köpenick
S3: Köpenick, dann Tram 62:
Rathaus Köpenick
☏ (030) 266 42 42 42
www.smb.museum
April–Sept. tägl. außer Mo 11–18, Okt. –März Do–So 11–17 Uhr, Eintritt € 6/3, online € 5/2,50
Meisterwerke der Raumkunst vom 16. bis zum 18. Jh.

🏛 👁👁 Museum Friedrichshagener Dichterkreis im Antiquariat Brandel
Scharnweberstr. 59
Friedrichshagen
S3: Friedrichshagen
☏ (030) 641 11 60
www.brandel-antiquariat.de
Mi–Fr 12–18 Uhr, Sa 9.30–12 Uhr
Buchladen und Ausstellungen zur Geschichte des Friedrichshagener Dichterkreises.

DER BEZIRK TREPTOW-KÖPENICK

Die Schmelzwasser der Eiszeit formte vor rund 20 000 Jahren die Müggelberge und hinterließ im Berliner Urstromtal viel Wasser. Davon profitiert ganz besonders Treptow-Köpenick, der mit 245 000 Einwohnern am dünnsten besiedelte, aber mit 168 Quadratkilometern der flächenmäßig größte Bezirk Berlins. Mehr als die Hälfte des Gebiets besteht aus Wald und Wasser. Und die Hälfte der Berliner Naturschutzgebiete sowie über 40 Prozent der gesamten städtischen Waldfläche liegen in Treptow-Köpenick. Der Müggelsee ist mit 743 Hektar die größte Wasserfläche der Stadt. Zusammen mit sieben Seen, dem Fluss Dahme und Kanälen sind rund 180 Kilometer Wasserwege in der Region schiffbar – von etwa 240 Kilometern in ganz Berlin.

Im Treptower Park, der an den Hafen Treptow grenzt, ist das **Sowjetische Ehrenmal** für die beim Sturm auf Berlin gefallenen Soldaten eine monumentale Attraktion. Am Süd-Ostrand des Parks verbirgt sich die **Archenhold-Sternwarte**, wo man den Himmel über Berlin durch das längste Linsenfernrohr der Welt beobachten kann.

Zum Bezirk gehören auch bedeutende Industriedenkmale in Schöneweide, die sich mit neuem Leben füllen durch eine kreative Kunstszene und die Hochschule für Technik und Wirtschaft. Der **Wissenschafts-, Wirtschafts- und Medienstandort Adlershof**, seit den 1990er Jahren neu entstanden, ist mit Instituten der Humboldt-Universität, außeruniversitären Forschungseinrichtungen sowie zukunftsorientierten Unternehmen einer der größten Technologieparks der Welt.

🏛️📷 **Museum im Wasserwerk**
Müggelseedamm 307
Friedrichshagen
Tram 60: Altes Wasserwerk
℡ (030) 86 44 76 95
www.museum-im-wasserwerk.de
So–Do 10–16 Uhr
Eintritt € 2,50/1,50
Interessante Schau rund um die
Geschichte der Berliner Wasser-
versorgung seit 1850.

🏛️ **Museum Köpenick**
Alter Markt 1, Köpenick
S3: Köpenick, dann Tram 62:
Rathaus
℡ (030) 902 97 33 51
www.heimatmuseum-
treptow.de, Di/Mi 10–16, Do
10–18, So 14–18 Uhr
Zur Geschichte des Bezirks:
Themen u. a.: Fischerei und Wä-
scherei in Köpenick sowie die
Industriegeschichte Oberschö-
neweides.

🏛️📷 **Rathaus Köpenick**
Alt-Köpenick 21, Köpenick
S3: Köpenick, dann Tram 62:
Rathaus
℡ (030) 90 29 70
www.treptow-koepenick.de
Tägl. 10–18 Uhr, März– Okt.,
Mi, Sa 11 Uhr: Auftritt des
Hauptmanns und seiner Garde
Terminbestätigung:
℡ (030) 64 16 74 31
Ein imposanter Backsteinbau
(Bj. 1901–04), kleine Ausstel-
lung zur wahren Geschichte des
Hauptmanns von Köpenick.

📷🏛️ **Archenhold-Sternwarte**
Alt-Treptow 1, Treptow
℡ (030) 536 06 37 19
S-Bahn: Treptower Park
www.sdtb.de
Mi–So 14–16.30 Uhr
Führungen Do 20, Sa/So 15 Uhr,
Riesenfernrohr in Bewegung
So 15 Uhr, Beobachtung am
Teleskop Ende Sept.–März Fr 20
Uhr, Abend am Riesenfernrohr
2. und 4. Fr 20 Uhr
Eintritt Museum frei, Beobach-
tungen € 6/3, Führung € 6 /3

Hauptattraktion ist das längste
bewegliche Linsenfernrohr der
Welt (21 m); Ausstellungen
rund um das Thema Astrono-
mie und kleines Planetarium.

📷📷 **Modellpark Berlin-
Brandenburg**
Eichgestell 4, Köpenick
S3: Karlshorst, dann Tram
17/27/37: Hegemeisterweg
℡ (030) 36 44 60 19
www.modellparkberlin.de
Apri–Sept. tägl. 10–18, Okt.
tägl. 10–17 Uhr
Eintritt € 4.50/2,50, bis 6 J. frei
In wenigen Schritten von
der Glienicker Brücke zum
Brandenburger Tor oder zur
Pfaueninsel: 80 markante
Berlin-Brandenburger Sehens-
würdigkeiten wurden in einem
modellierten Landschaftspark
im Maßstab 1:25 nachgebaut.

📷 **Sowjetisches Ehrenmal
Treptower Park**
Puschkinallee, Treptow
S-Bahn: Treptower Park
Imposante Gedenkstätte zur
Erinnerung an die schätzungs-
weise 80 000 bei der Schlacht
um Berlin gefallenen sowjeti-
schen Soldaten. Mehr als 7000
sind auf dem 9 ha großen
Ehrenfriedhof im Treptower
Park begraben. Auf einem Hü-
gel und einem Steinsockel mit
Mausoleum erhebt sich eine
12 m hohe Bronzestatue, die
einen russischen Soldaten mit
einem geretteten deutschen
Kind zeigt.

*Die Archenhold-
Sternwarte (1896)
ist die älteste und
größte Volksstern-
warte Deutsch-
lands*

⬚◉☒ **Müggelturm**
Straße zum Müggelturm 1
Köpenick
✆ (0173) 602 23 64

Nicht der Gedanke des Sieges, sondern die Befreiung vom Nationalsozialismus standen im Vordergrund bei der Gestaltung des Sowjetischen Ehrenmals

S3: Köpenick, dann Bus X69:
Chausseehaus
www.müggelturm.berlin
turm.de, tägl. 10–20 Uhr
Eintritt € 2/1
30 m hoher Aussichtsturm
(126 Stufen, Bj. 1961) auf dem
Kleinen Müggelberg (88 m).
Das teilweise verfallene Areal
soll demnächst saniert werden.
Mit Imbiss.

⬚⬚ **Naturlehrpfad rund um den Teufelssee**
Müggelheimer Damm 144
Müggelheim
S3: Köpenick, dann Bus X69
bis Rübezahl
✆ (030) 654 13 71
Von der Schiffsanlegestelle Rübezahl Richtung Müggelturm.
Jenseits des Müggelheimer
Damms beginnt hinter einem
Portal der Lehrpfad um den
Teufelssee und das angrenzende Sumpfgebiet. Zahlreiche
Infotafeln verweisen auf Besonderheiten der Bodenbeschaffenheit, die sich am Ende der
Eiszeit hier gebildet haben, der
Tier- und Pflanzenwelt sowie
auf die Renaturierungsmaßnahmen. Der Lehrpfad lässt
sich gut mit einem Aufstieg
zum Müggelturm (vgl. S. 152)
verbinden.

⬚ **Schlossplatztheater**
Alt Köpenick 31–33, Köpenick
S3: Köpenick; dann Tram 62:
Rathaus
✆ (030) 651 65 16
www.schlossplatztheater.de
Theater mit und ohne Musik
für Jung und Alt.

⬚☒ **FEZ Berlin**
Vgl. Kinderkapitel S. 220.

⬚ **Reederei-Kutzker**
✆ (03362) 62 51
www.reederei-kutzker.de
Müggelseerundfahrt € 7,
bis 6 J. frei, bis 14 J. € 3
Seit über 100 Jahren im Familienbesitz, Touren auch ins
brandenburgische Umland.

⬚ **Bennos Fahrradverleih**
Müggelseedamm 188
Friedrichshagen
✆ (030) 71 57 08 51
www.fahrradimkietz.de
Tägl. 9.30–19.30 Uhr
Fahrrad € 12/Tag, Kinderfahrrad € 6, E-Rad € 25

⬚ **Downhill Berlin**
S3: Friedrichshagen, dann mit
dem Rad am Müggelsee entlang bis Gaststätte Rübezahl,
dort rechts Richtung Teufelsee
http://downhill-berlin.de
April–Nov., Sa/So 10–20 Uhr
Schulferien zusätzlich Mo, Mi,
Fr, Nutzung: Nichtmitglieder
€ 2
Die ehemalige Rodelbahn
(800 m) ist ein schwieriges
und deshalb ideales Revier für
erfahrene und entsprechend
ausgerüstete Mountainbiker.

☒ **Nalani Sup Center**
im Seebad Friedrichshagen
Müggelseedamm 216
S3: Friedrichshagen
✆ (030) 65 07 50 56
www.nalani-supsurfing.com
April, Sept./Okt. 14–19,
Mai–Aug. 10 Uhr bis
Sonnenuntergang
Schulungsboards fürs Steh-

Paddeln: € 10/Std., € 18/2 Std., € 32/4 Std. € 50/Tag (8 Std.)

⌘ ✕ ✕ **Seebad Friedrichshagen**
Müggelseedamm 216
Friedrichshagen
S3: Friedrichshagen, dann
Tram 60/61
✆ (030) 64 5 5756, www.
seebad-friedrichshagen.de,
www.flossundlos.de
Mai–Aug. tägl. 10–19 Uhr
Eintritt € 4/2,50, bis 3 J. € 1,50;
Familienkarte € 9
Sommerbad am Müggelsee
mit Bootsverleih und Imbiss.
Abends häufig Konzerte. Tipp:
der Floßverleih!

◐ ✕ ⊟ **Neu-Helgoland**
Neuhelgoländer-Weg 1
Müggelheim
S3: Köpenick, dann Bus X69:
Odernheimer Straße
✆ (030) 659 82 47
www.neu-helgoland.de
April–Sept. tägl. ab 11 Uhr
(Küche), je nach Wetter oder
Veranstaltung Okt.–März
Mo/Di geschl.
2002 brannte die historische
Gaststätte durch Brandstiftung
ab; die Familie baute mit viel
Engagement das Fachwerkhaus
an der Müggelspree wieder auf.
Serviert werden saisonale Ge-
richte der brandenburgischen
Küche im schönen Innenraum,
auf der Terrasse am Wasser und
im großen Biergarten. €–€€

✕ **Köpenicker Seeterrassen**
Müggelheimer Str. 1 A
Köpenick
S3: Köpenick; dann Tram 62:
Rathaus
✆ (030) 24 35 28 60
www.koepenicker-seeterrassen.
de, Mo–Sa ab 10, So ab 11 Uhr
Hier sitzt man wunderschön
am Wasser und genießt Kaffee
und Kuchen oder regionale
Speisen. €–€€

✕ ♩ **Ratskeller Köpenick**
Alt-Köpenick 21, im Rathaus
Köpenick
Tram 62: Rathaus Köpenick
✆ (030) 655 51 78
www.ratskellerkoepenick.de
Mo–Sa 11–23, So 11–22 Uhr
Urige Gaststätte mit gut-
bürgerlicher Küche. Der
»Hauptmann« bevorzugte
Schweinshaxe in Schwarz-
biersoße. Im dazugehörigen
Jazz-Keller spielen Solisten und
Bands (meist) freitags und/oder
samstags. Das Köpenicker Jazz-
und Bluesfestival (vgl. Service
A–Z/Feste) im Rathaushof ist
über die Grenzen des Bezirks
hinaus populär. €–€€

8 Von Wannsee bis Köpenick

Die Tradition lebt weiter: die wiederaufgebaute Gaststätte Neu-Helgoland an der Müggelspree

Lust auf was Neues? Dann raus zum Müggelsee, dort können Sie mit Nalani Sup das Stehpaddeln lernen

⊠ ◧ ◪ ⊠ ⌂ **Rübezahl**
Ferienpark Müggelsee
Müggelheimer Damm 143
Köpenick
S 3: Köpenick, dann Bus X69
Rübezahl
℗ (030) 656 61 68 80
www.ruebezahl-berlin.de
Tägl. 11.30–22 Uhr
Biergarten: April–Okt. tägl. ab
10, März–Nov. Sa/So ab 10 Uhr
Aus der traditionsreichen
Ausflugsgaststätte wurde
ein moderner Ferienpark mit
Ferienhäusern (mit Sauna und
Whirlpool), großem Fitnessan-
gebot, Wellness, Kunsteisbahn
im Winter, großem Abenteu-
erspielplatz, Bootsverleih,
Restaurant mit Terrasse und
dem historischen Biergarten am
Wasser. Hier gibt es Currywurst,
Bratwurst, Räuscherfisch, Kar-
toffelsalat – und Bier. €–€€

⊠ **Taverna Der Grieche**
Müggelseedamm 188

Friedrichshagen
S3: Friedrichshagen, dann
Tram 60: Josef-Nawrocki-Straße
℗ (030) 65 48 68 89
Mi–Fr 15–23, Sa/So 12–23 Uhr
Gute griechische Küche und
Ouzo vom Chef; diente in der
nur mäßig erfolgreichen Film-
komödie **Hai-Alarm am Müggelsee** (2013) als Schauplatz für
tiefgründelnde Gespräche. €

◨ **Schlossplatz Brauerei
Cöpenick**
Grünstr. 24, Köpenick
Tram 68: Rathaus Köpenick
℗ (030) 42 09 68 76
www.schlossplatzbrauerei-
koepenick.com
Mo, Mi, Fr/Sa ab 15, Di, Do, So
ab 10 Uhr
Die »kleinste Brauerei der
Welt« hat neben Klassikern wie
dem Schlossplatz-Bier wechselnde, vor Ort gebraute exotische
Sorten im Angebot. Raucher-
kneipe mit großer Terrasse.

Grunewald

Noch ist die ehemalige Abhör-station auf dem Teufelsberg dem Verfall preisgege-ben

Fit für eine Tour mit dem Fahrrad oder sogar zu Fuß (ca. 7–
8 km) und neugierig auf geheimnisvolle Orte? Dann machen
Sie sich auf in den Grunewald und auf den Teufelsberg, bevor
Sie weiter durch eine ruhige Wohngegend bis zum Olympia-
stadion wandern.
120 Meter hoch und damit der höchste, wenn auch künstli-
che Berg in Berlin: Der Teufelsberg im Westen der Stadt steckt
voller Geheimnisse und Geschichte. Als Teil von Albert Speers
Entwurf der »Welthauptstadt Germania« sollte im nördlichen
Grunewald, nahe am Olympia-Gelände, eine Hochschulstadt
entstehen. Die Grundsteinlegung für ein erstes Gebäude, die
»Wehrtechnische Fakultät«, übernahm Hitler 1937 selbst. Die
Bauarbeiten kamen nicht weit. Nach dem Krieg wurde der
Rohbau abgebrochen und mit dem Trümmerschutt der zerstörten Stadt aufgeschüttet. Die West-Berliner entdeckten
den Trümmerberg, der mit 180 000 Bäumen bepflanzt wur-
de, bald als Freizeitrevier. Es entstanden Skipiste, Rodelbah-
nen, Sprungschanze und ein Kletterfelsen; ein Skilift musste
1972 abgebaut werden: Er störte den Funkverkehr der US-
Streitkräfte, die Anfang der 1960er Jahre auf dem Gipfel eine
Radarstation und Abhöranlage errichtet hatten. Die West-
Alliierten belauschten hier den Osten. Das Gelände war streng
abgeschirmt und die genaue Tätigkeit blieb bis heute geheim.

Die weithin sichtbaren Kuppeln der Anlage aber wurden zu einer Art Wahrzeichen West-Berlins.

Nach der Wiedervereinigung wurde die Station aufgegeben, die Alliierten zogen 1994 ab und nahmen Mobiliar und Geräte mit. Ideen für eine neue Nutzung zerschlugen sich ebenso wie Pläne von Investoren. Ab 2003 waren die Gebäude dem Verfall und Vandalen ausgesetzt. Seit 2012 kümmern sich Künstler und Stadtführer in der Initiative Teufelsberg um die Rettung und Sicherung der verfallenen Reste. Führungen und Vermietungen sollen das Geld dafür einbringen.

Blick vom Teufelsberg nach Osten, links in der Ferne ragt der Fernsehturm in den Himmel, etwas weiter rechts der Funkturm

Olympiastadion und Olympiapark

Man muss nicht Fan von Hertha BSC sein oder Anhänger einer der Mannschaften, die sich im alljährlichen Pokalfinale des Deutschen Fußballbunds gegenüber stehen. Das Stadion im Westen Charlottenburgs ist auch ein historisch bedeutender Ort. Doch zunächst gilt die Aufmerksamkeit der schieren Größe des Bauwerks aus Muschelkalk mit seinem wie schwebend

Knapp 75 000 Zuschauer fasst das imposante Olympiastadion

erscheinenden Dach über den Zuschauerrängen. Das Stadion wurde im Vorfeld der Fußballweltmeisterschaft 2006 rundum modernisiert. Das spektakuläre Dach nach einem Entwurf der Architekten Gerkan, Marg und Partner erhielt eine Flutlichtbeleuchtung, die keinen Schatten wirft. Einmalig ist die blaue Laufbahn – die Farbe des hier heimischen Fußballclubs Hertha BSC. Wer eine Führung bucht, kann auch in das Allerheiligste vordringen: zu den Spielerkabinen, in die VIP-Lounges, zur Stadion-Kapelle und in die Küche des »Cooking Club« mit Aussicht auf das Spielfeld.

Erbaut wurde das Olympiastadion für die Olympischen Spiele 1936, die Hitler als Propagandaveranstaltung inszenierte, auf einem Gelände, das seit 1909 der sportlichen Ertüchtigung des Volkes diente. Ein Geschichtspfad durchzieht das weitläufige Areal und gibt auf 45 Informationstafeln Auskunft zu den einzelnen Sportstätten und zu den monumentalen Skulpturen, die den Park rahmen. Nach Kriegsende nutzten die britischen Alliierten bis 1994 das frühere »Reichssportfeld«. Nur das Olympiastadion und das Olympiabad durften von den West-Berlinern genutzt werden.

Am westlichen Ende des als Aufmarschgelände geplanten Maifelds erhebt sich der 77 Meter hohe Glockenturm. In seinem Sockelbau ist eine Ausstellung zum Olympiagelände und zur Berliner Sportgeschichte untergebracht. Von der Aussichtsplattform hat man einen herrlichen Blick auf das Olympiagelände und zur weit entfernten Stadt. Unmittelbar zu Füßen des Turms liegt in einer Mulde, der Murellenschlucht, die Waldbühne. Der Höhepunkt in Berlins schönster Open-Air-Arena ist jedes Jahr das Saisonabschlusskonzert der Berliner Philharmoniker vor 20 000 Zuhörern.

Wenn das Wetter mitspielt, sind die Konzerte in der Waldbühne ein unvergessliches Erlebnis

SERVICE & TIPPS

🏛 🍴 **Georg-Kolbe-Museum**
Sensburger Allee 25
Charlottenburg
S5: Heerstraße
℡ (030) 304 21 44
www.georg-kolbe-museum.de
www.cafe-k.com
Wegen Sanierung bis Mai 2016
geschl., danach tägl. außer Mo
10–18 Uhr
Eintritt € 5/3, bis 18 J. frei
Wechselnde Ausstellungen im
Atelier des Bildhauers Georg
Kolbe (1877–1947); Skulpturen-
garten unter Kiefern. Das nette
Café K in Kolbes Wohnhaus hat
eine große Kuchenauswahl,
kleine Gerichte und eine lauschige Terrasse. €

👁 📷 **Glockenturm**
Am Glockenturm 1
Charlottenburg
S5: Pichelsdorf oder Olympia-
stadion
℡ (030) 305 81 23
www.glockenturm.de
April–Okt. tägl. 9–18 Uhr
Eintritt € 4,50/2,50
Dauerausstellung über den
»Geschichtsort Olympiagelän-
de 1909 – 1936 – 2006« und
Aussichtsturm mit Blick bis zu
den Müggelbergen und nach
Potsdam.

👁 📷 🎧 **Olympiastadion und
Olympiapark**
Olympischer Platz 3
Charlottenburg
U2, S5: Olympiastadion
℡ (030) 25 00 23 22
www.olympiastadionberlin.de
April–Okt. tägl. 9–19 Uhr, Aug.
9–20, Nov.–März 10–16 Uhr
Eintritt (für Olympiastadion,
Olympia-Park und Glocken-
turm) € 7/5,50, Kinder € 4,
bis 6 J. frei, Familien € 16,
Audioguide € 3
Hertha BSC-Tour: April–Okt. sie-
he Internet, € 12/10,50, Kinder
ab 6 J. € 9, Familienkarte € 26
Highlight-Tour: April–Okt. 11,

13, 15 Uhr, Aug. auch 17, Nov.–
März 11 Uhr, € 11/9,50, Kinder
ab 6 J. € 8, Familienticket € 24
Sport- und Architekturgeschich-

te: März–Okt. So 11.30,
€ 13/11,50, Kinder ab 6 J. 10,
Familienticket € 28
Rundgang: Skulpturen und
Dokumentationstafeln er-
schließen die Geschichte des
Stadions und des ehemaligen
Reichsportfeldes.

👁 📷 📷 **Teufelsberg**
An der Teufelsseechaussee
Grunewald
S5: Heerstraße plus ca. 30 Min.
Fußweg; S7: Grunewald plus ca.
30 Min. Fußweg
℡ (0163) 858 50 96
www.berliner-teufelsberg.com
Tägl. 12– 16 Uhr stündl. »stille«
Rundgänge (ohne Erläuterung,
ab Tor der Anlage), € 7, unter
15 J. frei
Führungen mit historischen
Erläuterungen, Termine auf
Anfrage, ab S-Bahnhof Grune-
wald, Ausgang Eichkampstr.
€ 15/8, bis 15 J. frei
Führungen über das ehemalige
US-Spionageareal.

🌸 ♿ 🍴 🐾 **Naturschutzzentrum
Ökowerk Berlin e. V.**
Teufelsseechaussee 22
Grunewald
S7: Grunewald plus ca.
20 Min. Fußweg

*Garten des Georg-
Kolbe-Museums
mit »Tänzerinnen-
brunnen« von 1922*

*Das Buch zum
Berg: »Der Berliner
Teufelsberg –
Trümmer, Truppen
und Touristen«
Von Klaus Behling
und Andreas Jütte-
mann, Berlin-Story
Verlag, 48 S., € 5*

✆ (030) 30 0 00 50
www.oekowerk.de
April–Okt. Di–Fr 9–18, Sa/So/
Fei 12–18 Uhr, Nov.–März Di–Fr
10–16, Sa/So/Fei 11–16 Uhr
Eintritt Wasserleben € 2,50/1
Die Ökologische Bildungs- und
Tagungsstätte ist ein grüner
Lernort für Kinder und Schüler
mit Führungen und Workshops.
Das Gelände am Teufelssee mit
Imkerei, Streuobstwiese, einem
Bienenhotel und der Ausstel-
lung »Wasserleben« ist öffent-
lich zugänglich. Mit Bistro.

🕭 **Teufelssee**
Teufelsseechaussee
Grunewald
S7: Grunewald plus ca. 20 Min.
Fußweg
Beliebter Badesee mitten im
Naturschutzgebiet; nur am
Südufer darf gebadet werden.
Die meisten Besucher lassen
hier alle Hüllen fallen.

Spandau

Der Bezirk am Westrand Berlins hat eine Altstadt mit klein-
städtischem Charme am Zusammenfluss von Spree und Havel und eine große Nord-Süd-Ausdehnung, die geprägt ist
von Wald, Wiesen, Wasser und dörflichen Siedlungen. Sogar
Landwirtschaft wird bei Gatow und Kladow im Süden noch
betrieben.

Wichtigste Sehenswürdigkeit ist die **Zitadelle Spandau**. Italienische Festungsbaumeister errichteten im 16. Jahrhundert
in einer Ausbuchtung der Havel, dem heutigen Spandauer
See, nahe dem Ostufer ein Bollwerk, das zu den bedeutendsten und besterhaltenen Renaissancefestungen Europas zählt.
Zwei Bauwerke auf dem quadratischen, von Wällen, Mauern
und vier Bastionen gerahmten Gelände sind noch älter: der
30 Meter hohe Juliusturm aus dem 13. Jahrhundert, der von
den Zinnen schöne Ausblicke über die Havellandschaft bietet,
und der Palas, ein Saalbau aus dem 15. Jahrhundert, dessen
Gotischer Saal als Konzertsaal dient.

Bis 1945 wurde die Zitadelle in allen Epochen militärisch
genutzt, zuletzt unter den Nazis als »Heeresgasschutzlabora-

Hinter dem alten Gemäuer der Zitadelle Spandau rockt es mächtig bei Open-Air-Kon-zerten im Sommer

torium«. Suche und Beseitigung von Giftgasresten dauerten bis in die 1980er Jahre. Seither wurde die Zitadelle mit ihren verschiedenen Gebäuden und Bauteilen zum Schauplatz vielfältiger Kulturaktivitäten und populären Festen. Im Sommer übernimmt das »Citadel Music Festival« mit Pop-, Rock- und Metal-Konzerten die Regie über den großen Innenhof.

Künstler und Kunsthandwerker haben auf der Zitadelle Ateliers und Ausstellungsräume. Das Stadtgeschichtliche Museum im Zeughaus dokumentiert Spandaus Entwicklung von der slawischen Siedlung bis in die jüngere Vergangenheit. Im Kommandantenhaus wird die Geschichte der Festung nachgezeichnet. Mit der Ausstellung »Enthüllt. Berlin und seine Denkmäler« wird die Zitadelle vollends zur Geschichtsinsel. Die seit Herbst 2015 ausgestellten Denkmäler hatten alle einst ihren Platz im Stadtbild, bis sie nach politischen Umbrüchen entfernt wurden oder nicht mehr gefragt waren.

Eine weitere Attraktion der Zitadelle sind die Gewölbe, in denen bis zu 10 000 Fledermäuse überwintern.

Eines der größten Quartiere für Fledertiere in Europa sind die Gewölbe der Zitadelle. Wer sie beobachten will, besucht den Fledermauskeller

SERVICE & TIPPS

🏛☕🍴🐾✂✕🛍🎧 **Zitadelle Spandau**
Am Juliusturm 64, Spandau
U7: Zitadelle
✆ (030) 354 94 40
www.zitadelle-spandau.de
Tägl. 10–17 Uhr,
Eintritt inkl. Freigelände,
Stadtgeschichtliches Museum,
Juliusturm, Ausstellungen
€ 4,50/2,50, Familien € 10,
Audioguide € 2
Führungen: Mitte März–Okt.
Sa/So/Fei 11,13, 15 Uhr
Treffpunkt: Torhaus der
Zitadelle, € 3/2

– Citadel Music Festival
Aktuelle Bands von Rock & Pop
bis Hard & Heavy
www.citadel-music-festival.de

– Freilichtbühne an der Zitadelle
✆ (030) 333 40 21, www.
freilichtbuehne-spandau.de
Theater für Kinder; Sommertheater und Konzerte.

– Fledermauskeller
Haus 4, tägl. 12–17 Uhr
Führungen nach Anmeldung
✆ (030) 36 75 00 61
www.bat-ev.de
Schaugehege mit 200 Fledertieren sowie Ausstellung zum
Lebenszyklus der Fledermäuse.

– Zitadellenschänke
✆ (030) 334 21 06
www.zitadellenschaenke.de
Di–Fr 16–24, Sa 11–24, So
11–18, Café Mo–Fr 10–16 Uhr
Kulinarische Zeitreise ins Mittelalter. Mit Biergarten.
€€

Spandau ist auch gut mit dem Schiff zu erreichen: Von der Anlegestelle Lindenufer gibt es Fahrten von und nach Tegel, Wannsee und nach Charlottenburg mit Verlängerungsmöglichkeit zum Nikolaiviertel in Mitte.
www.sternund kreis.de

Schloss Schönhausen

Ein eher bescheidenes Schloss in der Berliner Kulturlandschaft, aber ein Ort, an dem Geschichte geschrieben wurde – mehrmals in 300 Jahren: Schloss Schönhausen im Norden Berlins führt Momente der preußisch-deutschen Geschichte und Politik wie in einem Zeitraffer vor Augen. Man sieht es dem Museumsschloss nicht an, welcher Aufwand bei der Sanierung

(2005–09) des Hauses, welche Sorgfalt bei der Restaurierung der Innenräume erforderlich war, um einen besucherfreundlichen Zustand herzustellen und gleichzeitig das Original, die Brüche und die Veränderungen zeigen zu können.

1740, im Jahr seiner Thronbesteigung, schenkte Friedrich der Große das Anwesen, das zuvor schon sein Großvater Kurfürst Friedrich III./König Friedrich I. genutzt hatte, seiner ungeliebten Gemahlin Elisabeth Christine (1715–97). Während Friedrich Sanssouci zu seinem Lieblingsort erkor, verbrachte die Königin bis zu ihrem Tod nahezu jeden Sommer in Schönhausen und ließ das Schloss nach ihrem Geschmack gestalten und ausbauen. Bedeutendste Zeug-

Elegant geschwungen führt die doppelläufige Haupttreppe im Schloss Schönhausen über drei Etagen

nisse aus dem 18. Jahrhundert sind der mit Stuck verzierte Rokoko-Festsaal im Obergeschoss und das eindrucksvolle Treppenhaus. Die Räume im Erdgeschoss zeigen zudem Kunstwerke und private Gegenstände aus dem Besitz der Königin. Die Papiertapeten mit Blumenmuster sind original erhalten und restauriert.

Im 19. Jahrhundert und bis zum Ende der Monarchie 1918 bekam Schloss Schönhausen nur gelegentlich königlichen Besuch. In der Zeit des Nationalsozialismus fanden Kunstausstellungen statt, bis in den Räumen »Entartete Kunst« gelagert wurde.

Den Zweiten Weltkrieg überstand der Schlossbau im nördlichen Bezirk Pankow ohne Schäden. Die sowjetische Besatzungsmacht richtete zunächst ein Offizierskasino, später eine Schule ein. Mit Gründung der DDR im Oktober 1949 bestimmte die Staatsführung das Gebäude zum Amtssitz des ersten und einzigen DDR-Präsidenten Wilhelm Pieck. Er residierte von 1949 bis 1960 in Schönhausen und empfing im eigens für ihn angelegten Schlossgarten hohe Staatsgäste.

Piecks Amtszimmer ist mit den originalen Möbeln, die im Deutschen Historischen Museum überdauert hatten, im Obergeschoss zu sehen. Erich Honeckers Zeitgeschmack repräsentiert das anschließende Kaminzimmer im Pseudo-Barock. Besucher staunen heute am meisten über ein Apartment aus der Zeit, als das Schloss Staatsgästehaus der DDR war (1964-1990). Das Damenschlafzimmer im Rokoko-Stil kontrastiert mit den knallig lila Fliesen im angrenzenden Badezimmer. Zu den Gästen, die im Schloss nächtigten, gehörten Indira Gandhi, Fidel Castro und als letzter Staatsgast zum 40-jährigen Jubiläum der DDR im Oktober 1989 der sowjetische Präsident Michail Gorbatschow.

Das Schlossensemble umfasst weitere bauliche Anlagen. In einem Konferenzsaal wurden 1990 bei den Tagungen des

Zentralen Runden Tisches und beim Außenministertreffen der »Zwei-plus-Vier-Gespräche« die Weichen zur deutschen Wiedervereinigung gestellt.

SERVICE & TIPPS

🏛👁📖 **Schloss Schönhausen**
Tschaikowskistr. 1, Pankow
U-/S-Bahn: Pankow, weiter mit Tram M1: Tschaikowskistraße
✆ (03 31) 969 42 00
www.spsg.de
April–Okt. tägl. außer Mo 10–18 Uhr, Nov.–März Sa/So/Fei 10–17 Uhr, Eintritt € 6/5, Familien € 12
300 Jahre Geschichte zum Anschauen bergen die behutsam restaurierten Räume und Säle.

– 🏛 **Torhäuser des Schlosses Schönhausen**
Ossietzkystr. 44, Pankow
www.pankower-machthaber.de
Tägl. 10–18 Uhr
Ausstellung über »Die Pankower Machthaber im Schloss Schönhausen«.

– 🌳 **Schlossgarten und -park**
Der kleine ummauerte Garten am Schloss wurde im Stil der 1950er Jahre angelegt. Der östlich angrenzende große Schlosspark entlang der Panke – der Fluss gab dem Bezirk seinen Namen – ist Volkspark mit Rad- und Spazierwegen, Liegewiesen und Spielplätzen.

👁 **Majakowskiring**
Die Führungsriege der DDR lebte, abgeschirmt vom Volk, im Pankower »Städtchen« und da vor allem in den großzügigen Villen und Landhäusern am oval angelegten Majakowskiring. Heute ist dies eine beliebte Wohngegend mit zahlreichen Neubauten.

☕🛍📖 **Schönhausen**
Florastr. 27, Pankow
✆ (030) 42 0045 36
www.schoen-hausen.de
Tägl. 10–18 Uhr
Sympathisches kleines Café mit Spielzimmer und putzigem Laden für Schnickschnack. 🕸

Schloss Schönhausen, Gartenseite

OASEN IN DER STADT
PLÄTZE ZUM ENTSPANNEN

Müde Füße vom Sightseeing und Shoppen? Oder Lust auf ein Naturerlebnis mitten in der Stadt? Berlin bietet mit mehr als 2500 öffentlichen Grünanlagen nahezu an jeder Ecke Gelegenheit für eine Erholungspause, die man auch zur Stärkung nutzen oder mit Aktivitäten verbinden kann. Und wenn es mal draußen stürmt und regnet, kann man sich im Tropenhaus in warme Gefilde träumen.

Am Rand des Britzer Gartens steht die 20 m hohe Britzer Mühle

In der Sophienkirche finden auch Kulturveranstaltungen statt

⬡ ✿ ✕ ♿ Heckmann Höfe
Eingänge Auguststr. 9 und Oranienburger Str. 32, Mitte
S1/2/25: Oranienburger Straße
An der belebten Oranienburger Straße, lockt ein romantischer Hof. Der Eingang ist unauffällig und eng. Doch dann weitet sich der Durchgang zu einem lauschigen Platz mit Bänken und einem Springbrunnen, umgeben von kleinen Remisebauten mit Läden, Theater und einem Restaurant.

⬡ ✿ Sophienkirche
Große Hamburger Str. 31, Mitte
S5/7/75: Hackescher Markt
✆ (030) 308 79 20
www.gemeinde-am-weinberg.
de, tägl. 13–18, So auch vor und nach dem Gottesdienst um 10 Uhr
Raus aus der Hektik am Hackeschen Markt, rein in die Sophienstraße und weiter zur Großen Hamburger Straße, dort ist der Eingang zur Sophienkirche, die 2012 ihr 300-jähriges Bestehen feierte. Die evangelische Pfarrkirche der Spandauer Vorstadt, 1710–12 erbaut, ist mit ihrem schlanken, 69 m hohen Turm weithin sichtbar. Der Turm wurde erst 1735 aufgesetzt und seither kaum verändert. Auch den zweiten Weltkrieg hat die Kirche fast unbeschadet überstanden.
Der grau-weiße Kirchenraum, die Gestaltung stammt von 1892, ist ein stiller Ort – an dem mitunter Orgelmusik oder Gesang zu hören ist.

✿ 🏛 ▼ Botanischer Garten und Botanisches Museum Berlin-Dahlem
Königin-Luise-Str. 6–8
Dahlem
Bus X83/101: Königin-Luise-Platz
2. Eingang: Unter den Eichen 5–10
Bus M48: Botanischer Garten
✆ (030) 83 85 01 00
www.botanischer-garten-berlin.
de, tägl. ab 9 Uhr, Nov.–Jan. bis 16, Feb. bis 17, März, Okt. bis 18, Sept. bis 19, April, August bis 20, Mai–Juli bis 21 Uhr
Eintritt € 6/3, Museum
€ 2,50/1,50
Von den Alpen zum Kaukasus, vom tropischen Regenwald in den heimischen Buchenwald, vom Kräutergarten zur Blumenwiese, von Kakteen zu Orchideen: Im Botanischen Garten liegen die Klimazonen der Welt dicht beieinander und entfalten ein spektakuläres Pflanzenreich. Mehr als 20 000 Pflanzenarten werden bewahrt, gepflegt und – der Botanische Garten Berlin

ist eine Einrichtung der Freien Universität – wissenschaftlich erforscht. Auf ausgewiesenen jahreszeitlichen Pfaden lassen sich die Blüten der Saison und andere Besonderheiten leicht entdecken. Publikumsfavorit ist das Große Tropenhaus mit Riesenbambus, Palmen, Bromelien und Orchideen. Auch die Jugendstilarchitektur ist eindrucksvoll. In den anderen Schaugewächshäusern führt die Reise durch die Wüsten Südafrikas und das regenreiche Ostasien bis zur Flora am Mittelmeer, die besonders im Frühjahr mit einem Blütenmeer erfreut.

🌳🍃🍂 Britzer Garten
Sangerhauser Weg 1
Mariendorf
U6: Alt-Mariendorf
© (030) 700 90 60
www.gruen-berlin.de
Tägl. ab 9 Uhr bis zum Einbruch der Dunkelheit
Eintritt € 2/1, Zuschlag bei Veranstaltungen/Sonderschauen
Im Frühjahr erfreuen die Tulpen mit »Tulipan«, im Spätsommer entzünden die Dahlien ein wahres »Dahlienfeuer« und die »Zauberblüten« im Rhododendronhain haben im Mai/Juni ihren großen Auftritt mit einer eigenen Blütenschau. Der Erho-

lungspark (90 ha) im Neuköllner Stadtteil Britz, zur Bundesgartenschau 1985 angelegt, ist zu einem der schönsten Gärten Deutschlands herangewachsen. Man spaziert zwischen Hügeln und Tälern an sanft abfallenden Wiesen und Obstbäumen vorbei zu Blumen- und Kräuterbeeten sowie weiteren Themengärten. Bäche und mittendrin ein großer See formen eine Wasserlandschaft. Überall laden Bänke und Liegewiesen sowie Spielbereiche für Kinder und Erwachsene (Gartenschach) zum Verweilen ein. Schön sitzt man auch im Café Festplatz direkt am See.

🌳👁🍂 Friedhöfe
Vielleicht nicht der erste Gedanke, eine Pause vom Stadttrubel ausgerechnet auf einem Fried-

60 m lang, 29 m breit und 25 m hoch ist das Große Tropenhaus im Botanischen Garten

Der Chinesische Garten, Teil der Gärten der Welt, ist der größte seiner Art in Europa

Islamische Gartenkultur spiegelt sich im Orientalischen Garten wider

Für den Geschichtspark ehemaliges Zellengefängnis Moabit erhielten die Landschaftsarchitekten Glaßer & Dagenbach 2007 den Deutschen Landschaftsarchitekturpreis

hof einzulegen, doch Friedhöfe bieten eines garantiert: Ruhe und Stille – und für unentwegte Stadtentdecker auch neue Einsichten in die Kulturgeschichte, denn viele Berühmtheiten, die in Berlin gelebt, gearbeitet, geforscht haben, sind auch hier begraben.

– Alter St.-Matthäus-Kirchhof
Großgörschenstr. 12–14
Schöneberg
S1, U7: Yorckstraße
℃ (030) 781 18 50
www.stiftung-historische-friedhoefe.de
Tägl. Mai–Aug. 8–20, April, Sept. bis 19, März, Okt. bis 18 Uhr, Feb., Nov. bis 17, Dez./ Jan. bis 16 Uhr
Der denkmalgeschützte Kirchhof, 1856 gegründet, war Begräbnisstätte für wohlhabende Wissenschaftler, Künstler und höhere Beamte, die sich in aufwendig gestalteten Wandgräbern, Mausoleen und durch Bildwerke verewigen ließen, u. a. die Gebrüder Grimm, Rudolf Virchow und der Komponist Max Bruch. In einem Haus neben dem Eingangstor lädt das Café finovo mit Kaffee und Kuchen zum stillen Gedenken und lebhaften Erinnern über das Ende (fin) und einen Neubeginn (novo) ein.

– Dorotheenstädtischer Friedhof
Chausseestr. 126, Mitte

U6: Oranienburger Tor
℃ (030) 282 61 19
Jan, Dez. tägl. 8–16, Febr., Nov. 8–17, März, Okt. 8–18, April, Sept. 8–19, Mai–Aug. 8–20 Uhr
Hier ruhen u. a. Karl Friedrich Schinkel, Bertolt Brecht, Helene Weigel, Georg Wilhelm Friedrich Hegel, Johann Gottlieb Fichte, Heinrich Mann, Heiner Müller, Bernhard Minetti, Herbert Marcuse, Johannes Rau, Christa Wolf, Otto Sander. Ein Plan gibt Auskunft über die Lage der wichtigsten Gräber.

– Kreuzberger Friedhöfe
Vgl. Kreuzberg-Kapitel S. 81.

⬆⬇ Gärten der Welt im Erholungspark Marzahn
Eisenacher Str. 99, Marzahn
S7: Marzahn, dann Bus 195
U5: Hellersdorf, dann Bus 195
℃ (030) 700 90 66 99
Sa/So/Fei 2. Eingang:
Blumberger Damm
S7: Mehrower Allee, dann Bus X69
Nov.–Feb. tägl. 9–16, März, Okt. 9–18, April–Sept. 9–20 Uhr
Eintritt April–Okt. € 5/1,50, Nov.–März € 2/1, bis 5 J. frei
Der nordöstliche Bezirk Marzahn-Hellersorf steht meist nicht auf dem touristischen Besuchsprogramm. Doch die Gärten der Welt lohnen jede weite Anreise. Und Zeit sollte man mitbringen. Hervorgegangen aus der »Berliner Gartenschau« 1987 zu ehemals landwirtschaftlich genutzten Flächen, begann 1991 die Umgestaltung zum »Erholungspark Marzahn«. Große Spiel- und Liegewiesen wurden angelegt, neue Spielplätze geschaffen, Bäume gepflanzt und die »Sondergärten« erneuert. Nach und nach entstanden einzigartige Themengärten. Mit dem Chinesischen Garten als »Garten des wiedergewonnenen Mondes« eröffnete im Jahr 2000 der größte chinesische Garten in

Europa, geplant und ausgeführt von Experten aus Peking. Weitere stimmungsvolle »Gärten der Welt« kamen hinzu und entführen heute nach Japan, Korea, Bali und in den Orient. Europa ist mit einem Christlichen Garten, einem Irrgarten, einem Renaissancegarten und dem Karl-Foerster-Staudengarten vertreten.

30 Jahre nach der »Berliner Gartenschau« in der DDR findet die Internationale Gartenschau 2017 auf dem bis dahin erweiterten Gelände statt. Dann soll es auch eine Seilbahn über die Gärten der Welt und auf den südlich anschließenden 102 Meter hohen Kienberg geben.

🌳⊙ Geschichtspark ehemaliges Zellengefängnis Moabit

Lehrter Str./Invalidenstr., Moabit
U-/S-Bahn: Hauptbahnhof
April–Sept. tägl. 8–20, Okt.–
März 8–16 Uhr
Eine Mauer umschließt den Park, der Eingang gleicht einer Gefängnistür: Der Geschichtspark ist Gedenkstätte am authentischen Ort. Hier stand ab 1849 das Zellengefängnis Moabit, das preußischen Gefangenen durch Einzel- statt Gemeinschaftszellen die Haft erleichterte und unter den Nazis zum Ort der politischen Unterdrückung, Folter und Mord wurde. Schuster Voigt, der »Hauptmann von Köpenick«, und der Dichter Wolfgang Borchert gehörten zu den prominenten Insassen. 1958 wurde das Gefängnis abgerissen.

2006 wurde auf dem Gelände gegenüber dem Hauptbahnhof ein architektonischer Park eröffnet, der durch Baumgruppen und Bodenerhebungen Lage und Größe des Gebäudes andeutet. Die räumliche Enge einer Zelle gibt eine Betonskulptur wieder. Weitere Kunstwerke und Klanginstallationen vermitteln einen Eindruck vom Gefängnisalltag. Trotz des bedrückenden Hintergrundes ist der Park ein angenehmer, wenig besuchter Ruhepunkt. Und wenn die Bahn mal wieder Verspätung hat, kann man hier die Wartezeit überbrücken.

🌳⊟🎣 Lietzenseepark

Lietzenseeufer, Charlottenburg
U2: Sophie-Charlotte-Platz
Bootshaus Stella am Lietzensee
Witzlebenplatz 1 A
℅ (030) 322 35 62
April–Okt. ab 11 Uhr, Nov.–März Sa/So 11–18 Uhr
Die Wohnungen mit Blick auf den Lietzensee sind seit jeher begehrt. Mitten im Wohngebiet Charlottenburg nahe dem Messegelände rahmt der Park den c-förmig gebogenen Lietzensee, der in einer Mulde liegt. Spaziergänger, Familien mit und ohne Kinderwagen, Hundehalter, Jogger, Radfahrer machen gerne die Runde um den See. Nur am Ostufer muss man für ein kurzes Stück auf Seeblick verzichten – den genießen umso mehr die Gäste des Terrassenrestaurants am Hotel Seehof. Am nördlichen Ufer ist das **Bootshaus Stella am Lietzensee** ab den ersten Frühlingsstrahlen ein besonders begehrter Platz. Hier kann man den Enten zuschauen und auf den Sonnenuntergang warten. Kaffee, Kuchen, Imbiss, Pizza und Salate in Selbstbedienung.

Unterhalb der Wundtstraße gibt es einen Senioren-Aktivplatz mit fest installierten Sportgeräten, die nicht nur von Senioren kostenlos genutzt werden können. Wer sich lieber unter Anleitung bewegt: Mittwochs von 15 bis 16 Uhr steht ein Coach zur Verfügung.

🌳🎠⛰ Humboldthain

Zwischen Brunnenstraße, Gustav-Meyer-Allee, Hussitenstraße, Wedding

Ein Schmuckstück im Wedding: der Humboldthain

Am Neuen See kann man Ruderboote ausleihen und am Café zu einer Bootstour starten

Locker entspannen auf die Berliner Art, an lauen Sommerabenden natürlich draußen ▷

U-/S-Bahn: Gesundbrunnen, S1/2/25 Humboldhain
www.berlinerbaeder.de
Was für ein Duft, welch gepflegte Anlage: Der Rosengarten, wunderschön gestaltet auf einem Plateau über der Brunnenstraße, ist eine wahre Oase und mit Gattern vom übrigen Volkspark abgetrennt. Hauptanziehungspunkt ist die **Humboldthöhe**, ein Aussichtsberg, 85 Meter hoch, unter dem ein Flakturm begraben ist.

Der Volkspark Humboldthain im Weddinger Ortsteil Gesundbrunnen war im Zweiten Weltkrieg stark umkämpft und am Ende zerstört. Die später gesprengten Reste des Gefechtsbunkers und eines kleineren Bunkers wurden mit Trümmerschutt angeschüttet. Von der Aussichtsplattform reicht der Blick weit nach Norden über die Stadtgrenze hinaus, auf der Westseite bis zur westlichen Innenstadt. An der steil herausragenden Bunkernordwand üben Mitglieder des Deutschen Alpenvereins das Klettern. Das Innere des Bunkers kann man im Rahmen einer Führung erkunden (vgl. S. 231).

Der kleinere Bunkerberg im Park dient im Winter als Rodelbahn.

1869, zum 100. Geburtstag Alexander von Humboldts, begannen die Arbeiten an diesem Volkspark, der für die arme Bevölkerung des dicht besiedelten Weddings zur Erholung geplant war. Und auch heute nutzen die Weddinger den großen Park gerne für Spiel, Sport und Erholung. Auch ein Freibad gibt es am Fuß der Humboldthöhe.

🌳✖🚻 **Volkspark Friedrichshain**
Vgl. S. 97

🦜🚻 **Volieren im Neuen Kranzler Eck**
Zwischen Kurfürstendamm,

Joachimsthaler- und Kantstr. Charlottenburg
U1/9: Kurfürstendamm
Vorne der Kurfürstendamm, hinten die Kantstraße, seitlich die Joachimsthaler Straße und mittendrin exotisches Vogelzwitschern. In zwei großen Volieren flattern rund 100 buntgefiederte Sittiche, Prachtrosellas und Goldfasane. Anliegende Cafés stellen Tische und Stühle und große Blumenkübel auf den Platz und auch an den Volieren gibt es Sitzgelegenheiten, um die bunten Vögel zu bewundern und ihren Rufen zu lauschen – fast wie im Urwald.

🅿✖🚻 **Café am Neuen See**
Lichtensteinallee 2, Tiergarten
Bus 100: Nordische Botschaften
✆ (030) 254 49 30
www.cafeamneuensee.de
Restaurant tägl. ab 9 Uhr, Biergarten Mo–Fr ab 11, Sa/So ab 10 Uhr
Zwischen Landwehrkanal und dem Großen Weg im Tiergarten breitet sich der Neue See mit vielen Armen und kleinen Inseln aus, eine Oase zwischen schilfbewachsenen Ufern. Unter schattigen Bäumen am südöstlichen Ufer liegt das Café am Neuen See, ein romantisches Blockhaus mit preußischen Reminiszenzen – hier befand sich schon Mitte des 19. Jh. ein Ausflugslokal – und schöner Terrasse. Hier kann man tagsüber die Stille genießen, hört Vögel zwitschern und dann und wann vom Zoo her ein wildes Tier brüllen.

An Sommerabenden erlebt man aber wahre Pilgerströme in einen der schönsten und größten Biergärten Berlins. Dort regiert Selbstbedienung (Pizza, Brezeln, Leberkäse). Das Restaurant-Café serviert saisonale Gerichte. Sportliche Menschen und Romantiker leihen sich ein Boot aus und rudern hinaus in den Sonnenuntergang. ❈

ERLEBEN & GENIESSEN

ÜBERNACHTEN

HOTELS, HOSTELS UND PENSIONEN

Berlin boomt! Die Touristenzahlen steigen Jahr für Jahr und der Hotelmarkt wächst mit. Mehr als 137 000 Betten stehen in rund 820 Beherbergungsbetrieben bereit. Und weitere kommen hinzu! Es gibt kleine, feine Boutique-Hotels, außergewöhnliche Luxushotels, ganz »normale« Unterkünfte mit allem notwendigen Komfort, einige letzte Alt-Berliner Pensionen, und es werden immer mehr große Häuser eröffnet. Das Estrel in Neukölln etwa will seinen bereits 1125 Zimmern noch 700 hinzufügen, in einem Turm, der mit 170 Metern alle Hochhäuser der Stadt überragen soll.

Auch Hostels und ähnliche Unterkünfte mit günstigen Preisen werden immer größer und zahlreicher. Und doch sind zu besonderen Anlässen, zu Messen und Festivals, die Betten knapp. Wer also in seinem Wunschhotel logieren möchte, sollte frühzeitig buchen. Viele Häuser bieten attraktive Arrangements und ermäßigte Frühbuchertarife und/oder Wochenendpauschalen an. Generell gilt: Nirgendwo sonst in Europa kann man so preisgünstig übernachten!

Seit 2014 erhebt Berlin in allen Hotels, Hostels, Pensionen, Ferienwohnungen und auf Campingplätzen von Privatreisenden eine **City Tax**-Tourismusabgabe in Höhe von fünf Prozent des Netto-Übernachtungspreises. Achtung: Die City Tax ist nicht im Zimmerpreis enthalten und wird auf der Rechnung zusätzlich ausgewiesen. Geschäftsreisende sind übrigens von dieser Steuer ausgenommen, Haustiere jedoch nicht.

Die hier angegebenen Preiskategorien gelten für ein Doppelzimmer. Frühstück ist in der Regel nicht eingeschlossen.

€	–	bis 80 Euro
€€	–	80 bis 150 Euro
€€€	–	150 bis 250 Euro
€€€€	–	über 250 Euro

Designhotels

⬛❌🍸🍽️💲🏊 **Soho House Berlin**
Torstr. 1, Mitte, Tram M4/5/6/8: Moll-/Otto-Braun-Straße, ✆ (030) 30 40 50 440
www.sohohouseberlin.de
George Clooney wohnt gerne hier, Madonna war auch schon da: Das Soho House Berlin ist ein Private Member Club,

vermietet seine extravagant möblierten Zimmer von »tiny« unterm Dach (18 m²) bis »extra large« (118 m²) aber auch an weniger prominente Menschen. Die müssen vor der Buchung u. a. versichern: keine Fotos, kein Handy. Das Haus mit der markanten Fassade, 1928/29 als Warenhaus erbaut, hatte einen jüdischen Besitzer, wurde 1937 zum Bürohaus für die Reichsjugendführung der NSDAP und 1942 an die NSDAP verkauft. 1946 zog zunächst der Parteivorstand der SED, später das SED-Zentralkomitee in das »Haus der Einheit«.

Heute verfügt das Hotel u.a. über ein Kino und Spa im Keller und einen spektakulären Pool auf der Dachterrasse. €€€€

Minimalistisch elegant gibt sich das Hotel Q!

▭✕🍸⑨🏊 The Mandala Hotel
Potsdamer Str. 3, Tiergarten
U-/S-Bahn: Potsdamer Platz
✆ (030) 590 05 00 00, www.themandala.de
Spitzenlage am Potsdamer Platz. Große Zimmer (das kleinste City-Studio hat 40 m²) in hellem, freundlichen Design. Exklusiver Ono-Spa (vgl. S. 227), Zwei Restaurants: Qiu und das Sternerestaurant Facil. €€€€

▭✕🍸🏊 Casa Camper Berlin
Weinmeisterstr. 1, Mitte
U8: Weinmeisterstraße
✆ (030) 20 00 34 10, www.casacamper.com
Barcelona in Berlin: Das Boutique-Hotel (51 Zimmer und Suiten) nahe dem Hackeschen Markt überrascht mit minimalistischem Design. Im Preis sind Frühstück, WLAN sowie ganztägig Getränke und frisch zubereitete kleine Speisen enthalten. Die stehen bereit in der Lounge-Bar Tentempié (Erfrischungen) im Dachgeschoss. Ebenfalls gratis: der Ausblick auf Berlin. Das ebenfalls aus Barcelona importierte Restaurant-Konzept des Dos Palillos (✆ 030-20 00 34 13, www. dospalillos.com, €€€) setzt auf asiatische Gerichte, serviert im Tapas-Stil. €€€

▭✕🏊 COSMO Hotel Berlin Mitte
Spittelmarkt 13, Mitte
U2: Spittelmarkt
✆ (030) 58 58 22 22, www.cosmo-hotel.de
Ein Haus für unternehmungslustige Leute, die in die bunte Szene Berlins eintauchen wollen. Der Concierge gibt die besten Tipps für angesagte Restaurants, Bars, Clubs und zum Shopping. Die 84 Zimmer haben ein klares funktionales Design, große isolierte Fenster und allen technischen Komfort. Das

Hotel setzt auf Nachhaltigkeit; im Restaurant Scent wird mit regionalen und fair gehandelten Produkten gekocht. €€–€€€

▭🍸⑨ HOTEL Q!
Knesebeckstr. 67, Charlottenburg
Bus M29/109: Bleibtreustraße
www.hotel-q.com
✆ (030) 810 06 60, www.hotel-q.com
Umweltfreundlich und ugewöhnlich. Das minimalistische und kühne Design trägt die Handschrift der GRAFT-Architekten. Die Badewanne schließt unmittelbar ans Bett an. Mit schickem Wellnessbereich und angesagter Bar. €€-€€€

▭✕🍸⑨🏊 nhow Berlin
Stralauer Allee 3, Friedrichshain
U-/S-Bahn: Warschauer Straße
✆ (030) 290 29 90, www.nh-hotels.de
Europas erstes Music & Lifestyle Hotel ist wie gemacht für die benachbarte Medienbranche und überrascht mit mutigen Farben und Formen. Mit Terrasse und Restaurant an der Spree. €€

▭✕🍸⑨ 25hours Hotel Bikini Berlin
Budapester Str. 40, Charlottenburg
U-/S-Bahn: Zoologischer Garten
✆ (030) 26 36 95 94, www.25hours-hotels.com
»Urban Jungle« in Berlin: Der benachbarte Zoo hat die Designer inspiriert. So blickt man im ganzen Haus auf üppige Pflanzen, aus der Sauna und vielen Zimmern direkt

auf den Zoo, kann in Hängematten oder auf Kissen relaxen und genießt von der Terrasse im zehnten Stock die Aussicht auf die ganze Stadt – und dort oben im Restaurant Neni (€–€€) ostmediterrane Küche oder in der Monkey Bar einen kühlen Cocktail. Die 149 freundlich Zimmer haben ein klares Design und viele verspielte Details. Top: Kostenlose Leihfahrräder. €€

Von Luxus bis Budget

▬✕🍴≋⚙🏊 Das Stue

Drakestr. 1, Tiergarten
Bus 100: Nordische Botschaften
✆ (030) 311 72 20, www.das-stue.com
Der Prachtbau mit imposantem Treppenaufgang wurde 1939 als Königlich Dänische Gesandtschaft erbaut. Im Inneren überrascht modernes spanisches Design; an den Wänden ziehen Werke berühmter Fotografen die Blicke an. Zimmer und Suiten haben hohe Räume mit Blick auf den Zoo oder den Park. Avantgarde auch in der Küche: Paco Pérez wurde für sein Restaurant Cinco mit einem Michelin-Stern ausgezeichnet. Spa mit Pool, Sauna und Fitness, Yoga im Garten. €€€€

▬✕🍴≋⚙🏊 Grand Hyatt Berlin

Marlene-Dietrich-Platz 2, Tiergarten
U-/S-Bahn: Potsdamer Platz
✆ (030) 25 53 12 34
www.berlin.grand.hyatt.de
Edles Design und höchster Komfort: Das Grand Hyatt lässt keine Luxuswünsche offen. Das zieht internationale Prominenz an. Im Vox Restaurant wird in der offenen Showküche exzellent gekocht; die Vox Bar gilt als eine der besten Bars Deutschlands, nicht nur wegen der 300 Whisky-Sorten. Toller Spa auf dem Dach mit Edelstahlpool (vgl. S. 226). €€€€

▬✕🍴≋⚙🏊 Hotel Adlon Kempinski

Unter den Linden 77, Mitte
U-/S-Bahn: Brandenburger Tor
✆ (030) 226 10, www.kempinski.com
Das elegante Grand Hotel nahe dem Brandenburger Tor ist eine Rekonstruktion (mit einem Stockwerk mehr als das Original), doch die Legende lebt: Hier nahm Kaiser Wilhelm II., der das Haus 1907 eröffnete, gerne ein Bad, hier wurden in den 1920er Jahren rauschende Bälle gefeiert, gingen die Prominenten der Zeit ein und aus oder blieben als Stammgast. Das neue Adlon hat sich schon allein wegen der Lage einen Spitzenplatz in der Luxuswelt erobert: tolle Lobbybar, edle Zimmer, Wellness mit Pool und vier Restaurants, darunter das mit zwei Michelin-Sternen ausgezeichneten Lorenz Adlon Esszimmer. €€€€

Eindrucksvoller Empfang im Stue, dem ersten Luxus-Boutique-Hotel Berlins

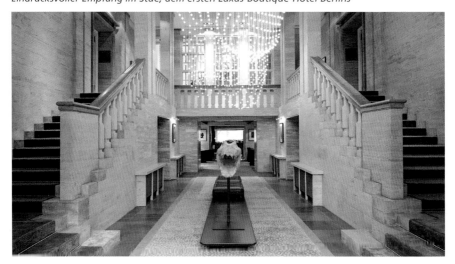

⌨✕🍴♨☺🛫 **Hotel de Rome**
Behrenstr. 37, Mitte
U6: Französische Straße
✆ (030) 460 60 90
www.hotelderome.de
Luxuriöse Zimmer und Suiten im einstigen
Hauptquartier der Dresdner Bank. Die
Suiten nehmen die frühere Vorstandseta-
ge ein. Viele Details im Haus wie Säulen,
Glasdecken, Stuckelemente, Treppenhäuser
sind original erhalten. Die ehemalige Schal-
terhalle ist heute Ballsaal, der Tresorraum
im Keller ein großer Wellnessbereich mit
20-m-Pool. Großartig: die Lounge auf der
Dachterrasse. Mit Gourmetrestaurant und
Bebel Bar. €€€€

⌨✕🍴♨☺🛫 **The Ritz-Carlton**
Potsdamer Platz 3, Tiergarten
U-/S-Bahn: Potsdamer Platz
✆ (030) 33 77 77, www.ritzcarlton.com
Karl Friedrich Schinkel, Berlins Stararchitekt
des 19. Jh., stand Pate bei der Ausstattung
der 303 edel-gediegenen Zimmer und
Suiten. Der persönliche Service wird groß
geschrieben. Zum Verwöhnprogramm
gehören Whirlpool, Saunen, Pool und auf
Wunsch ein Butler. €€€€

⌨✕🍴♨☺🛫 **Waldorf Astoria Berlin**
Hardenbergstr. 28, Charlottenburg
U-/S-Bahn: Zoologischer Garten
✆ (030) 814 00 00
www.waldorfastoria.com
Hoch hinaus mit allem Luxus: Die Zimmer
sind groß und klassisch-elegant und bieten
– je höher, je besser – herrliche Ausblicke
auf die Stadt. Mit Guerlain Spa (vgl. S. 226),
Gourmet-Restaurant Les Solistes, Romani-
schem Café und Peacock Gallery Bar. €€€€

⌨✕🍴♨☺🛫 **DORMERO Hotel Berlin
Ku´damm**
Eislebener Str. 14, Charlottenburg
U3: Augsburger Straße
✆ (030) 21 40 50, www.dormero.de
Fünf Sterne in einem ehemaligen Wohn-
haus, individuell ausgestattet im edel-
nüchtern-funktionalen Bauhaus-Design.
Japanisch gestalteter Innenhof und Winter-
garten. €€€–€€€€

⌨✕🍴☺🛫 **Hotel am Steinplatz**
Am Steinplatz 4, Charlottenburg
U-/S-Bahn: Zoologischer Garten
✆ (030) 55 44 44 40, www.marriott.de

*Stilvoll gestaltet sind die Gästezimmer im
ackselhaus – hier das Zimmer Strandhaus*

Stilvoll modern und individuell ausgestattete Zimmer in einem aufwendig restaurierten Jugendstilbau. Der war schon in den
1950er Jahren bevorzugter Ort der (Film-)
Prominenz. Das neue Boutique-Hotel lässt
in Design und Ausstattung die Zwanziger
Jahre wieder aufleben. Mit Restaurant &
Bar sowie Spa-Bereich und Fitness-Raum
mit Aussicht über Berlin. €€€–€€€€

⌨✕🍴♨☺🛫 **The Westin Grand Berlin**
Friedrichstr. 158–164, Mitte
U6: Französische Straße
✆ (030) 202 70, www.westingrandberlin.com
Glamouröse Lobby mit effektvoller Frei-
treppe unter einem 30 m hohen Glas-
Atrium. Die Zimmer und Suiten liegen zum
idyllischen Garten oder zum Boulevard
Unter den Linden. Außerdem: Spa-Suiten
zur Rundum-Entspannung und ein luxuriö-
ser Spabereich mit Pool. Besonderer Clou:
Der Küchenchef zieht seine Kräuter im
Hotelgarten, ein Bienenvolk auf dem Dach
liefert den Honig. €€€–€€€€

⌨🌸 **ackselhaus & blue home**
Belforter Str. 21, Prenzlauer Berg
U2: Senefelderplatz
✆ (030) 44 33 76 33, www.ackselhaus.de
Zwei typische Berliner Mietshäuser,
sorgfältig restauriert, überraschen mit

171

Die schicke Fassade des Ellington Hotels

ganz unterschiedlichen, mit Antiquitäten und Kuriositäten individuell gestalteten Zimmern, Suiten und Apartments. China, Afrika, Ozean, Strandhaus und Movie heißen einige der Themenzimmer. Der Hinterhof, ebenfalls typisch Berlin, wurde mit viel Grün und gemütlichen Ruhezonen zur mediterranen Oase. €€–€€€€

⬛✕🍴♨🌐🚶 Hotel Palace Berlin

Budapester Str. 45 im Europa-Center Charlottenburg
U-/S-Bahn: Zoologischer Garten
✆ (030) 250 20, www.palace.de
Von außen sieht das Gebäude nicht allzu vielversprechend aus. Innen aber erwartet den Gast gepflegte Hotelkultur. Das privat geführte Fünf-Sterne-Hotel wendet sich besonders an Tagungsgäste und Geschäfts-reisende, hat große helle Zimmer, klassisch oder modern möbliert, jeweils mit zeitge-mäßer Technik ausgestattet. Wellnessland-schaft mit Pool und Saunen; Gourmetres-taurant First Floor. €€–€€€€

⬛✕🍴♨🌐🚶 Kempinski Hotel Bristol Berlin

Kurfürstendamm 27, Charlottenburg
U1: Uhlandstraße
✆ (030) 88 43 40, www.kempinskiberlin.de
1952 eröffnete das Hotel genau an der Stelle des früheren Weinhauses und Restau-rants Kempinski. Die jüdische Familie Kem-pinski musste emigrieren, das Haus wurde im Krieg zerstört. Das neue »Kempi« stieg schnell zur ersten Adresse in West-Berlin für die Stars von Film, Show und Sport, Adel und Politik auf. Jüngst wurde es aufwendig modernisiert. Ein Highlight ist der Bristol Spa mit mediterraner Badelandschaft. Das Terrassencafé Reinhard's am Ku´damm ist ein idealer Logenplatz zum Sehen und Gesehen werden. €€–€€€€

⬛✕🍴🌐🚶 Ameron Hotel ABION Spreebogen

Alt-Moabit 99, Moabit, U9: Turmstraße
✆ (030) 39 92 00
www.abion-hotel.de
Modernes Hotel direkt am Spreeufer; Bar mit herrlicher Terrasse, Restaurant in der historischen Meierei. Nebenan in einem his-torischen Backsteinbau bietet die exklusive Stadtresidenz **Abion Villa** luxuriöse Suiten in verschiedenen Kategorien und Größen. €€–€€€

⬛✕🍴🌐🚶 Crown Plaza Berlin Potsdamer Platz Hotel

Hallesche Str. 10–14, Kreuzberg
S1/2/25: Anhalter Bahnhof
✆ (030) 80 10 66 60
www.ihg.com
Gegenüber Tempodrom und Liquidrom liegt das großzügig elegante Hotel im ehe-maligen Postpalais, in dem rund 60 Jahre lang West-Berlins Briefpost verteilt wurde. Denkmalgeschützte Architekturelemente harmonieren mit japanisch inspiriertem Design. €€–€€€

⬛✕🍴🚶 Ellington Hotel Berlin

Nürnberger Str. 50–55, Schöneberg
U3: Augsburger Straße
✆ (030) 68 31 50, www.ellington-hotel.com
The Duke heißt das Restaurant und damit ist klar, wer der Namensgeber des Hotels ist. Jazzlegende Duke Ellington spielte einst an dieser Stelle im Kellerlokal Badewanne. Das Haus mit seiner 185 m langen Fassade konserviert prächtige Details der Erbau-ungszeit (1928–32). Zuletzt arbeitete hier die Oberfinanzdirektion. Die Stahltüren im Tresorraum im Keller sichern heute edle Weine. Die einstigen Büroräume wurden in 285 moderne Zimmer mit allem Komfort verwandelt. Einladend ist der hübsche Innenhof mit Bar. Sonntags gibt es Jazz live zum Brunch. €€–€€€

⊠✕Ⴤ⑤✴️♨️ Estrel Berlin
Sonnenallee 225, Neukölln
S41/42: Sonnenallee
✆ (030) 68 31-0, Reservierung: ✆ (030) 683
12 25 22, www.estrel.com
Deutschlands größtes Hotel hat 1125
Zimmer und Suiten, fünf Restaurants, drei
Bars, einen Sommergarten mit eigenem
Bootsanleger und einen großen Wellness-
und Fitness-Bereich. Im angrenzenden
Estrel Festival Center gibt es Shows im Las
Vegas-Stil. Die Zimmer in verschiedenen
Kategorien sind großzügig und modern
eingerichtet. €€–€€€

⊠✕≋⑤✴️ Hotel Villa Kastania
Kastanienallee 20/Bayernallee 1
Charlottenburg
U2: Theodor-Heuss-Platz
✆ (030) 300 00 20
www.villakastania.com
Privathotel mit 45 geschmackvoll und
wohnlich eingerichteten Zimmern und
Suiten in einer ruhigen Wohngegend nahe
der Messe Berlin. Hallenbad mit Sonnenter-
rasse, Regenwald-Aromadusche, Saunen,
Ruheraum und Beauty-Anwendungen.
Gemütliches Restaurant mit schöner Gar-
tenterrasse. €€–€€€

⊠✕Ⴤ⑤✴️ Mövenpick Hotel Berlin
Schöneberger Str. 3, Kreuzberg
S1/2/25: Anhalter Bahnhof
✆ (030) 23 00 60
www.moevenpick-hotels.com
Im ehemaligen Siemens-Verwaltungsge-
bäude wurde der imposante Chefetagen-
Eindruck mit schweren Türen, hohen
Decken und Eichenholzmobiliar bewahrt,
aufgefrischt durch moderne Akzente wie
frei stehende Badewannen. Rund 300
Zimmer um ruhige, begrünte Innenhöfe,
individuell gestaltet. Mittendrin liegt das
ausgezeichnete Restaurant Hof Zwei, dessen Glasdach sich öffnen lässt. Die Anhalter
Bar in Haus ist nicht nur bei Hotelgästen
beliebt. €€–€€€

⊠✕Ⴤ⑤ Almodóvar Biohotel
Boxhagener Str. 83, Friedrichshain
U5: Samariterstr.
✆ (030) 69 20 97 08-0
www.almodovarhotel.de
Alles Bio in diesem Lifestyle-Hotel: Design-
möbel aus Plantagenholz, Naturkosmetik
und Yogamatte im Zimmer, alle Speisen –
vegan oder vegetarisch – aus kontrolliert
biologischem Anbau. Wellness-Oase auf
dem Dach. €€

⊟ Garden Living
Invalidenstr. 101, Mitte
U6: Naturkundemuseum
✆ (030) 284 45 59 00, www.gardenliving.de
Im Stil eines römischen Palazzo mit wun-
dervoll begrüntem Innenhof heißt Besitzer
Carl Loyal seine Gäste willkommen. Die
Zimmer sind individuell mit Antiquitäten
und Neuem eingerichtet. Zentrale Lage
in Laufnähe zum Hauptbahnhof und zur
Friedrichstraße. €€

⊟ Hotel Augusta
Fasanenstr. 22, Charlottenburg
U1: Uhlandstraße
✆ (030) 883 50 28, www.hotel-augusta.de
Großbürgerliches Wohnhaus am Kurfürstendamm, die Zimmer sind individuell und
haben nostalgischen Charme. €€

⊟⊟⑤ Sarotti-Höfe
Mehringdamm 53–57, Kreuzberg
U6: Mehringdamm
✆ (030) 60 03 16 80, www.sarotti-hoefe.de
Zwischen 1883 und 1921 ließ der Dampf-
schokoladenfabrikant Hugo Hoffmann hier
die berühmte Schokolade mit dem Mohren
herstellen. Der Charme des Hotels liegt in
der Mischung von historischer Bausubstanz
mit modernem Design und Möbeln im
Kolonialstil. Zum Wohlfühlen bietet die
Wellness-Schmiede Massagen im Haus an –
natürlich auch eine mit Schokolade. €€

⊟✕Ⴤ✴️ Scandic Berlin Potsdamer Platz
Gabriele-Tergit-Promenade 19
Tiergarten
U2: Mendelssohn-Bartholdy-Platz
✆ (030) 700 77 90
www.scandichotels.com
Skandinavien am Potsdamer Platz: Helle,
freundliche Zimmer in den Farben der
vier Jahreszeiten. Das Hotel wurde für
sein Nachhaltigkeitskonzept und für Bar-
rierefreiheit mit diversen Preisen ausgezeichnet. €€

Der Hüttenpalast in einer ehemaligen Fabrikhalle ist eine der originellsten Unterkünfte in Berlin

Originelle Herbergen

🛏️☒ Arte Luise Kunsthotel

Luisenstr. 19, Mitte
U-/S-Bahn: Brandenburger Tor
☏ (030) 28 44 80, www.luise-berlin.com
Wohnen im Kunstwerk: Alle 50 Zimmer wurden jeweils von einem Künstler nach eigenem Konzept gestaltet. Die »Berliner Gesellschaft « ist dabei ebenso vertreten, wie »Glamour«, »Cabaret« oder der »Mauerspringer«. In der Belétage des Altbaus finden sich Einzel- und Doppelzimmer mit Bad. In der Mansarde gibt es preiswerte Zimmer (Etagendusche) für klamme Künstler. »Der arme Poet«, eine witzige Hommage an Spitzweg, verfügt immerhin sogar über ein Bad. €–€€€

🛏️ Hotel Friedenau – Das Literaturhotel

Fregestr. 68, Friedenau
S1: Friedenau
☏ (030) 859 09 60
www.literaturhotel-berlin.de
Mit Herta Müller und Günter Grass hat der Stadtteil Friedenau gleich zwei Literaturnobelpreisträger hervorgebracht. Uwe Johnson wohnte oft in dem damaligen Hotel Hospiz Friedenau. Heute führt Christa Moog, selbst Schriftstellerin, das charmante kleine Haus. Im »Uwe Johnson-Salon«, mit Biedermeiermöbeln und Kronleuchtern, wird das Frühstücksbuffet aufgebaut, hier finden regelmäßig Lesungen und Gespräche statt. Die Bücher in den Regalen kann man ausleihen, z.B. für eine Mußestunde im schönen Garten. €€

🛏️☒🍴 Hüttenpalast

Hobrechtstr. 66, Neukölln

Im Scube Park übernachtet man mitten in der Natur

U7/8: Hermannplatz
☏ (030) 37 30 58 06, www.huettenpalast.de
Kreativspielplatz nennen die beiden Besitzerinnen die ehemalige Fabrikhalle, in der sie mit ausrangierten Wohnwagen, liebevoll aufbereitet, und selbst gezimmerten Holzhütten originelle Schlafstätten geschaffen haben. Wie auf dem Campingplatz gibt es Gemeinschaftsbäder. Wem die kuschligen Nester zu beengt sind, kann auch ein Zimmer mit eigenem Bad mieten. Mit idyllisch-verwildertem Hinterhofgarten und Café. €–€€

🛏️ Propeller Island City Lodge

Albrecht Achilles Str. 58, Wilmersdorf
U7: Adenauerplatz
☏ (030) 891 90 16, www.propeller-island.de
Schlafen im Kunstwerk: Nichts für Herrn und Frau Normaltourist, die nach dem Stadtbummel eine erholsame Nacht brauchen. Aber genau richtig für Menschen, die das »abgefahrene« Berlin suchen. In diesem Hotel ist nichts normal. Da sind die Wände und der Boden schief, versteckt sich das Bad in Omas Kleiderschrank oder hängen die Möbel an der Decke und stiften Spiegel Verwirrung. In einem Zimmer kann man sogar in Särgen schlummern! Die 27 fantasievollen Räume von originell bis schrill hat der Berliner Musiker und Künstler Lars Stroschen gestaltet. €–€€

🛏️ Scube Park

Columbiadamm 160, Neukölln
Bus 104: Sommerbad Neukölln
☏ (030) 69 80 78 41, http://scubepark.berlin
31 kleine Holzhütten mit modernem Innenleben sorgen für eine ruhige Nacht auf einer Wiese in der Nähe vom Schillerkiez. Auch die Hasenheide, das Sommerbad und

die Tempelhofer Freiheit sind um die Ecke. Toiletten, Duschen und eine Küche werden gemeinschaftlich genutzt. €–€€

Alt-Berliner Pensionen

⛬ Abendstern
Stuttgarter Platz 8, Charlottenburg
S5/7/75: Charlottenburg
✆ (030) 31 01 34 92, www.hotel-abendstern.de
Alt-Berliner Haus mit Komfort unweit der Messe und des Kurfürstendamms. Bis 2015 wurden alle Zimmer renoviert. €–€€

⛬ Hotel-Pension Funk
Fasanenstr. 69, Charlottenburg
U1: Uhlandstraße
✆ (030) 882 71 93
www.hotel-pensionfunk.de
14 individuelle Zimmer und ein Frühstückssalon in der Beletage eines Gründerzeitbaus, ausgestattet mit original Interieur des Jugendstils oder der Belle Époque. Hier wohnte in den Goldenen 1920er Jahren und bis 1937 die Stummfilmdiva Asta Nielsen, bevor sie zurück in die dänische Heimat flüchtete. Zimmer z. T. mit Bad. €–€€

⛬ Pension Kreuzberg
Großbeerenstr. 64, Kreuzberg
U6/7: Mehringdamm
✆ (030) 251 13 62, www.pension-kreuzberg.de
Farbenfrohe, einfache Pension in einem Kreuzberger Gründerzeithaus. €–€€

Hostels

⛬▯ Baxpax Downtown Hostel
Ziegelstr. 28, Mitte
S1/2/25: Oranienburger Straße
✆ (030) 27 87 48 80, www.baxpax.de
Das Nötigste genügt: Betten, Bettwäsche und kleine Ablagen in fröhlich-kreativ ausgemalten Zimmern. Hinzu kommen Gemeinschaftsräume, eine Bar auf dem Dach, viel internationales Publikum und um zwei Ecken die lebhafte Oranienburger Straße. Bett im Schlafsaal ab € 19, DZ mit Bad ab € 43 €

⛬ EastSeven Berlin Hostel
Schwedter Str. 7, Prenzlauer Berg
U2: Senefelderplatz
✆ (030) 93 62 22 40, www.eastseven.de
Die jungen Gäste aus aller Welt sind begeistert von der familiären Atmosphäre, den günstigen Preisen und dem tollen Service in dem mehrfach ausgezeichneten Hostel. Einzel-, Doppel- Mehrbettzimmer, Lounge und Garten mit Grill, in dem sich die Gäste treffen. Mitten im Szenekiez. Ab € 19. €

⛬✖▯ Generator Berlin Mitte
Oranienburger Str. 65, Mitte
U6, S1/2/25: Oranienburger Straße
✆ (030) 921 03 76 80
www.generatorhostels.com
Super Lage, Schlafsäle mit sechs und acht Betten, auch Doppelzimmer. Ab € 17,50.

⛬✖▯ Generator Berlin Prenzlauer Berg
Storkower Str. 160
✆ (030) 417 24 00
Das 890-Betten-Haus hat Zimmer für zwei und Schlafsäle mit bis zu 14 Betten. »Female Dorms« haben Schminktische im Zimmer. Fröhlich buntes Design in allen Räumen. Betten im Schlafsaal ab € 10, im Doppelzimmer ab € 32. €

⛬✖▯🄳 The Circus Hostel
Weinbergsweg 1 A, Mitte
The Circus Hotel, Rosenthaler Str. 1, Mitte
beide U8, Tram M1/8: Rosenthaler Platz
✆ (030) 20 00 39 39, www.circus-berlin.de
Hotel und Hostel liegen einander gegenüber, nur Schritte entfernt von den Ausgehvierteln Mitte und Prenzlauer Berg. Bett im Schlafsaal ab € 19 (€). Das Hotel hat individuell gestaltete Zimmer verschiedener Kategorien und Größe. Es gibt auch schicke Apartments in der Nähe. €–€€€ ⚜

Schicke Aussicht vom Bett im Circus Hotel

ESSEN UND TRINKEN

VON CURRYWURST BIS STERNEKÜCHE

Von alpenländischer bis zu morgenländischer Küche, von asiatischen Currygerichten bis zu spanischen Tapas, von italienischer Pasta bis hin zu koscherer Küche – in Berlin ist einfach jede Küche vertreten. Kein Wunder, ist doch die hiesige Geschichte geprägt durch Ein- und Zuwanderer. Wie sehr diese das Gesicht und die Atmosphäre der Stadt beeinflussen, zeigt sich nirgends deutlicher als in der Gastronomie. Überdies sind auch regionale Spezialitäten wieder sehr gefragt.

Die urberliner Küche gibt sich als rustikale, bodenständige Küche wie zum Beispiel in Form von Eisbein mit Sauerkraut oder gebratener Leber mit Apfel- und Zwiebelringen. Darüber hinaus hat Berlin zahlreiche Bürgersteig-Delikatessen im Angebot. An fast jeder Straßenecke gibt es mindestens eine Pizzeria, gefolgt von

indischen, vietnamesischen oder türkischen Schnellrestaurants, die ebenso wie die Crêperien, Suppenküchen und Döner-Imbisse preiswert sind und oft bis spät in die Nacht geöffnet haben.

In der **Goltzstraße** etwa, auf Höhe des Winterfeldplatzes in Schöneberg, kann man sich durch alle Landesküchen dieser Welt essen. Aber auch rund um den Savignyplatz in Charlottenburg gibt es viele verschiedene Restaurants. Nicht zu vergessen die Lokale in den einzelnen Kiezen, die meist zu einem geringen Budget auftischen, wonach einem gerade der Sinn steht. Donnerstags sollte man unbedingt in der **Markthalle Neun** in Kreuzberg vorbeischauen, dort findet zwischen 17 und 22 Uhr Berlins **Street Food Market** statt. An rund 20 Ständen gibt es verschiedenste Spezialitäten von Allgäuer Käsespätzle über in Bananenblättern serviertem Hähnchencurry bis hin zu koreanischem Kimchi.

Ganz weit oben auf der Snackliste der Berliner steht die **Currywurst**. Bei der Brühwurst mit oder ohne Darm, die mit einer Tomatensauce und Currypulver serviert wird, handelt es sich um eine echte Berliner Spezialität. Ein traditionsreicher Imbiss ist **Bier's Kudamm 195**. Bereits seit 1965 geht hier die beliebte Wurst samt Pommes über die Theke des Familienbetriebs, und die Unterschriften an der Wand verraten, dass schon so mancher Prominente hier des Nachts seinen Hunger stillte. Vielleicht schenkt Familie Bier daher gerne auch Champagner zur Schlemmerplatte aus. Das Ost-Berliner-Pendant ist **Konnopke's Imbiss** unter der U-Bahntrasse in Prenzlauer Berg. Keine 50 Meter südlich der Station Eberswalder Straße verkauften die Konnopkes bereits 1960 die erste Currywurst des Berliner Ostens. Als dritter im Bunde hat die Imbisskette **Curry 36** mittlerweile ebenfalls Kultstatus erreicht. Der Name geht auf die erste Filiale am Mehringdamm 36 zurück. Und gleich nebenan stehen täglich zig Menschen Schlange und warten vor **Mustafa's Gemüse-Kebap** auf die heißbegehrte Fladenbrottasche, die mit Fleisch, Gemüse, Salat und leckeren Saucen gefüllt ist.

Wer es weniger eilig hat, nimmt Platz in einem hübschen **Straßencafé** in einem der Kieze und genießt bei selbstgebackenem Kuchen und Kaffeespezialitäten das bunte Treiben der Menschen. Sobald die ersten warmen Sonnenstrahlen den Frühling ankündigen, stellt so gut wie jede Lokalität Tische und Stühle vor die Tür und oft sitzt man hier mit bereit gelegten Decken bis weit in den Oktober gemütlich draußen.

Unbedingt einen Besuch wert ist die Markthalle Neun im Herzen Kreuzbergs am Donnerstag zum Street Food Thursday mit vielen Spezialitäten

Manch ein Gastronom erhöht den Erlebnisfaktor durch ungewöhnliche Locations oder ausgefallene Ideen. Auch hier ist die Auswahl und Kreativität schier unbegrenzt: **Dinner-Krimi**, **Dunkelrestaurant**, Speisen in luftiger Höhe mit Blick über die ganze Stadt, auf dem Wasser oder an der Tafelrunde wie zu König Arthurs Zeiten. Die Gastronomieszene Berlins lässt kaum Wünsche offen und ist – wie die ganze Stadt – ständig in Bewegung. So gibt es auch kulinarisch immer Neues zu entdecken: Schließt ein Lokal, eröffnet gewiss gleich ein Neues mit einem ausgefallenen Programm. In Berlin ist im wahrsten Sinne des Wortes für jeden Geschmack etwas dabei.

Die folgenden Preiskategorien beziehen sich auf ein Hauptgericht mit einem nichtalkoholischen Getränk:

€ – bis 10 Euro
€€ – 10 bis 20 Euro
€€€ – 20 bis 35 Euro
€€€€ – mehr als 35 Euro

Charlottenburg – Wilmersdorf

☒ Bieberbau
Durlacher Str. 15, Wilmersdorf
U-/S-Bahn: Bundesplatz
✆ (030) 853 23 90, www.bieberbau.de
Di–Sa 18–24 Uhr
Chefkoch Stephan Garkisch und sein Team kochen in der alten Jugendstilvilla in Wilmersdorf Drei- bis Fünf-Gängemenüs, die teilweise experimentell anmuten, jedoch immer exzellent zubereitet sind. €€€€

☒ First Floor
Budapester Str. 45, Charlottenburg
Bus 200: Budapester Straße
✆ (030) 25 02 10 20, www.firstfloor.palace.de
Di–Sa 18.30–23 Uhr
Mit seiner modernen, europäischen Küche erkochte sich Matthias Dieter im Hotel Palace Berlin einen Stern. Beeindruckend große Weinkarte. €€€€

☒ Les Solistes
Hardenbergstr. 28, Charlottenburg
U-/S-Bahn: Zoologischer Garten
✆ (030) 81 40 00 24 21
www.lessolistes.de, tägl. 6–24 Uhr
Das Hauptrestaurant des Waldorf Astoria wurde vom Drei-Sterne-Koch Pierre Gagnaire persönlich konzipiert. Zum Gelingen hat er seinem langjährigen Kollegen Roel Lintermanns das Zepter des Küchenchefs übergeben. €€€€

☒ Fräulein Fiona
Fritschestr. 48, Charlottenburg
U2: Sophie-Charlotte-Platz,
Bus M49: Kaiser-Friedrich-/Kantstraße
✆ (030) 95 60 22 72
www.fraeulein-fiona.de
Mo–Do 18–23, Fr/Sa 18.30–23.30 Uhr
Übersichtliche Speisekarte mit wechselndem Angebot feinst abgestimmter

Gerichte. Fiona und Tom beherrschen ihr Handwerk und servieren originelle deutsche Küche in schönem Ambiente. €€€

☒ Goodtime Grill
Kurfürstendamm 90, Charlottenburg
Bus M19/M29: Lehniner Platz
✆ (030) 31 99 77 70, www.goodtime-grill.de
Tägl. 12–24 Uhr
Herzstück des gehobenen asiatischen Restaurants ist der traditionelle, japanische Robata-Grill. Er sorgt für das typische Raucharoma der Speisen, die nach fernöstlicher Esskultur, in der Mitte des Tisches platziert, gemeinsam genossen werden können. €€€

☒ La Mano Verde
Uhlandstr. 181, Charlottenburg
U1, Bus M19/M29/109: Uhlandstraße
✆ (030) 82 70 31 20
www.lamanoverdeberlin.com
Tägl. außer So 12–15.30 und 18–23 Uhr
Das vegane Gourmetrestaurant gehört an die Spitze der Lokale der Stadt. Auch die Smoothies und alkoholfreien Cocktails sind zu empfehlen. €€–€€€

☒ Marjellchen
Mommsenstr. 9, Charlottenburg
Bus M19/M29/109: Bleibtreustraße
www.marjellchen-berlin.de
Tägl. ab 17 Uhr
Ramona Azzaro kocht nach Rezepten ihrer Großmutter pommersche und ostpreußische Spezialitäten. Lokal und Wirtin sind ein Unikat. €€

☒ Zillemarkt
Bleibtreustr. 48 A, Charlottenburg
S5/7/75: Savignyplatz
✆ (030) 881 70 40, www.zillemarkt.de
Mo–Fr 12–24, Sa/So/Fei 10–24 Uhr
Wer typisch Berlinerisch essen möchte, ist im urigen Zillemarkt genau richtig. Zu der deftigen Hausmannskost bestellt man

GOURMETRESTAURANTS

Berlin isst immer besser! In den letzten Jahren haben sich vermehrt Berlins Küchenchefs der Topgastronomie der traditionsreichen Landesküche angenommen. Vom Trend zu regionalen Produkten eingenommen besinnen sie sich seitdem auf das, was vor den Toren der Hauptstadt zu finden ist. So kommen Gemüse wie etwa Schwarzwurzeln und Teltower Rübchen auf die Teller oder auch das Havelländer Apfelschwein, Fisch aus der Müritz und Wild aus der Schorfheide. Auch vegetarische Gerichte sind darunter. Die Sterneköche stöbern in alten Kochbüchern, sind im Austausch mit Lieferanten aus dem Umland und interpretieren so die deutsche Küche neu. Die Revolution in den Kochtöpfen hat so manchem experimentierfreudigen Küchenchef der jungen Generation einen Stern eingebracht und beförderte Berlin in den vergangenen Jahren zur deutschen Gourmethauptstadt. Insgesamt leuchten derzeit 20 Sterne in insgesamt 15 Restaurants am Berliner Küchenhimmel, davon fünf mit zwei Sternen und zehn mit jeweils einem Stern. Dass ausgezeichnete Gaumenfreuden in Berlin auch bezahlbar sein können, zeigt das Restaurant La Soupe Populaire von Sternekoch Tim Raue. Raue beweist im rauen Fabrikambiente der Bötzow-Brauerei in Prenzlauer Berg, dass einfache Gerichte aus Großmutters Küche durchaus das Zeug für die *haute cuisine* haben: Feldsalat mit Topinambur, Königsberger Klopse mit Kartoffelpüree und Roter Bete und als Dessert Quarkkeulchen mit Orange und Rumrosinen oder schlichter Bienenstich. Sein Hauptsitz, das Tim Raue in Kreuzberg, wurde wiederholt mit zwei Sternen ausgezeichnet.
Auf demselben hohen Niveau kocht Christian Lohse im Fischers Fritz. Sein Erfolgsrezept sind maritime Spezialitäten. Als Vorspeise beispielsweise Carpaccio vom Heilbutt an Fenchelsalat, grünen Oliven und Burrata, gefolgt von Rochenflügel mit Zitronen-Kapernbutter und karamellisierter Petersilienwurzel. Tipp: Wer in den Genuss der Berliner Sterneküche kommen möchte, kann bei der Mittagskarte oft den Geldbeutel schonen. Die Vorspeisen, Zwischengerichte und Desserts liegen beim Lunch im Sternerestaurant Vau bei 15 Euro, jeder Hauptgang ist für 18 Euro zu haben.

am besten das hauseigene Bier. Im Sommer lädt der lauschige Innenhof ein. €€

☒ Ali Baba
Bleibtreustr. 45, Charlottenburg
S5/7/75: Savignyplatz
℡ (030) 881 13 50, www.alibaba-berlin.de
So–Do 11–2, Fr/Sa 11–3 Uhr
Seit gefühlt 100 Jahren beglückt der rustikale Laden Pasta- und Pizzaliebhaber bis spät in die Nacht. €–€€

☒ Bier's Kudamm 195
Kurfürstendamm 195, Charlottenburg
Bus M19/M29/109/110: Bleibtreustraße
℡ (030) 881 89 42
Mo–Do 11–5, Fr/Sa bis 6, So 12–5 Uhr
Der Imbiss mit dem hohen Promi-Faktor ist Kult. Hier kann man sogar Champagner zur Currywurst bekommen. Das Angebot nutzen seit Jahren Anwohner, Angestellte der Umgebung und Nachtschwärmer. €

Friedrichshain

☒ Schwarzer Hahn
Seumestr. 23, Friedrichshain
Tram M13: Wühlisch-/Gärtnerstraße
℡ (030) 21 97 03 71
www.schwarzerhahn-heimatkueche.de
Tägl. außer So 17.30–23 Uhr
Nach Heimat soll es schmecken, sagen die beiden Köche des Hauses. Dabei wird Wert auf Herkunft und Qualität der Produkte gelegt. Unter den Klassikern tummeln sich Brathendl und Schnitzel, die Menüs wechseln. €€€

☒ Datscha
Gabriel-Max-Str. 1, Friedrichshain
Tram M13: Simplonstraße
℡ (030) 70 08 67 35, www.cafe-datscha.de
Mo–Sa ab 10, So 9–15 Uhr
Freunde russischer Spezialitäten, wie z. B. Pelmeni, sollten einen Besuch des auf Retro getrimmten Cafés nicht missen. Auch das Frühstücksangebot ist reichhaltig. €€

☒ Aunt Benny
Oderstr. 7 (Eingang Jessnerstr.)
Friedrichshain
U-/S-Bahn: Frankfurter Allee
℡ (030) 66 40 53 00, www.auntbenny.com
Di–Fr 9–19, Sa/So 10–19 Uhr
An großen Holztischen gibt es alles, was das Kuchenherz begehrt – von Apfel-

crumble bis Scones mit Lemoncurd und dazu leckere Kaffeespezialitäten. Empfehlenswert ist außerdem das Frühstücksangebot. €

☒ Fischschuppen
Boxhagenerstr. 68, Friedrichshain
S-Bahn: Ostkreuz
℡ (030) 22 43 50 39
Mo–Sa 10–22.30, So 12–21.30 Uhr
In der liebevoll eingerichteten kleinen Kajüte brät der Smutje frische Meerestiere. Und wer nicht genug bekommen kann, der kauft in dem angeschlossenen Fischgeschäft noch frischen Fisch für zuhause. €

☒ Nil
Grünberger Str. 52, Friedrichshain
Tram M10, U5: Frankfurter Tor
℡ (030) 29 04 77 13, www.nil-imbiss.de
Tägl. 11–24 Uhr
In Berlins erstem sudanesischen Imbiss gibt es vorwiegend vegetarische Küche und Fisch. Sagenhaft ist das Thunfischsteak und nirgends schmeckt die Erdnusssauce wie bei El Walid El Sayed. €

Kreuzberg

☒ Tim Raue
Rudi-Dutschke-Str. 26, Kreuzberg
U6: Kochstraße
℡ (030) 25 93 79 30, http://tim-raue.com
Küche Di–Sa 12–13.30 und 19–21.30 Uhr
Zwei Sterne im Guide Michelin zeichnen die asiatisch orientierte Gourmetküche von Promikoch Tim Raue aus, der übrigens gebürtiger Kreuzberger ist und früher eine berüchtigten Gang angehörte. €€€€

☒ ✉ Markthalle Neun
Eisenbahnstr. 42/43, Kreuzberg
U1: Görlitzer Bahnhof
℡ (030) 577 09 46 61
www.markthalleneun.de
Wochenmarkt Fr/Sa 10–18, Kantine tägl. außer So 12–16, Streetfood Thursday Do 17–22, Café 9 tägl. außer So 7.30–17.30 Uhr
Am Donnerstagabend locken verführerische Düfte in die Markthalle: Allgäuer

Käsespätzle, britische Pies, thailändische Tapioka Dumplings, mexikanische Tacos und peruanische Ceviche – Streetfood vom Feinsten. Tipp: das **Café 9** mit dem besten Kaffee weit und breit. €–€€

☒🍴 Bäckerei Melek Pastanesi
Oranienstr. 28, Kreuzberg
U1/8: Kottbusser Tor, U1: Görlitzer Bahnhof
☎ (030) 614 51 86
Tägl. 0–24 Uhr
Wann immer man durch die Oranienstraße kommt, aus der Tür der kleinen türkischen Bäckerei strömt stets der Duft von Frischgebackenem. Das Angebot an Kuchen, Gebäck und Baklava ist gigantisch und der Kaffee verdient hier den Namen Schwarzes Gold. Alles ist sehr günstig – also wiederkommen und durchprobieren. €

🍴 Chapter One
Mittenwalder Str. 30, Kreuzberg
U7: Gneisenaustraße
☎ (030) 25 92 27 99
www.chapter-one-coffee.com
Di–Sa 9–18, So 11–18 Uhr
In dem minimalistisch eingerichteten, kleinen Café gehen überaus freundliche Menschen ihrer Leidenschaft nach: Slow Coffee (vgl. S. 16). Allein der Anblick wie der Kaffee im auf dem Tresen stehenden Syphon aufsteigt ist einen Besuch wert.

☒ Curry 36
Mehringdamm 36, Kreuzberg
Bus 140, M19, U6/7: Mehringdamm
☎ (030) 251 73 68, www.curry36.de
Tägl. 9–5 Uhr
Die legendäre Imbissbude gehört zu den Klassikern der Stadt. Tag und Nacht kann man hier Currywurst mit und ohne Darm erstehen. Darüber hinaus außerdem auch allerlei andere Würstchensorten, Pommes rot-weiß sowie original Berliner Buletten. €

☒🍺 Henne
Leuschnerdamm 25, Kreuzberg
Bus 140: Waldemar-/Adalbertstraße
☎ (030) 614 77 30, www.henne-berlin.de
Di–Sa 18–23, So 17–22 Uhr

Das urige Altberliner Restaurant mit schönem Biergarten ist Kult. Die Karte ist im Wesentlichen auf die nach Geheimrezept gewürzten Jungmasthähnchen mit Berliner Kartoffel- oder Krautsalat reduziert. Größere Auswahl besteht bei den Fassbieren. €€

☒ Mustafa's Gemüse-Kebap
Mehringdamm 32, Kreuzberg
U6/7: Mehringdamm
http://mustafas.de
Tägl. 10–2 Uhr
In Berlin soll es mehr Dönerbuden geben als in Istanbul. Dennoch ist zu Stoßzeiten auf dem Gehweg vor der Bude von Tarik Kara kein Durchkommen mehr. Wer in den Genuss von der mit gebratenem Hühnerfleisch, Gemüse, Soße und frischem Feta befüllten Fladenbrottasche kommen will, muss mitunter eine 60-minütige Wartezeit in Kauf nehmen. Witzige Webseite! €

☒ Spätzle Express
Wienerstr. 11, Kreuzberg
U1: Görlitzer Bahnhof
☎ (030) 69 53 44 63
www.spaetzleexpress.de
Tägl. 12–22 Uhr
Spätzle aller Art, Maultaschen und Kartoffelgerichte sind je in Portionsgröße S, M oder L orderbar. Dazu Fassbier, Wein und eine Dessertauswahl. Nicht nur für Schwaben mit Heimweh ein Genuss. €

Mitte

☒ Fischers Fritz
Charlottenstraße 49, Mitte
U6: Französische Straße
☎ (030) 20 33 63 63
www.fischersfritzberlin.com
Tägl. 12–14, 18.30–22.30 Uhr
Im Restaurant des Hotel Regent werden in gediegener Atmosphäre Fisch und Meeresfrüchte serviert. Besonderes Highlight ist der zu buchende »Kitchen Table«, ein Tisch direkt in der Küche. Hier kann man dem Küchenteam über die Schulter schauen, sich sein persönliches Menü zusammenstellen lassen und vielleicht noch den ein oder anderen Tipp mit nach Hause nehmen. €€€€

☒ Pauly Saal & Bar
Auguststr. 11–13, Mitte
S1/2/25: Oranienburger Straße
☎ (030) 33 00 60 70, www.paulysaal.com

Tägl. außer So 12–15 und 18–3 Uhr
Die Jüdischen Mädchenschule gehört mit ihrem Innenhof zu den schönsten Locations Berlins. Ende 2013 bekam das in der alten Turnhalle gelegene Restaurant, das ganz im Stil der 1920er Jahre gehalten ist, einen Michelin-Stern. Michael Höpfl kredenzt klassische Küche gepaart mit hochwertigen regionalen wie saisonalen Produkten. €€€€

☒ Vau
Jägerstr. 54/55, Mitte
U2: Hausvogteiplatz, U6: Französische Straße
✆ (030) 202 97 30, www.vau-berlin.de
Tägl. außer So 12–14.30 und 19–22.30 Uhr-
Promikoch Kolja Kleeberg lädt im Herzen Berlins mit seiner persönlich akzentuierten, klassischen französischen Küche zum Genießen und Erleben ein. Und wem das Budget für die abendliche Sterneküche fehlt, der sollte zum Lunch vorbeikommen – die Mittagsmenüs sind deutlich günstiger. €€€€

☒ Sra Bua by Time Raue
Behrenstr. 72, Mitte
U-/S-Bahn: Brandenburger Tor
✆ (030) 22 61 19 59
www.srabua-adlon.de
Tägl. außer So/Mo 18.30–23 Uhr
Inspiriert von seinen Asienreisen richtet Tim Raue u.a. feine Currys an, verzichtet jedoch auf Kohlenhydrate wie Reis, Nudeln oder Brot. €€€–€€€€

☒ Studio
Rheinsberger Str. 76/77, Mitte
U8: Bernauer Straße
✆ (030) 44 31 09 50
http://factoryberlin.com/studio
Di–Sa 12–14 und 18.30–21.30 Uhr
Neuestes Lokal von Tim Raue mit 5- bis 12-Gänge-Menüs. Thailändisch inspiriert, mit Blüten und Meeresfrüchten. €€€–€€€€

☒☉ The Grand
Hirtenstr. 4, Mitte
Tram M4/5/6/8: Moll-/Otto-Braun-Straße
✆ (030) 27 89 09 95 55
www.the-grand-berlin.com
Bar/Restaurant tägl. außer Mo ab 11.30, Club Do–Sa ab 23 Uhr
Kombination aus Club, Bar und Restaurant in einem denkmalgeschützten Schulgebäude. Vor allem die Berliner Schickeria,

Szenegänger und Promis zieht es her. Sehr gute Grillgerichte. Mit Terrasse. €€–€€€

☒ Chicago Williams BBQ
Hannoversche Str. 2, Mitte
U6: Oranienburger Tor
✆ (030) 28 04 24 22
www.chicagowilliamsbbq.de
Tägl. 17–24 Uhr
Etwas abseits der Touristenmeilen liegt diese neue amerikanische Lokalität. Im Hinterhof werden Pastrami, Beef und Rippchen geräuchert. Bestellt wird an der Theke. Zum gegrillten Fleisch unbedingt das Bier des Hauses kosten. €€

☒ Chén Ché
Rosenthaler Str. 13, Mitte
U8, Tram M1/8: Rosenthaler Platz
✆ (030) 28 88 42 82, www.chenche-berlin.de
Tägl. 12–24 Uhr
Im zweiten Hinterhof gelegen ist das Teehaus eine wahre Oase der Ruhe. Neben feinen Teesorten gibt es traditionelle nordvietnamesische Küche, meist in kleinen Tonkochtöpfen serviert. €€

☒ Dudu
Torstr. 134, Mitte
U8, Tram M1/8: Rosenthaler Platz
✆ (030) 51 73 68 54, www.dudu-berlin.de
Mo–Sa 12–24, So/Fei 13–24 Uhr, Reservierung mind. 24 Std. zuvor erforderlich
Nicht erst seit Georg Clooneys Besuch einer der angesagtesten Asia-Läden der Stadt. €€

☒ Pizzeria papà pane di sorrento
Ackerstr. 23, Mitte
Tram M8: Pappelplatz
✆ (030) 28 09 27 01
www.papapane.de
Tägl. 12–24 Uhr
Dank der stets gleichbleibend guten Qualität hat Papa Pane ein großes Stammpublikum. Ein besonderer Genuss ist meist die Pizza des Tages mit saisonal außergewöhnlichem Belag. Reservierung angebracht! €€

☒ Zur letzten Instanz
Waisenstr. 14–16, Mitte

U2: Klosterstraße
℡ (030) 242 55 28
www.zurletzteninstanz.com
Di–Sa 12–1 Uhr
Das älteste Lokal Berlins weist neben der unvergleichlichen Inneneinrichtung und dem süßen Biergarten an der alten Stadtmauer über eine feine Speisekarte mit z. B. pochierten Hechtklößchen und Spinatraviolis auf. €€

☒ ♫ Dada Falafel
Linienstr. 13, Mitte
U6: Oranienburger Tor
℡ (030) 27 59 69 27
www.dadafalafel.de
Tägl. 10–3 Uhr
In der Dada-Galerie, in der auch Ausstellungen und Konzerte stattfinden, werden sehr gute Kichererbsenbällchen serviert. Nicht zu trocken, mit frischem Salat und Sauce gibt es Falafel und vieles andere als Tellergericht, nebenan auch zum Mitnehmen. Abends häufig Livemusik. €

☒ Mogg & Melzer
Auguststr. 11–13, Mitte
S1/2/25: Oranienburger Straße
℡ (030) 330 06 07 70
www.moggandmelzer.com
Mo–Fr ab 8, Sa/So ab 10 Uhr
Wer das Deli in der ehemaligen jüdischen Mädchenschule besucht, sollte sich keinesfalls das Pastrami-Sandwich entgehen lassen und danach zum Kaffee den New York Cheesecake genießen. €

☒ Yumcha Heros
Weinbergsweg 8, Mitte
U8, Tram M1/8: Rosenthaler Platz
℡ (030) 76 21 30 35
www.yumchaheroes.com
Tägl. 12–24 Uhr
Die beste Adresse, wenn man auf handgemachte Dumplings steht. Besonders nett ist es auf der Terrasse vor dem Laden zu sitzen, so umgeht man auch den Umstand, den Geruch der offenen Küche in den eigenen Kleidern mit nach Hause zunehmen. €

☒ The Barn
Auguststr. 58, Mitte
U8: Weinmeisterstraße
℡ (0151) 24 10 51 36
http://barn.bigcartel.com
Mo–Fr 8–18, Sa/So 10–18 Uhr
Slow Coffee-Mekka: Handgebrüht oder vom Barista mit Crema serviert, in diesem winzigen Laden ist der Kaffee ein Genuss. Dazu gibt´s Karottenkuchen oder frisch belegte Brote.

Neukölln

☒ Barini
Böhmische Str. 46, Neukölln
U7: Karl-Marx-Straße
℡ (030) 250 55 97 18, www.barini-nk.de
Mo–Fr ab 9, Sa ab 10, So 10–18 Uhr
Aus dem hübschen Café wird abends eine Bar. Gekocht wird mediterran, ein Crossover aus italienischen und türkischen Speisen. €€

☒ Café Jacques
Maybachufer 8, Neukölln
U8: Schönleinstraße
℡ (030) 694 10 48
Tägl. ab 18 Uhr
Ein schöner Mix aus orientalischen und französisch-mediterranen Speisen, dazu Kerzenscheinambiente und stets freundliche Kellner. €€

☒ Sala da mangiare
Mainzer Str. 23, Neukölln
U8: Boddinstraße
℡ (0173) 359 19 86,
www.saladamangiare.de
Di–Sa 19–23 Uhr
Im Wohnzimmerrestaurant von Mauro Pagila wird Hausmannskost aus dem nördlichen Mittelitalien serviert. Die handgemachte Pasta ist dabei unbestritten Königin der kleinen Speisekarte in Handzettelform. Keine Kreditkarten. €–€€

☒ List
Weichselstr. 66, Neukölln
U-/S-Bahn: Neukölln
Kein Tel., www.daslist.de
Tägl. ab 19 Uhr
Urgemütlich! Inhaberin Julia serviert mit Liebe gemachte Brote, Kuchen und sorgfältig ausgewählte Weine. Einmal im Monat kann man sich für die Brotzeit anmelden

Tim Raues neuester Hit heißt La Soupe Populaire und befindet sich in der Bötzow Brauerei

und bei selbstgemachten Aufstrichen, Salaten und anderen Köstlichkeiten die anderen 15 Gäste kennenlernen. (Brotzeit: € 17, Anmeldung: julia@daslist.de) €

Pankow – Prenzlauer Berg

☒ Dunkelrestaurant Nocti Vagus
Saarbrücker Str. 36–38
Prenzlauer Berg
Tram M2/4/5/6/8: Prenzlauer Allee/Mollstraße
www.noctivagus.com
Tägl. 18–24, Reservierung tägl. 10–22 Uhr
Ein wahres Erlebnis für die Sinne ist ein Dinner in absoluter Dunkelheit! Das blinde Personal geleitet den Gast durch den Abend und serviert das Menü. Zur Auswahl steht eine Fleisch-, Fisch- und vegetarische Variante oder ein Überraschungs-Menü. Außerdem gibt es Themenabende wie Krimi-Dinner oder 1001 Nacht. €€€

☒ La Soupe Populaire
Prenzlauer Allee 242, Prenzlauer Berg
Tram M2: Prenzlauer Allee/Metzer Straße
℡ (030) 44 31 96 80
http://lasoupepopulaire.de
Do–Sa 12–4 Uhr
Tim Raue verbindet in seinem Restaurant in der Bötzow Brauerei Kunst und Kulinarik: Passend zu jeder Ausstellung entwirft der Sternekoch seine Karte, bestehend aus vier Vorspeisen, vier Hauptgerichten und zwei Desserts. €€

☒ Frau Mittenmang
Rodenbergstr. 37, Prenzlauer Berg
U-/S-Bahn: Schönhauser Allee
℡ (030) 444 56 54, www.fraumittenmang.de
Mo–Fr ab 17, Sa/So ab 10 Uhr

Moderne europäische Küche. Weinliebhaber sollten den Rueda probieren. €€

☒ Lorbeer
Pappelallee 77, Prenzlauer Berg
Tram 12: Raumerstraße
℡ (030) 26 34 93 30
www.restaurant-lorbeer.de
Mo–Do, So 9–24, Fr/Sa bis 1 Uhr
Das Angebot der raffinierten deutschen Küche, die Sorten selbstgebackenen Brots und köstlicher Aufstriche wechseln wöchentlich. Auch vegetarisches und veganes Essen. €€

☒ Bekarei
Dunckerstr. 23, Prenzlauer Berg
Tram 12: Prenzlauer Allee
℡ (030) 34 62 22 30, www.bekarei.com
Tägl. 8–20 Uhr
Die Bäckerei gehört zu den Treffpunkten im Kiez. Die Besitzer haben Rezepte aus ihrer Heimat Portugal und Griechenland mitgebracht und backen außerdem täglich leckere Torten und Quiches. €

☒ Burgerie
Schönhauser Allee 50, Prenzlauer Berg
U2, Tram 1/10/12: Eberswalder Straße
℡ (030) 83 21 24 41, www.burgerie.com
Tägl. 11–23, Fr/Sa bis 24 Uhr
Die Burger mit auf Lavastein gegrilltem Biobeef und dazu knusprigen Pommes, Wedges oder Kartoffelspalten in Bioqualität sind jeden Cent wert. €

☒☕ Café CK
Marienburger Str. 49, Prenzlauer Berg
Tram M2: Marienburger Straße
℡ (030) 68 83 49 05

http://cafeck.tumblr.com
Mo–Fr 8–19, Sa/So 9–19 Uhr
Kaffeeliebhaber und -kenner kommen
ins CK um sich vom Cup-Tasting-Meister
persönlich bedienen zu lassen.

☒ Konnopke's Imbiss
Schönhauser Allee 44 B, Prenzlauer Berg
U2, Tram 1/10/12: Eberswalder Straße
✆ (030) 442 77 65
http://konnopke-imbiss.de
Mo–Fr 9–20, Sa 11.30–20 Uhr
Die geheime Saucenkreation von Charlotte
Konnopke wurde einst aus der Not heraus
geboren – bedingt durch den Mauerbau
war lange kein Ketchup erhältlich. Heute
gibt es sie in vier Schärfegraden und Konnopkes Currywurst ist gefragt wie nie: Zu
Stoßzeiten bildet sich oft eine lange Schlange Wartender unter der U-Bahn-Trasse. €

☒ Net Viet
Stargarder Str. 22, Prenzlauer Berg
U-/S-Bahn: Schönhauser Allee
www.netviet.de, tägl. 12–24 Uhr
Das vietnamesiche Restaurant bietet
neben den typischen Curry-, Nudel- und
Reisgerichten auch sehr leckeren Tee. Die
Bedienung ist ausgesprochen freundlich
und die Tischdeko wechselt jeden Tag. Bei
gutem Wetter kann man bequem an den
hübschen Holzgartenmöbeln vor der Tür
sitzen. Zum Nachtisch wird meist gratis eine
Art Milchreis gereicht. €

☒ No Fire No Glory
Rykestr. 45, Prenzlauer Berg
Tram M2: Marienburger Straße
✆ (030) 28 83 92 33, www.nofirenoglory.de
Mo–Fr 9–20, Sa/So 10–22 Uhr
Hinter dem großen Tresen mit der wunder-
schönen antiken Kasse thront eine Faema
E61, der Mercedes unter den Espressoma-
schinen. Damit wissen die Baristi hervorra-
gend umzugehen.

☒ Pizza Zia Maria
Pappelallee 32 A, Prenzlauer Berg
Tram 12: Stargarder Straße
✆ (030) 691 28 41, www.zia-maria.de

Tägl. 12–24 Uhr
Die Pizzeria, die gleichzeitig eine Galerie
ist, schaut bei jedem Besuch anders aus.
Immer gleich gut sind die Pizzastücke, die
viertelweise geordert werden, sodass man
beliebige Varianten probieren kann. €

☒ Zaika
Wicherstr. 57, Prenzlauer Berg
S8/9/41/42/85, Tram M2: Prenzlauer Allee
✆ (030) 40 00 34 35
www.restaurant-zaika.de
Tägl. 12–24 Uhr
Indien am Humannplatz: Hier kann man
wunderbar in der Sonne sitzen und köstliche Daal, Bhaturas oder Tandori-Gerichte
essen. Es gibt immer einen Begrüßungs-
drink und knuspriges Naan vorab. €

Schöneberg

☒▣ Café Bleibergs
Nürnberger Str. 45 A, Schöneberg
U3: Augsburger Straße
✆ (030) 21 91 36 24, www.bleibergs.de
Mo–Do 10–20, Sommer Fr 9–16,
Winter Fr 9–13, So/Fei 13–20 Uhr
In dem kleinen Café von Frau Bleiberg wird
nach allen Regeln des Kaschrut, den jüdi-
schen Speisevorschriften, gekocht. €€

☒ Double Eye
Akazienstr. 22, Schöneberg
U7: Eisenacher Straße
✆ (0179) 456 69 60, http://doubleeye.de
Mo–Fr 9.30–18.30, Sa 10–15.30 Uhr
Ob Galão, White Flat oder Cappuccino –
für Kaffeespezialitäten wie es sie in dem
beliebten Café im Akazienkiez gibt, steht
man gerne an.

☒ Osteria Ribaltone
Motzstr. 54, Schöneberg
U4: Viktoria-Luise-Platz
✆ (030) 214 36 55, www.ribaltone.de
Tägl. 17–24 Uhr
Unverwechselbarer Italiener, etwas versteckt am Viktoria-Luise-Platz. Wer sich
zwischen den vielen traditionellen Speisen
nicht entscheiden kann, der nehme am
besten die Tageskartenempfehlung. Und
am besten reservieren! €€

☒ Trattoria á Muntagnola
Fuggerstr. 27, Schöneberg
M19/M29, U1: Wittenbergplatz

© (030) 211 66 42, www.muntagnola.de
Tägl. 17–24 Uhr
Das urige italienische Restaurant ist ein
Familienbetrieb, in dem man sich gemütlich
durch die Küche Süditaliens schlemmen
kann. Viele Zutaten werden aus der Hei-
matregion geliefert. €€

☒ Berkis

Winterfeldtstr. 45, Schöneberg
U1–4, Bus M19: Nollendorfplatz
© (030) 77 90 04 02, www.berkis.de
Tägl. 11.30–24, So 13–24 Uhr
Der etwas andere Grieche: Das Familien-
unternehmen hat sich der gesunden, Jahr-
hunderte alten kretischen Ernährungsweise
verschrieben, die viel Gemüse und Olivenöl
beinhaltet. Das Fleisch für Gyros, Souvlaki
und Co stammt von Biobauern aus der
Region. €

Tiergarten – Moabit

☒ 5 – cinco by Paco Pérez

Drakestr. 1, Tiergarten
Bus 100/200: Nordische Botschaften
© (030) 311 72 20, www.5-cinco.com
Mi–So 19–22.30 Uhr
Im eleganten Design-Hotel Stue führt der
vierfache Sternekoch Paco Pérez das Zepter.
Die Speisekarte basiert auf den reichhal-
tigen und herausragenden Zutaten der
iberischen Halbinsel. €€€€

☒ Paris Moskau

Alt Moabit 141, Moabit
U-/S-Bahn: Hauptbahnhof
© (030) 394 20 81, www.paris-moskau.de
Mo–Fr 12–15 und tägl. ab 18 Uhr
Von der S-Bahn aus gesehen hält das kleine
Fachwerkhäuschen beinahe trotzig die
Stellung am Rande des riesigen, neuen
Innenministeriums. Innen erwarten den
Gast Holzmobiliar und weiße Tischtücher.
Seit 35 Jahren betreibt Wolfram Ritschl
das Gourmetrestaurant und bietet sowohl
französisch-russische Menüs als auch A la
Carte-Gerichte mit Zutaten aus der Region
an. Mit Terrasse. €€€

☒ Restaurantschiff Patio

Kirchstr. 13 A, Moabit
S5/7/75: Bellevue
© (030) 40 30 17 00, www.patio-berlin.de
Tägl. 11.30–24 Uhr
Gästen mundet auf dem Restaurantschiff

Lammrücken an Wurzelgemüse oder
Eismeerforelle mit Mango-Chili-Risotto
sowie Pizza und vegane Speisen. €€€

☒ Lanninger im Abion Hotel

Alt-Moabit 99, Moabit
S5/7/75: Bellevue
© (030) 39 92 07 98, www.lanninger.de
Tägl. 12–1 Uhr
Es gibt wenige Möglichkeiten so schick
und entspannt direkt an der Spee zu sitzen
wie auf der Terrasse des Lanninger. In der
kalten Jahreszeit sitzt man innen wie im
Wintergarten und lässt sich die regionale,
leichte Küche schmecken. €€

☒ Lei e Lui

Wilsnacker Str. 61, Moabit
U9: Turmstraße
© (030) 30 20 88 90, www.lei-e-lui.de
Mi–Sa 17–24 Uhr
Ob Rote Bete-Süßkartoffel-Kokoscreme mit
Ingwer, Apfel, frischer Minze und blauen
Trauben oder Gorgonzola-Lauch-Risotto
mit Lachs – für die mediterran-orientalische
Küche werden Bio-Zutaten verwendet. €€

☒ ♩ Zunfthalle

Arminiusstr. 2–4, Moabit
U9: Turmstraße
© (030) 60 98 86 64 45
www.zunfthalle-berlin.de
Öffnungszeiten je nach Veranstaltung
Neben Bio-Bäcker, Tortenmanufaktur und
Burgerladen, gibt es auch Orientalisches,
Frisches aus dem Meer an der Fisch-Bar
sowie gute Weine im offenen Weinladen.
Außerdem im Programm: Live-Jazz-Aben-
de, Kreativ- und Streetfoodmarkt. €€

☒ 🏛 Buchkantine

Dortmunder Str. 1, Moabit
U9: Hansaplatz
© (030) 94 88 37 28, www.buchkantine.de
Mo–Fr 9–18.30, Sa bis 17 Uhr
Mix aus Buchhandlung und Bisto-Café mit
großer, gen Süd-Westen gelegener Terras-
se. Frühstücksvariationen, Suppen, Wraps,
Salate und passable Burger. €–€€

BARS UND KNEIPEN

VON KLASSISCH BIS SCHRÄG

Die Kreuzberger Nächte haben zwar einen legendären Ruf, doch mittlerweile hat sich auch in vielen anderen Teilen der Stadt eine bunte Barszene etabliert. Man muss in Berlin also keinesfalls einen bestimmten Stadtteil ansteuern, um einen netten Abend zu verbringen. Jeder einzelne Kiez ist eine kleine Welt für sich und verfügt über eine eigene, dem Stadtteil entsprechende Ausgehmeile.

In Mitte bewegt sich rund um den **Rosenthaler Platz** und die **Torstraße** die typische Berliner Mischung aus Mode- und Kunstszene durch die ansässigen Bars und Clubs. Auch die Flaniermeile zwischen **Hackescher Markt** und **Friedrichstraße** ist abends gut besucht.

Mondäne Salonatmosphäre im Galander Charlottenburg

Während es in Prenzlauer Berg in den Kneipen und Cafés rund um den **Helmholtzplatz** vergleichsweise ruhig zugeht, zeigt sich in Friedrichshain die dichte Bar- und Kneipenlandschaft des **Simon-Dach-Kiezes** in einem schillernden Partylicht. Auch auf beiden Seiten der **Oberbaumbrücke** wird in Berlins bekanntesten Clubs die Nacht zum Tag gemacht.

Kreuzkölln, wie Nord-Neukölln aufgrund seiner Nähe zu Kreuzberg genannt wird, gehört mit seiner individuell gestalteten Barszene zu den jüngsten Ausgehvierteln. Und auch der bei Studenten beliebte **Wedding** macht mehr und mehr von sich reden, wenn es um die jugendliche Abendgestaltung geht. Im Gegensatz dazu hat das Nachtleben rund um den **Nollendorfplatz** Tradition: Bereits seit den frühen 1920er Jahren gilt der Platz als Zentrum der Homosexuellenszene West-Berlins.

Neben klassischen Bars ist derzeit ein Trend zur **Tanzbar** zu beobachten. Anstelle von neuen Clubs eröffnen zunehmend eher kleinere, überschaubare Läden, in denen man sich auf einen Cocktail trifft und zu fortgeschrittener Stunde auch das Tanzbein schwingen kann. Neben dem **Kitty Cheng** in der Torstraße zählt auch **The Grand** (vgl. S. 181) zu diesen Orten und die Club-Bar **Dean** in der Rosenthaler Straße.

Es gibt natürlich auch viele Cocktailbars in Berlin. Wer nicht gerade die üblichen Adressen in Mitte ansteuern möchte, sollte den Weg in die **Saphire Bar** am Rande des Volksparks Friedrichshain finden. Neben 300 Cocktails serviert man hier mediterranes Fingerfood. Unumgänglich für echte Liebhaber der alkoholischen Mixgetränke ist außerdem **Becketts Kopf** (vgl. S. 111) im Herzen des Prenzlauer

Bergs. Ohne vorherige Reservierung kommt man in den stilistisch reduzierten Laden, der nur über eine Klingel Einlass gewährt, jedoch nur schwer in den Genuss astreiner Cocktails. Dasselbe Prozedere gilt für das stylische **Green Door** in Schöneberg.

Neben den eleganten Hotelbars der Sternehotels hat Berlin außerdem urige Eckkneipen und Trinktempel mit besonderen Konzepten zu bieten: In der **Berliner Republik** beispielsweise berechnet der Börsenrechner ab 17 Uhr die aktuellen Bierpreise.

Charlottenburg – Wilmersdorf

🍸 Galander Charlottenburg
Stuttgarter Platz 15, Charlottenburg
S-Bahn, Bus 109/X34: Bahnhof Charlottenburg
✆ (030) 36 46 53 63
http://stutti.galander-berlin.de
Tägl. 18–2 Uhr
In dem mondänen Salon der Gründerzeit – Dielenboden, warme Braun- und Rottöne, opulente Beleuchtungselemente – genießt man leckere Drinks, die von Caroline Schlicher zubereitet werden.

🍸 Pavement Bar & Lounge
Uhlandstr. 161, Charlottenburg
U1, Bus M19/M29/109: Uhlandstraße
✆ 0160-477 03 82
www.pavement-berlin.de
Tägl. ab 19 Uhr
Die Pavement Bar ist eine stylische, kleine Lounge nahe des Ku'damms. Das magentafarbene Licht verströmt eine angenehme Atmosphäre und die Drinks, die Bartender Brani mixt, gehören dem klassischen Sortiment an. Da bleibt man gerne auf ein weiteres Glas, und das zu moderaten Preisen.

🍸🍽🍺 Schwarzes Café
Kantstr. 148, Charlottenburg
S-Bahn: Savignyplatz
✆ (030) 313 80 38
www.schwarzescafe-berlin.de
Tägl. außer Di (3-10 Uhr geschl.) 0–24 Uhr
Legendär: Zu jeder Tageszeit kann man hier auf zwei Etagen Cocktails, Kaffee und leckere Snacks bekommen. Außerdem gehört zu dem ranzig-schönen Altbau der wohl kleinste Balkon der Stadt.

🍺 Union Jack
Schlüter Str. 15, Charlottenburg
Bus M49: Schlüterstraße
✆ (030) 312 55 57, www.unionjack-berlin.de
Tägl. außer So ab 19 Uhr
Der britische Pub gehört zu den besten Whisk(e)y-Bars des Landes. Mehr als 400 Sorten Single Malt Whisky schenkt die Chefin und Kennerin aus.

🍺🍽 Vaust
Pestalozzistr. 8, Charlottenburg
S-Bahn: Savignyplatz
✆ (030) 54 59 91 60, www.vaust-berlin.de
Di–Sa ab 17, Küche bis 22.30 Uhr
Selbstgebrautes Bier, Wein und hauseigene Limonade – das klingt verlockend. Dazu die passenden rustikalen, veganen Speisen. Spezialität des Hauses sind die fleischlose Currywurst, Treberbrot mit hausgemachtem Zwiebelschmelz und Quiche. Regelmäßig Braukurse.

Friedrichshain

🍸 Booze Bar
Boxhagener Str. 105, Friedrichshain
Tram 21: Niederbarnimstraße
✆ (030) 95 59 11 45, www.booze-bar.de
Tägl. ab 19 Uhr
»No Happy Hour. No Shishas. No Shit. Only drinking.« In der Booze Bar kann man tatsächlich einfach nur gepflegt gute Cocktails trinken.

🍸 Crack Bellmer
Revaler Str. 99/Ecke Simon-Dach-Str. Friedrichshain
S3/5/7/U1: Warschauer Straße
www.facebook.com/CrackBellmer
Tägl. ab 20 Uhr
Die Bar mit Fabrikcharme auf dem RAW–Gelände macht zwischen den vielen Clubs eine gute Figur und ist ein guter Rastplatz beim Flug durch die Partynacht.

🍸 CSA

Karl-Marx-Allee 96, Friedrichshain
U5 Weberwiese
℘ (030) 29 04 47 41
So–Do 19–2 Uhr, Fr, Sa 19–5 Uhr
Mit Blick auf den schönsten Boulevard der Stadt und einem Gin Fizz in der Hand ist die Welt noch in Ordnung. Die russisch angehauchte Architektur draußen lässt einen glauben, man sei weit weg. Das tut zur Abwechslung richtig gut. Schöne Lounge–Atmosphäre.

🍺 Die Tagung

Wühlischstr. 29, Friedrichshain
Tram M13: Simplonstraße
℘ (030) 29 77 37 88
Die alteingesessene Kneipe verbreitet durch FDJ-Plakate und andere DDR-Reliquien ein ostalgisches Flair. Das Berliner Stammpublikum sinniert hier bei günstigen Drinks und alternativer Musik vergangenen Friedrichshainer Zeiten nach.

🍸🏊 Haubentaucher

Revaler Str. 99, 1. Einfahrt, Friedrichshain
S3/5/7/U1: Warschauer Straße
℘ (030) 297 76 67 70
http://haubentaucher.berlin
Tägl. 10–3 Uhr, Eintritt € 3
Auf dem RAW-Gelände lässt sich nicht nur feiern, sondern gleichzeitig auch baden oder im Whirlpool abhängen. Natürlich mit einem guten Drink in der Hand.

🍺 Hops & Barley

Wühlischstr. 22/23, Friedrichshain
Tram M13: Wühlisch-/Gärtnerstraße
℘ (030) 29 36 75 34
www.hopsandbarley-berlin.de
Tägl. 17–3 Uhr
Bierfans aufgepasst: In der Friedrichshainer Hausbrauerei gehen nur selbst gebrautes Pils, Hefeweizen, Schwarzes und wechselnde Spezialbiere über die Theke.

🍺 Kptn. A. Müller

Simon-Dach-Str. 32, Friedrichshain
Tram M13: Libauer Straße
℘ (030) 54 73 22 57

www.kptn.de
Tägl. ab 18 Uhr
Der Kptn ist eine typische Kneipe im Simon-Dach-Kiez: durchgesessene Sofas, schummriges Licht und gute Musik, dazu günstiges Bier und Longdrinks sowie ein überwiegend junges, studentisches Publikum. Mit Kicker.

🍸 Primitiv Bar

Simon-Dach-Str. 28, Friedrichshain
Tram M13: Simplonstraße
Tägl. ab 18 Uhr, Juni–Sept. evtl. geschl.
Die kuschelige Bar besteht aus zusammengewürfelten Retromöbeln. Der Laden ist meist sehr voll, vor allem, wenn Burlesque-Abend ist. Cocktail-Tipp: Illegal Russki, auch bekannt als White Russian.

🍸 Sanatorium 23

Frankfurter Allee 23, Friedrichshain
U5/Tram M10: Frankfurter Tor
℘ (030) 42 02 11 93
www.facebook.com/sanatorium23
Tägl. ab 15 Uhr
In der, von zwei Seiten komplett verglasten Schaufensterfront des Sanatorium23 bekommt man zu minimaler Elektromusik auf Kunstledersofas seine »Medizin« serviert.

🍸 Saphire Bar

Bötzowstr. 31, Friedrichshain
Tram M10: Arnswalder Platz
℘ (030) 25 56 21 58, www.saphirebar.de
Tägl. ab 20 Uhr
Der Edelstein unter den Cocktailbars kommt in futuristischem Design mit weißen Ledersesseln und einer langen Theke daher, die stets sehr gut besucht ist. Das wiederum liegt an den ausgezeichneten Getränken, die auf Wunsch nach persönlichen Vorlieben kreiert werden. Die kleine Schwester,

Coole Location am Wasser: Club der Visionäre

die **Saphire Martini Lounge**, befindet sich in der Nähe (Sredzkistr. 62).

Kreuzberg

🍸 Bar Raclette
Lausitzer Str. 34, Kreuzberg
Bus M29: Ohlauer Straße
U1/8: Kottbusser Tor
✆ (030) 61 28 71 21, www.bar-raclette.de
Tägl. ab 19 Uhr
Vor allem die verwinkelten Nischen und der offene Kamin machen die Bar so gemütlich. Dazu liefern die Jungs hinter dem Tresen auch noch ordentliche Drinks ab.

🍸 Club der Visonäre
Am Flutgraben 1, Kreuzberg
U1: Schlesisches Tor, Bus 265: Heckmannufer
✆ (030) 69 51 89 42
www.clubdervisionaere.de
Mai–Okt. tägl. ab 15, Sa/So ab 12 Uhr
An lauen Sommerabenden gibt es wohl kaum einen schöneren Ort, wo man, die Füße im Wasser baumelnd, zusammen auf dem Steg sitzen und sein Helles genießen kann. Im Hintergrund sorgt ein DJ für die passende Musikuntermalung. Meistens kostet der Spaß ein paar Euro Eintritt.

🍸 John Muir
Skalitzer Str. 50, Kreuzberg
U1: Görlitzer Bahnhof
✆ (0173) 161 11 41
www.johnmuirberlin.com
Tägl. außer So ab 18 Uhr
Einige Stufen abwärts und den schweren roten Vorhang beiseite geschoben, erwartet einen das John Muir mit schummrigem Licht und alten Tischen und Stühlen. Die Karte ist übersichtlich, die Cocktails ebenso wie der Kaffee kräftig. Benannt nach dem US-amerikanischen Naturschützer John Muir, der im 19. Jh. die Idee des Nationalparks begründete.

🍸 Lerchen und Eulen
Pücklerstr. 33, Kreuzberg
U1: Görlitzer Bahnhof
www.lerchenundeulen.de
Tägl. ab 14 Uhr
Die charmante Einrichtung, die fairen Preise und das ausgesprochen fröhliche Personal heben den Wohlfühlcharakter der Bar ungemein. Unbedingt auch den hauseigenen Kaffee probieren.

🍸 Limonadier
Nostitzstr. 12, Kreuzberg
U6/7: Mehringdamm
✆ (0170) 601 20 20, www.limonadier.de
Tägl. ab 19 Uhr
Cocktailbar im Stil der 1920er Jahre. Neben hausgemachten Limonaden und Likören gibt es hochwertige Spirituosen gemixt mit frisch gepressten Säften. Im Sommer sitzt man wunderbar auf der Terrasse.

🍸 Möbel Olfe
Reichenberger Str. 177, Kreuzberg
U1/8: Kottbusser Tor
✆ (030) 23 27 46 90, www.moebel-olfe.de
Tägl. außer Mo ab 18 Uhr
Direkt am Kotti (Kottbusser Tor) betört dieser immer volle, immer laute Ort u. a. mit polnischem Bier und großer Auswahl an Wodka sowohl das Homo- als auch Hetero-Publikum.

🍸 Paloma Bar
Skalitzer Str. 135, Kreuzberg
U1/8: Kottbusser Tor
www.facebook.com/palomaberlin
Do–Sa 21–5.30 Uhr
Die Bar erinnert an Omas Wohnzimmer, wäre da nicht die große Fensterfront mit Blick auf den Kotti und die elektronische Musik.

🍺 Schmitz Katze
Oranienstr. 163, Kreuzberg
U8, Bus M29: Moritzplatz
✆ (030) 70 71 50 42
Tägl. ab 15 Uhr
Schmitz Katze ist eine richtig Raucher-Bierkneipe ohne viel Schnickschnack: Es gibt diverse Biersorten, Wein, Schnaps und kleinere Snacks. Außerdem kann man Billard und Dart spielen sowie Fußball gucken. Die Musik geht vorzugsweise in Richtung Rock.

Mitte

🍸 Buck & Breck
Brunnenstr. 177, Mitte
Tram M8: Brunnen-/Invalidenstraße
http://buckandbreck.com

Das Dean in der Rosenthaler Straße vereint in seinem Club-Bar-Konzept edles Bar-Flair mit stylisher Club-Atmosphäre

Tägl. ab 19 Uhr
Die wohl kleinste Anlaufstelle der Stadt im Bereich Cocktails gibt sich geheimnisvoll: Der kleine Raum, den die Theke gänzlich einnimmt ist nur nach dem Klingeln zu betreten. Die Flaschen, die beim Mixen in Windeseile geschwungen werden, sind mit Farbcodes versehen und so verrät bloß die kleine Karte etwas über die gehobene Spirituosenauswahl.

🍸 **Kitty Cheng**
Torstr. 99, Mitte
U8, Tram M1/8: Rosenthaler Platz
✆ (030) 92 36 89 75, www.kittycheng.de
Tägl. außer Mo ab 21 Uhr
Die Berliner C-Prominenz schlürft hier an der Theke gerne Cocktails und begibt sich zum Tanzen eine Etage tiefer auf die Tanzfläche.

▶✕ **Die Berliner Republik**
Schiffbauerdamm 8, Mitte
U-/S-Bahn: Friedrichstraße
✆ (030) 30 87 22 93
www.die-berliner-republik.de
Tägl. 10–6 Uhr
Ein bunt gemischtes Publikum lässt sich hier 18 verschiedene frisch gezapfte Biersorten schmecken. Gezahlt wird ab 18 Uhr je nach Preislage der hauseigenen Bierbörse. Dazu schmeckt die Currywurst aus Tofu oder ein solides Eisbein.

🍸 **Dean**
Rosenthaler Str. 9, Mitte
U8, Tram M1/M8: Rosenthaler Platz
✆ (030) 809 41 50
www.amanogroup.de/eat-drink/dean

Mi–Sa ab 21 Uhr
In dem Eckhaus an der Rosenthaler Straße war zuvor das Delicious Doughnuts, einer der ersten Clubs der Nachwende-Ära. An die Stelle des abgeranzten Looks ist die Edelvariante einer Club-Bar getreten: schwarzer Marmortresen, vergoldete Spiegeldecke, samtene Sitzecken. Dazu gibt es einmal in der Woche Livemusik.

🍸 **Drayton Bar Berlin**
Behrenstr. 55, Mitte
U6: Französische Straße
✆ (030) 680 73 04 73
www.draytonberlin.com
Di–Sa ab 19 Uhr
Die Bar ist weit mehr als ein Anhängsel des Restaurants Cookies & Cream. Die wechselnde Karte bietet 15 Drinks, die Barchef Christian Gentemann mit frischen Kräutern und Gewürzen mixt. Preislich liegen sie zwischen 9 und 12 Euro.

🍸 **Mein Haus am See**
Brunnenstr. 197/198, Mitte
U8, Tram M1/M8: Rosenthaler Platz
✆ (030) 27 59 08 73
http://mein-haus-am-see.blogspot.de
Tägl. rund um die Uhr geöffnet
»Not a bar, not a club, something sexier in between!« lautet das Motto des Ladens. Fest steht, dass man zu jeder Tages- und Nachtzeit vorbeikommen kann. Von der Empore aus hat man einen tollen Überblick, Bier und Cocktails holt man sich an der Bar. Getanzt wird vor allem im Kellerclub Cosmic Kaspar. Es gibt ein buntes Programm aus Vernissagen, Lesungen und DJ-Auftritten.

Moabit

◨ The lir
Flensburger Str. 7, Moabit
S2/5/75: Bellevue
✆ (030) 392 85 02, www.thelir.de
Tägl. 17–2 Uhr
Neben Guinness, Kilkenny, Stout, Ale und Cider verspricht die Karte des irischen Pubs auch Cocktails und Wein. Man sitzt herrlich gemütlich am Kamin oder im Sommer in dem kleinen begrünten Biergarten.

🍸☒ Sugar Tapas Bar
Wilhelmshavener Str. 14, Moabit
U9: Birkenstraße
✆ (0176) 84 16 84 81
http://sugar-tapas-bar.blogspot.de
Tägl. 17–1 Uhr
Prima Auswahl an Cocktails, Longdrinks und leckeren Tapas. Dazu gute Musik, freundliches Personal und bei gutem Wetter, die Möglichkeit draußen zu sitzen.

Neukölln

◨ Ä
Weserstr./Ecke Fuldastr., Neukölln
Bus M41: Fuldastraße
✆ (030) 30 64 87 51, www.ae-neukoelln.de
Tägl. ab 17 Uhr
Ein bunt gemischtes Publikum erfreut sich an den Konzerten, Lesungen, spielt Kicker oder kommt einfach nur, um entspannt ein Bier zu trinken.

🍸◨ Fuchs und Elster
Weserstr. 207, Neukölln
Bus M29/41/171/194: Sonnenallee/Pannierstraße
www.fuchsundelster.com
Mo–Mi 12–24, Do–So bis 3 Uhr
Mischung aus Café und Bar: Gemütlich mit großen Sofas und Kerzenschein kann man hier abends wunderbar ein Glas Wein trinken. Legendär sind die Partys im Keller.

🍸 Kuschlowski
Weserstr. 202, Neukölln
Bus M29/M41/171/194: Sonnenallee/Pannierstraße
✆ (0176) 22 09 58 76, www.kuschlowski.de
Tägl. 20–3 Uhr
Zu dem angesagten Trödelmarktmobiliar und der gemusterten Tapete gesellt sich in dieser Kneipe noch ein alter Kaminofen. Das Publikum ist bunt gemischt. Bei den Getränken beachte man die Auswahl an Wodkas.

◨ Lenau Stuben
Hobrechtstr. 62, Neukölln
U7/8: Hermannplatz
✆ (030) 693 48 54
Eine Kneipe mit Tradition: braune Möbel, ein Billardtisch, schummrige Beleuchtung und Deko mit Pokalen in den Regalen. Der Wirt ist stets freundlich und das Bier sehr günstig.

◨ Mama
Hobrechtstr. 61, Neukölln
U8: Schönleinstraße
✆ (0157) 71 94 49 16
Tägl. 19–5 Uhr
Abends ist es hier immer brechend voll mit jungen Leuten aus aller Herren Länder. Getrunken wird in den unverputzten vier Wänden tschechisches Bier, gesessen auf altem Trödelmobiliar.

🍸 Nathanja und Heinrich
Weichselstr 44, Neukölln
Bus M29/171/194: Pflügerstraße
✆ (030) 624 91 14
http://nathanja-heinrich.de
Tägl. außer Mo 13–3 Uhr
Nackte, braune Wände und zusammengewürfeltes Innenleben – das ist der Stil vieler Szenebars, aber, es mag an der Größe liegen, alles wirkt hier etwas stilvoller und ruhiger. Auch das Publikum ist etwas älter als in anderen Etablissements im Kiez.

🍸 Tier
Weserstr. 41, Neukölln
Bus M29/41/171/194: Sonnenallee/Pannierstraße
✆ (0178) 233 95 13, tägl. Ab 19 Uhr
Echt tierisch: Sehr gut gemixte Drinks à la Gin Tonic und im Sommer ein Platz auf der Terrasse.

🍸 Yuma Bar
Weserstr.14, Neukölln
U7/8: Hermannplatz
✆ (030) 60 94 13 68, www.yuma-bar.de

191

Tägl. ab 18 Uhr
Die Yuma Bar sticht allein schon durch ihr etwas schickeres Äußeres im Reuterkiez hervor. Die Cocktails sind ausgezeichnet, neben Klassikern probieren sich die beiden Barkeeper auch immer mal wieder in neuen Kreationen. Freitags spielt der DJ vorzugsweise Hip Hop, Jazz, Funk und Soul.

Prenzlauer Berg

⏸ Dr. Pong
Eberswalder Str. 21, Prenzlauer Berg
U2, Tram M1/M10/12: Eberswalder Straße
www.drpong.net
Mo–Sa ab 20, So ab 19/18 Uhr (im Winter)
Eine Tischtennisplatte, ein Kicker, Musik und eine Theke mit Kühlschrank, mehr braucht es nicht, um Scharen von Menschen Abend für Abend in die unscheinbaren Räumlichkeiten von Dr. Pong zu locken. Mitunter spielen hier 40 Leute Rundlauf.

⏸ Eselsbrücke
Greifenhagener Str. 18, Prenzlauer Berg
U-/S-Bahn: Schönhauser Allee
℡ (030) 445 66 21, tägl. ab 18 Uhr
Zu später Stunde ist die Kneipe hinter den Schönhauser Allee Arkaden stets gut besucht. Es gibt Bier, Whisky und Rockmusik zu fairen Preisen.

⏸ Hermann
Schönhauser Allee 173, Prenzlauer Berg
U2: Senefelderplatz
℡ (030) 44 31 28 54
www.facebook.com/bravebelgians.HERMAN
Tägl. 18–3 Uhr
Saison Dupont, Hoegaarden, Moinette Blonde: Steht man in der belgischen Bierbar an der Theke, trifft der Blick ein immens hohes Regal mit vielen Flaschen. Inhaber Bart Neirynck kennt sich aus und empfiehlt gerne eine der rund 100 Biersorten, die er im Angebot hat.

🍸 Le Croco bleu
Prenzlauer Allee 242, Prenzlauer Berg
M2: Metzer Straße

℡ 0151-582 478 04, http://lecrocobleu.com
Do–Sa ab 18 Uhr
Sehr coole Bar im Fabrikambiente der alten Bötzow Brauerei, wo auch Tim Raue sein Restaurant La soupe polpulaire hat. Erstklassige Cocktails.

🍸❎ Trespassers
Fehrbelliner-/Ecke Christinenstraße
Prenzlauer Berg
U2: Senefelderplatz
℡ (030) 53 06 70 58, www.trespassers.eu
Tägl. ab 16 Uhr
Mexiko in Prenzlauer Berg! In der Eckbar gibt es mexikanische Snacks und Tapas sowie eine Reihe hausgemachter, aromatischer Wodka-Variationen. Getreu dem Motto »Life is to short for lausy drinks« wird hier ausgeschenkt.

Schöneberg

🍸 Bar am Lützowplatz
Lützowplatz 7, Schöneberg/Tiergarten
U1: Nollendorfplatz
℡ (030) 262 68 07
www.baramluetzowplatz.de
Di–Sa ab 17 Uhr
Die Berliner Bar-Ikone mit dem schmalen, schlauchartigen Raum und ewig langem Tresen ist ein Evergreen. Um die 30 Cocktails stehen auf der Karte, bevorzugt mit lokalen Spirituosen gefertigt.

🍸 Goldstück
Winterfeldtstr. 17, Schöneberg
U3/4, Bus M19: Nollendorfplatz
℡ (0176) 23 15 14 91
www.goldstueck-berlin.com
Tägl. außer Mo ab 11.30 Uhr
Ob Bier, Wein oder Cocktail, in der Souterrain-Bar ist man immer bestens beraten. Man sitzt gemütlich unter einer Decke aus Notenblättern, alte Schwarzweißaufnahmen schmücken die Backsteinwände. Während der Angry Hour (20–22 Uhr) gibt es ausgewählte Cocktails für € 5.

🍸 Green Door
Winterfeldtstr. 50, Schöneberg
U1–4: Nollendorfplatz
℡ (030) 215 25 15
http://greendoor.de
Tägl. ab 18 Uhr
In den retrotapezierten Wänden hinter der grünen Tür ist Dandy-Feeling angesagt:

Hohe Cocktailkunst wird am langen Tresen in der Bar am Lützowplatz geboten

Zu feinen Cocktails, trinkt man das bereit gestellte Glas Wasser und raucht Zigarre.

🕮 Möve im Felsenkeller
Akazienstr. 2, Schöneberg
S1: Julius-Leber-Brücke, Bus M48/M85: Kaiser-Wilhelm-Platz
✆ (030) 781 34 47
Mo–Fr 16–1, Sa 12–2 Uhr
Ein Keller ist es nicht, dafür eine sehr authentische, rustikale Kneipe mit Seltenheitswert. Hier wird meist am Tresen dicht gedrängt gestanden, das frisch Gezapfte genossen und geredet. Wer früh genug da ist, lässt sich den leckeren Eintopf nicht entgehen.

🍸🍽 Neues Ufer
Hauptstr. 157, Schöneberg
U7: Kleistpark
✆ (030) 78 95 79 00
www.neuesufer.de
Tägl. 14–2 Uhr
Vorgänger des Cafés war das »Andere Ufer«, in dem David Bowie Stammgast gewesen sein soll. Tatsache ist, dass es ein herrlicher Ort ist, um in der Sonne zu sitzen oder auch drinnen bei einem Drink mit anderen Gästen ins Gespräch zu kommen.

🍸🍽 Reza Café Bar
Maaßenstr. 4, Schöneberg
U1, Bus M29/106: Nollendorfplatz
✆ (030) 21 91 23 04
www.cafe-reza.de

Tägl. 9–3 Uhr
Das Café, eingerichtet im französischen Stil der 1920er Jahre, mutiert abends zur Bar. Dann kommen die kleinen schwarzen Tischchen und die Schwarzweißaufnahmen an den Wänden erst richtig zur Geltung. Das bunt gemischte Publikum trinkt Wein, Bier oder auch Champagner oder Whisk(e)y.

🍸 Voima Bar
Winterfeldtstr. 22, Schöneberg
U2, Bus M19/29/48/85: Bülowstraße
www.voima.de
Mi–So 18–3, Happy Hour 18–20 Uhr
Finnische Biersorten und anderen Spirituosen sowie Cocktails aus dem hohen Norden haben schnell Fans gefunden. Eine finnische Fahne vor dem Eingang weist den Weg.

Wedding

🍸 Moritz Bar
Adolfstr. 17, Wedding
U9: Nauener Platz
✆ (0173) 680 76 70
www.moritzbar.com
Tägl. ab 19 Uhr
Eine beliebte Adresse im Antonkiez, vor allem Studenten zieht es an den langen Tresen, über dem nackte Glühbirnen von der Decke baumeln. Der etwas ranzige Look, die kleine Karte mit Flaschenbieren und Cocktails sowie Events wie »Whiskey & Rhymes« kommen bestens an. ✺ 193

CLUBS
VON SZENIG BIS SCHICK

Wummernde Bässe am Montagmorgen, Tanzen am Sonntag-nachmittag: Berlin ist bekannt für sein ausuferndes Nacht-leben, und manche Clubs haben inzwischen am Wochenende rund um die Uhr geöffnet. Dank der fehlenden Sperrstunde können Bars, Kneipen und Clubs so lange öffnen wie sie Lust haben. Die Clubszene ist weltweit einmalig! Berlin gilt als Wiege des Technos, und auch Elektro ist eine Musikrichtung, die viel Publikum in die Clubs zieht, die sich oft in leerstehenden Fabrikhallen etabliert haben. Wann wo was los ist, erfährt man am besten aus den Stadtmagazinen Zitty, Tip, 030 oder im Internet unter www.virtualnights.com.

Für jeden Geschmack ist etwas dabei: ob kleine, trashig eingerichtete Kellerclubs, mit edlen Holzdielen versehene Tanzsäle oder traditionelle Ballhäuser, in denen mitunter schon seit über 100 Jahren geschwoft wird – hier wird die Nacht zum Tage gemacht. Zum Ausgehen und Feiern zieht es die Jüngeren vor allem ans Spreeufer rund um die **Oberbaumbrücke**. Die **Revaler Straße**, die direkt an die Kneipenmeile der Simon-Dach-Straße anschließt, trägt aufgrund der Vielzahl an Clubs den Beinamen Techno-Strich.

In Kreuzberg und dem angrenzenden Treptow befinden sich neben unter-schiedlichen Clubs rund um das **Schlesische Tor** herum auch die **Arena Berlin**, ein Ort für Konzerte, Messen und Partys. Davor ankert das **Badeschiff**: schwim-mender Pool und begehrte Partylocation. Auch um das **Kottbusser Tor** tobt das Nachtleben. Außerdem laden zahlreiche Strandbars zum Feiern und Verweilen bis in die frühen Morgenstunden ein. Rund um den **Ostbahnhof** und den nahe gelegenen Bahnhof **Ostkreuz** sind weitere bekannte Clubgrößen angesiedelt. Im Norden von Neukölln, an der Grenze zu Kreuzberg, die vom Maybachufer am Landwehrkanal und dem Kottbusser Damm gebildet wird, liegt Berlins derzeitiges In-Viertel **Kreuzkölln**. Im Umkreis der Reuter-, Hobrecht- und Weserstraße findet sich das momentane Zentrum für Subkultur und damit auch ein angesagtes Par-tyviertel.

Während rund um den **Winterfeldtplatz** bereits seit den 1920er Jahren Berlins Gay-Viertel auszumachen ist, hat sich die **Torstraße** in **Mitte** erst in den letzten Jahren zum Ausgehviertel entwickelt: In den hier ansässigen Bars und Clubs ist die Berliner Kreativ-Schickeria anzutreffen. Auch im Wedding in der Nähe des Humboldthains öffnen in letzter Zeit immer mehr neue Bars und Clubs. Man darf gespannt sein, welches Stadtviertel als nächstes das Nightlife von Berlin bereichert.

Charlottenburg – Wilmersdorf

Puro Sky Lounge
Tauentzienstr. 9–12, Charlottenburg
Bus M19/M29/M46, U1/9: Kurfürstendamm
✆ (030) 26 36 78 75
www.puroberlin.de
Mi–Sa ab 20 Uhr
Über den Dächern im 20. Stock des Europa-Centers feiert das junge Publikum gerne bis zum Sonnenaufgang auch auf der Dachter-rasse. Jeden Donnerstag ab 21 Uhr legen DJs bei der After Work- Party auf.

Friedrichshain

://about blank
Markgrafendamm 24 C
Friedrichshain
S-Bahn: Ostkreuz
http://aboutparty.net
Do–Sa ab 23 Uhr, So je nach Veranstaltung
Die Musik auf den drei Floors ist meist elektrolastig. Jeden zweiten Donnerstag können Newcomer ihr Können an den Turntables beweisen. Im Hof stehen Bänke, Kicker und Tischtennisplatten.

Das meist junge Publikum lässt den Kiezclub Cassiopeia nicht nur am Wochenende brummen

▼ Berghain
Am Wriezener Bahnhof 20, Friedrichshain
S3/5/7/75: Ostbahnhof
℗ (030) 29 36 02 10, www.berghain.de
Do/Fr veranstaltungsabhängig, Sa ab 24 Uhr
Das mehrstöckige Labyrinth in dem ehemaligen Kraftwerk wurde vor einigen Jahren zum besten Club der Welt gewählt. Hier legen berühmte DJs auf, hier werden die ausschweifendsten Partys gefeiert. Die Tür zum Techno-Himmel gehört zu den härtesten der Stadt.

▼♫ Cassiopeia
Revaler Str. 99, Friedrichshain
U-/S-Bahn: Warschauer Straße
℗ (030) 47 38 59 49
http://cassiopeia-berlin.de
Tägl. ab 23 Uhr
In der Industriehalle auf dem Gelände des ehemaligen Reichsbahnausbesserungswerks finden laufend Konzerte und Partys statt – von Hip-Hop, Reggae, Dancehall, Drum'n'Bass, Elektro und Punkrock bis hin zu Hardcore und Metal. Besonders bekannt ist der Kiezclub für seine monatlichen Hip-Hop-Partys, aber auch die Mittwochs- und Sonntagspartys mit Reggae und Dancehall-Sounds locken zahlreiche Stammgäste an.

▼ Kosmonaut
Wiesenweg 1–4, Friedrichshain
Tram 21, Bus 240: Neue Bahnhofstraße
http://kosmonaut.cc/with_love.html
Je nach Veranstaltung
Elektronische Musik wird hier groß geschrieben. Neben seiner Funktion als Club ist das alte Gebäude außerdem Veranstaltungsort für Kunst- und Kulturprojekte. Im Außenbereich lässt es sich im Sommer wunderbar feiern.

▼ Rosi's
Revaler Str. 29, Friedrichshain
S-Bahn: Ostkreuz
℗ (030) 20 07 83 09, www.rosis-berlin.de
Do–Sa ab 23 Uhr
Auf zwei meist immer vollen Floors, die je nach Abend mit Indie (donnerstags), Funk oder Drum'n'Bass beschallt werden, geht es hoch her. Im beliebten Hof stehen Sofas, ein uralter Kicker, eine Hollywoodschaukel und ein heiß begehrter Imbiss mit allem was Partygänger bei Kräften hält.

▼ Salon zur wilden Renate
Alt-Stralau 70, Friedrichshain
S-Bahn: Treptower Park
℗ (030) 25 04 14 26, www.renate.cc

Guten alten Techno gibt's im Suicide Circus

Bar, Garten, Labyrinth Mi–Sa ab 18, Partys ab 24 Uhr
Ein bisschen wie bei Alice im Wunderland: nicht nur aufgrund der skurrill dekorierten Räumlichkeiten, sondern auch wegen des bunten Partyvölkchens. Es gibt viele Sitz- und Liegegelegenheiten und im Keller das Labyrinth »Peristal Singum«. Gefeiert wird wild und ausgelassen zu Elektro und Minimal.

🍸 Suicide Circus
Revaler Str. 99, Friedrichshain

U-/S-Bahn: Warschauer Straße
✆ (0170) 555 20 24
www.suicide-berlin.com
Mi/Do ab 23, Fr/Sa ab 24 Uhr
Wer am Montagmorgen auf dem Weg zur Arbeit an der Warschauer Brücke vorbei kommt, hört meist noch die wummernden Bässe aus einem der nahe gelegenen Clubs. Der Startschuss zum Feiern fällt im Suicide bereits mittwochs mit der Partyreihe »Well Done!«. Der Tanzbereich ist groß, die DJs bekannt in der Technoszene. Beliebt ist vor allem der Open-Air-Bereich im Sommer.

• Kreuzberg

🍸 Farbfernseher
Skalitzer Str. 114, Kreuzberg
U1: Görlitzer Bahnhof
http://farb-fernseher.de
Mi–Sa 22–5.30 Uhr
Bar und Club zugleich: Die Tanzfläche ist mit geschätzten 5 x 5 m ultra klein, was aber niemanden davon abhält, sich hier eng an eng zum Elektro-Pop zu bewegen. Jüngeres Publikum.

🍸 Gretchen
Obentrautstr. 19–21, Kreuzberg
U6/7, Bus 140/248/M29/M41: Mehringdamm
✆ (030) 25 92 27 02
www.gretchen-club.de
Fr/Sa ab 23.30 Uhr, unter der Woche je nach Veranstaltung
Das Booking des Gretchens ist sehr vielschichtig – von Elektro über Dubstep, Indie bis Jazz ist alles dabei. Ebenso bunt durchmischt ist auch das Publikum, das sich auf den zwei Floors in den ehemaligen Stallungen eines preußischen Regiments bewegt.

🍸 Kottimonarch
Skalitzer Str. 134, Kreuzberg
U1/8: Kottbusser Tor
✆ (030) 61 65 60 03
www.kottimonarch.de
Di–Sa ab 21 Uhr und je nach Veranstaltung
Trashiger Bar-Club direkt am Kotti. Neben Lesungen und Konzerten sorgen unterschiedliche DJs für für gute Unterhaltung.

🍸🎬 Lido
Cuvrystr. 7, Kreuzberg

U1: Schlesisches Tor
☎ (030) 69 56 68 40
www.lido-berlin.de
Tägl. je nach Veranstaltung
Früher war das Lido ein Kino, und seit ein paar Jahren ist es als Konzertbühne und Club das Wohnzimmer der Rock-Indie-Elektro-Pop-Szene. Beliebt sind auch die Balkan-Beats-Partys.

🍸🎵 Magnet Club
Falckensteinstr. 48
Kreuzberg
Bus 265, U1: Schlesisches Tor
☎ (030) 44 00 81 40
www.magnet-club.de
Tägl. ab 23, Konzerte ab ca. 20 Uhr
Liebhaber von Indiepop, Alternative und Punkrock werden täglich mit Konzerten und Partys verwöhnt.
Im hinteren Bereich finden Konzerte statt, während der Mainfloor zum Tanzen einlädt.

🍸 Ritter Butzke
Ritterstr. 24–26, Kreuzberg
U1/8: Moritzplatz
☎ (030) 322 97 01 07
www.ritterbutzke.de
Fr–Sa ab 22 Uhr
Der Multifloor-Club liegt in zwei Werkhallen der unter Denkmalschutz stehenden Butzke-Werke. Gefeiert wird auf drei Ebenen und diversen, wild geschmückten Zwischenräumen sowie einem Außenbereich.

🍸🎵 SO36
Oranienstr. 190, Kreuzberg
U1: Görlitzer Bahnhof, Bus M29: Heinrichplatz
☎ (030) 61 40 13 06
www.so36.de
Öffnungszeiten je nach Veranstaltung
Eine Institution mit buntem Programm aus Partys (Café Fatal, Bad Taste Party, orientalische schwul-lesbische Party Gayhane, Electronic Ballroom, u.a.) und Konzerten sowie Kiezbingo, Roller Skate Disco und Nachtflohmarkt. Benannt nach dem historischen Postzustellbezirk Berlin SO 36.

🍸 WaterGate
Falckensteinstr. 49, Kreuzberg
U1: Schlesisches Tor
☎ (030) 61 28 03 94
www.water-gate.de
Mi–So ab 24 Uhr
Das Feinste aus Elektro, House, Techno und Minimal direkt an der Spree. Dank der durchgehend verglasten Front bietet der Waterfloor einen zauberhaften Blick aufs Wasser. Auch auf dem Steg wird im Sommer gerne dem Sonnenaufgang entgegen getanzt. Das Publikum: Kreative mit gutem Einkommen, auch über 40.

Auf zwei Dancefloors heizt das WaterGate mit renommierten DJs der Partymeute ein

Clubs

Mitte

🍸🎵 Bohannon
Dircksenstr. 40, Mitte
U-/S-Bahn: Alexanderplatz
✆ (030) 69 50 52 87, www.bohannon.de
Mo, Fr/Sa ab 23 Uhr
Der Kellerclub hat sich ganz den Klängen von Funk, Jazz und Soul verschrieben. Es finden auch häufig Konzerte statt.

🍸🎵 Clärchens Ballhaus
Auguststr. 24, Mitte
S1/2/25: Oranienburger Straße
✆ (030) 282 92 95, www.ballhaus.de
Das mehr als hundert Jahre alte Tanzlokal mit tollem Biergarten ist ein Berliner Original. Schon Heinrich Zille war hier Stammgast. In den legendären Wänden stehen abwechselnd Walzer und Chacha, Swing, Salsa oder Tango auf dem Programm. Freitags und Samstags ist abends Tanzparty mit einer wilden Musik- und Gästemischung. Der beeindruckende, prächtige alte Spiegelsaal im Obergeschoss ist ebenfalls Veranstaltungsort für z. B. Kammerkonzerte.

🍸 Felix
Behrenstr. 72, Mitte
U-/S-Bahn: Brandenburger Tor
✆ (030) 301 11 71 52
www.felix-clubrestaurant.de
Mo, Fr/Sa 23–5, Do 20–5 Uhr
Hohe Decken und edles Design: Die Bar auf der oberen Ebene bietet einen tollen Blick auf die Tanzfläche, die schon so mancher Star betreten hat. Besonders beliebt ist die »Monday Ladies Lounge«.

🍸 KitKat Club
Köpenicker Str. 76, Mitte
U8, Bus 265: Heinrich-Heine-Straße
✆ (030) 278 98 30, www.kitkatclub.org
Fr/Sa ab 23, So Afterhour ab 8 Uhr
Der Fetisch-Club ist weit über die Grenzen Berlins hinaus bekannt. Hier kann man nicht nur zu elektronischer Musik das Tanzbein schwingen, sondern sich auch auf ein erotisches Abenteuer begeben.

🍸🎵 Roter und Grüner Salon
Rosa-Luxemburg-Platz 1, Mitte
U2, Tram M8: Rosa-Luxemburg-Platz
✆ (030) 41 71 75 12
www.roter-salon-berlin.de
www.gruener-salon.de
Tägl. je nach Veranstaltung
Die Salons in den beiden Seitenflügeln der Volksbühne zählen zu den angesagtesten Locations der Stadt. Edler Parkettboden, Kronleuchter, Spiegelwände und Samtsofas machen das besondere Ambiente aus. Es gibt Lesungen, Konzerte und wechselnde Partyreihen mit Indie, Elektro, Pop und Rock.

🍸 Tube Station
Friedrichstr. 180–184, Mitte
U2/6: Stadtmitte
✆ (030) 20 61 61 70, www.tube-station.de
Do–Sa ab 23 Uhr
Einer der wenigen Hip-Hop-Clubs der Stadt. Wer auf R`n`B, New und Old School Hip-Hop steht, ist in der gestylten Location richtig. Der große Innenhof bietet im Sommer eine Outdoor-Bar mit vielen Sitzgelegenheiten zum Chillen.

Neukölln

🍸🍺 Griesmühle
Sonnenallee 221, Neukölln
Bus M41, S41/42: Sonnenallee
www.facebook.com/griessmuehle
Fr 16–24, Sa 12–24 Uhr
Direkt am Wasser gelegen und mit einem großen Biergarten ausgestattet, zieht es vor allem im Sommer das Partyvolk hierher.

🍸 Loftus Hall
Maybachufer 48, Neukölln
U7: Rathaus Neukölln
www.loftushall.de
Fr/Sa ab 23 oder 24 Uhr, je nach Programm
In einer Art Miniwald steht das Clubhaus, wo internationale DJs elektronische Musik auflegen. Die Einrichtung ist Retrostil, in etwa so wie auch manche Alpengastwirtschaft beschaffen ist, wenn sie noch nicht dem Sog der Moderne zum Opfer gefallen ist. Hypster-Publikum.

🍸 Soulcat
Pannierstr. 53, Neukölln
U7/8, Bus M29/M41: Hermannplatz
www.soulcat-berlin.de

Im Adagio wird samstags mit Stil zu Dance Classics und Club Hits gefeiert

Mo–Sa ab 20 Uhr
Goldene Wände tapeziert mit Platten-
covern – die Deko ist so heiß wie die Musik.
Jeden Abend gibt es hier das Beste an Black
Music aus den 1950er und 1960er Jahren.
Dazu hausgemachte Cocktailkreationen
und Bier vom Fass.

Tiergarten

Ⓨ Adagio
Marlene-Dietrich-Platz 1, Tiergarten
U-/S-Bahn: Potsdamer Platz
℡ (030) 258 98 90
www.adagio.de
Fr/Sa ab 22 Uhr
In prunkvollem Ambiente wird im Adagio
Club nahe des Potsdamer Platzes gefeiert.
Alte Holzfußböden, große Kronleuchter,
Wand- und Deckenmalereien erinnern an
vergangene Epochen. Getanzt wird zu
Klassikern, aktuellen Hits aus den Charts
und R'n'B.

Ⓨ 40 Seconds
Potsdamer Str. 58, Tiergarten
U-/S-Bahn: Potsdamer Platz
℡ (030) 89 06 42 40
http://40seconds.de
Fr/Sa ab 23 Uhr
In nur 40 Sekunden geht es per Aufzug in
ungeahnte Partyhöhen. Der Club gehört zu
den Stilvollen: Marmorfußboden, Cocktailbar aus dunklem Holz und drei Dachterras-
sen, die einen sagenhaften Ausblick über
die Stadt bieten. Gespielt wird vor allem
House und Deephouse.

Wedding

Ⓨ Brunnen 70
Brunnenstr. 70, Wedding
U8, Bus 247: Voltastraße
http://brunnen70.de
Fr/Sa ab 23 Uhr
Via Fahrstuhl geht es hinab in die Keller-
räume eines ehemaligen Möbelhauses. Hier
warten mehrere Dancefloors auf Elektro-
und Housefans. Außerdem gibt es in den
Katakomben noch ein Kino und sogar eine
Minigolfanlage.

Ⓨ Humboldthain
Hochstr. 46, Wedding
S1/2/25: Humboldthain
www.humboldthain.com
Je nach Programm
Direkt am S-Bahnhof gelegener Club mit
elektronischen Beats und kleiner Freiluft-
Area. Hier wird an den Wochenenden oft
schon ab mittags getanzt, was sich gut
verbinden lässt mit einer der häufig stattfindenden Open-Air-DJ-Partys im nahegelegenen Volkspark Humboldthain. ✺ 199

KONZERTE

MUSIKSTADT BERLIN

Die Berliner Philharmoniker, die Staatskapelle Berlin, das Konzerthausorchester und fünf weitere Sinfonieorchester bilden die Spitze des klassischen Konzertprogramms. Daneben sorgen unzählige Kammermusikensembles, weit über zweihundert Chöre mit über tausend Sängerinnen und Sängern sowie Musikstudierende, die sich in Meisterklassen und Prüfungen präsentieren, für ein vielseitiges und abwechslungsreiches Programm in großen Konzertsälen, aber auch in Kirchen, Kulturhäusern und privaten Institutionen.

Hallen für Popkonzerte gibt es gleich mehrere und im Sommer sorgen die Charlottenburger Waldbühne sowie die Kindl-Bühne in der Wuhlheide für fantastische Musikerlebnisse unter freiem Himmel. Auch für Jazzfreunde gibt es eine ganze Reihe kleiner Clubs, in denen täglich Stars und Newcomer auftreten. Und im Radialsystem am Ostbahnhof finden immer wieder ungewöhnliche Konzerte statt, in denen man mitunter sogar im Liegen lauschen kann!

Die Flaggschiffe

🎵 **Konzerthaus Berlin**
Gendarmenmarkt, Mitte
U2/6: Stadtmitte
✆ (030) 203 09 21 00, www.konzerthaus.de
Das Konzerthausorchester unter Leitung von Iván Fischer gibt rund 100 Konzerte pro Saison. Hinzu kommen eigene Kammermusikabende, Kinder und Familienprogramme, »Espressokonzerte« zur Mittagspause, thematische Reihen und Festivals. Regelmäßig zu Gast ist die **Staatskapelle**, das Orchester der Staatsoper unter Daniel Barenboim.

🎵 **Philharmonie und Kammermusiksaal**
Herbert-v.-Karajan-Str. 1, Tiergarten
U-/S-Bahn: Potsdamer Platz, Bus 200: Philharmonie
✆ (030) 25 48 89 99
www.berlinerphilharmoniker.de
Der »Tempel« der klassischen Musik in Berlin am Kulturforum. Stammhaus der Berliner Philharmoniker und ihres Chefdirigenten Sir Simon Rattle. Außerdem

Ein Highlight im Sommer ist das Classic Open Air am Gendarmenmarkt

sind herausragende Gastdirigenten und -orchester, auch Barenboims Staatskapelle, Spitzensolisten und im Kammermusiksaal exzellente kleinere Formationen zu erleben. Dienstags um 13 Uhr gibt es während der Saison **Lunchkonzerte** (Eintritt frei!) im Foyer der Philharmonie mit renommierten (Nachwuchs-)Musikern.

Weitere Konzertsäle

♫ Haus des Rundfunks, Großer Sendesaal
Masurenallee 8–14, Charlottenburg
U2: Theodor-Heuss-Platz
✆ (030) 97 99 31 24 97
www.haus-des-rundfunks.de
www.roc-berlin.de
Im Konzertsaal am Berliner Standort des Rundfunks Berlin-Brandenburg (RBB) konzertieren u. a. die Rundfunk-Orchester und -Chöre Berlins (ROC), das Deutsche Symphonie-Orchester Berlin und das Rundfunk-Sinfonieorchester Berlin sowie der RIAS-Kammerchor und der Rundfunk-Chor Berlin.

♫ Hochschule für Musik Hanns Eisler Berlin
Standort Charlottenstraße: Charlottenstr. 55, Mitte
U2/6: Stadtmitte
✆ (030) 688 30 57 00
Standort Marstall: Schloßplatz 7, Mitte
Bus 100/200: Lustgarten
✆ (030) 68 83 05-200, www.hfm-berlin.de
Musikstudenten aller Fächer und Klassen präsentieren sich in öffentlichen Workshops und Prüfungskonzerten, häufig bei freiem Eintritt.

♫ Kammermusiksaal Friedenau
Isoldestr. 9, Schöneberg-Friedenau
S41/42/45, U9: Bundesplatz
✆ (030) 859 19 25
www.kammermusiksaal-friedenau.de
Die Friedenauer Kammerkonzerte widmen sich der Alten Musik und anderen fast vergessenen Klängen.

♫ Piano Salon Christophori
Uferhallen, Uferstr. 8, Wedding
U9: Nauener Platz
✆ 0176-39 00 77 53
www.konzertfluegel.com
Soloklavierkonzerte, Liederabende mit Klavierbegleitung, Kammermusik mit Piano inmitten einer umfangreichen Sammlung

historischer Konzertflügel, frisch restauriert oder kurz davor.

♫ Universität der Künste Berlin UdK
✆ (030) 31 85 23 74, www.udk-berlin.de
– **Joseph-Joachim-Konzertsaal**
Bundesallee 1–12, Wilmersdorf
U9: Spichernstraße, Eintritt frei
Kammerkonzerte, Wettbewerbe, Meisterkurse und teilweise öffentliche Prüfungen
– **Konzertsaal der UdK**
Hardenberg-/Fasanenstraße
Charlottenburg
U-/S-Bahn: Zoologischer Garten
UdK-Konzertsaalkasse Di–Fr 15–18 Uhr
Der Saal für große Auftritte z. B. des Symphonieorchesters der Universität der Künste Berlin.

Hallen für Sport und Mega-Events

♫ Arena
Eichenstr. 4, Treptow
S-Bahn: Treptower Park
✆ (030) 887 08 90
www.arena-berlin.de
In der großen Halle, in der einst Omnibusse repariert wurden, finden Konzerte, Theater, Partys, Festivals und Messen statt.

♫ Columbiahalle
C-Halle (Columbiahalle) und C-Club
Columbiadamm 13–21, Kreuzberg
U6: Platz der Luftbrücke
✆ (030) 69 81 28 14, www.c-halle.com
Beliebter Ort für Pop-Rock-Konzerte, Club-Events und Messen.

♫ Kesselhaus/Kulturbrauerei
Knaackstr. 97, Prenzlauer Berg
U2, Tram M10/M1/12: Eberswalder Straße
http://Kesselhaus-berlin.de
Das ehemalige Maschinenhaus ist mit seiner rohen Industriearchitektur ein vielseitiger Veranstaltungsort (Rock, Pop, Show, Klassik).

♫ Max-Schmeling-Halle
Am Falkplatz, Prenzlauer Berg
U-/S-Bahn: Schönhauser Allee

www.max-schmeling-halle.de
Heimstatt der Berliner (Handball-)Füchse
und BR Volleys sowie Bühne für Pop-/Rock-
Konzerte und große Shows.

🎵 Mercedes-Benz-Arena
Mercedes-Benz-Platz 1, Friedrichshain
U-/S-Bahn: Warschauer Straße
✆ (030) 20 60 70 80
www.mercedes-benz-arena-berlin.de
»Teufelsgeiger« David Garret, Helene
Fischer oder Lady Gaga: Für Megastars ist
Berlins modernste Konzert- und Sporta-
rena die beste Bühne; 17 000 Fans finden
Platz.

🎵 Tempodrom
Möckernstr. 10, Kreuzberg
S1/2/25: Anhalter Bahnhof
Tickets ✆ 01805-55 41 11
www.tempodrom.de
Klassische Konzerte ebenso wie Rock und
Pop, Reiterspektakel, Zirkus, Holiday on
Ice.

Das charakteristische Dach des Tempodroms

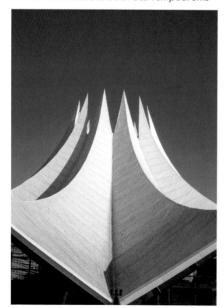

🎵 Velodrom
Paul-Heyse-Str. 26, Prenzlauer Berg
S8/85/41/42: Landsberger Allee
✆ (030) 44 30 45, www.velodrom.de
Konzerte und Großveranstaltungen wie
das Berliner Sechstagerennen.

Open-Air

🎵 Kindl-Bühne Wuhlheide
An der Wuhlheide 197, Köpenick
S3: Wuhlheide
✆ (030) 53 07 91 44, www.wuhlheide.de
Freilichtbühne für Rock- und Popkonzerte
im Landschaftspark Wuhlheide.

🎵 Waldbühne
Glockenturmstr. 1, Charlottenburg
U1: Olympiastadion, S5: Pichelsberg
✆ 01805-57 00 70 (Tickets)
www.waldbuehne-berlin.de
Berlins schönste Open-Air-Bühne für 20 000
Zuschauer (Rock, Pop, Schlager, Klassik).

Jazzclubs

Über Orte und Termine informiert im Internet: www.jazz-guide-berlin.de

🎵 A-Trane
Bleibtreustr. 1 / Ecke Pestalozzistr.
Charlottenburg,
S5/7/75: Savignyplatz
✆ (030) 313 25 50, www.a-trane.de
Tägl. ab 21, Konzerte ab 22 Uhr
Jamsession So ab 0.30 Uhr bei freiem
Eintritt
Berliner Szene- und Weltklasse-Ensembles
präsentieren vorwiegend Modern Jazz und
Avantgarde. Den Hunger vor und nach dem
Konzert kann man im Jazzcafé gegenüber
stillen (Grolmanstr. 53).

🎵 ✕ Badenscher Hof
Badensche Str. 29, Wilmersdorf
U7/9: Berliner Straße
✆ (030) 861 00 80, www.badenscher-hof.de
Mo–Fr ab 16, So ab 18 Uhr
Konzerte Di/Mi, Fr/Sa ab 21 Uhr
Jazzclub, Musikcafé, Restaurant.

🎵 b-flat
Rosenthaler Str. 13, Mitte
U8, Tram M1/8: Rosenthaler Platz
✆ (030) 283 31 23, www.b-flat-berlin.de
So–Do ab 20, Fr/Sa ab 21 Uhr

Modern Jazz aus Berlin und mit internationalen Gästen sowie Acoustic Music; täglich Live-Programm.

🎵 Jazzinstitut Berlin
Einsteinufer 43–53, Tiergarten
U2: Ernst-Reuter-Platz
☎ (030) 318 51 35
www.jazz-institut-berlin.de
Eintritt frei
Am gemeinsamen Ausbildungsort der Musikhochschulen UdK und Hanns Eisler geben Studierende in unterschiedlichen Formationen Konzerte.

🎵 Quasimodo
Kantstr. 12 A, Charlottenburg
U-/S-Bahn: Zoologischer Garten
☎(030) 312 80 86, www.quasimodo.de
Tägl. ab 21, Livemusik ab 22 Uhr
Beliebter Jazzkeller mit Tradition unter dem Delphi-Filmpalast. Auftritte von jungen Talenten und Stars der Szene. Auch Funk, Soul, Latin, Blues, Rock.

🎵✕ Yorckschlösschen
Yorckstr. 15, Kreuzberg
U6/7: Mehringdamm
☎(030) 215 80 70
www.yorckschloesschen.de
Tägl. ab 10, Mitte Okt.–Mitte April
ab 17 Uhr, Mi/Sa Livemusik, im Winter auch Do/Fr, So ab 11 Uhr: Jazz zum Brunch
Seit über 100 Jahren eine Institution in Berlin und seit den 1970er Jahren eine »Heimat für Jazz und Blues« aus Berlin. Nostalgische Einrichtung, schöner Sommergarten, zentraleuropäische Küche.

🎵 Zosch
Tucholskystr. 30, Mitte
S1/2/25: Oranienburger Straße
Tel. (030) 280 76 64
www.zosch-berlin.de
So–Fr ab 16, Sa ab 12 Uhr, Konzerte ab ca. 20 Uhr
Veranstaltungskneipe in einem besetzten Haus mit Charme und Jazzkonzerten im Keller.

Neue Musik

🎵 Unerhörte Musik im BKA
Mehringdamm 34, Kreuzberg
U6/7: Mehringdamm
☎ (030) 202 20 07

Das Radialsystem V versteht sich als Ort kreativer Entwicklung und offener Raum für den Dialog der Künste in Berlin

www.bka-theater.de
www.unerhoerte-musik.de
Seit 26 Jahren immer dienstags, 20.30 Uhr: »Die Unerhörte Musik« bietet häufig Uraufführungen und zeitgenössische Konzerte mit Musik des 20. und 21. Jh.

🎵 Radialsystem V
Holzmarktstr. 33, Friedrichshain
S5/7/75: Ostbahnhof
☎ (030) 28 87 88 50, www.radialsystem.de
Das Forum für die darstellender Künste in einem ehemaligen Pumpwerk an der Spree bringt unterschiedliche Genres zusammen: Alte Musik und DJs, Tanz und Performance, außerdem Konzerte im Liegen sowie Neue Musik in Zusammenarbeit mit den Festivals Ultraschall Berlin und MaerzMusik. Mit schöner Café-Terrasse an der Spree, geöffnet während der Veranstaltungszeit.

🎵 Sophiensaele
Sophienstr. 18, Mitte
U8: Weinmeisterstraße,
S5/7/75: Hackescher Markt
☎ (030) 283 52 66, www.sophiensaele.com
Spielort und Produktionsstätte für Neue Musik (Ultraschall Berlin, MaerzMusik), freies Theater und Performance in den ehemaligen Festsälen des 1902 erbauten Hauses für den Berliner Handwerkerverein.

THEATER
VON BRECHT BIS PERFORMANCE

Opulente Show und große Oper, Etabliertes und Experimentelles, Tradition und Avantgarde, leichte Unterhaltung und anspruchsvolle Kost, Staatsballett und Tanzperformance, Kinder- und Jugendtheater, Musical, Kabarett, Revue und Varieté: Wer aktuelle Bühnenkunst in all ihren Spielarten erleben will, findet ein riesiges Angebot. Berlin ist die deutsche Theatermetropole mit traditionsreichen Sprechbühnen, innovativen Ensembles und mit drei herausragenden Opernhäusern eine der weltweit bedeutenden Städte des Musiktheaters. Zur aufregenden Vielfalt Berlins tragen aber auch – geschätzt – Hunderte freier Gruppen und Projekte bei, die allabendlich für ein abwechslungsreiches Programm sorgen.

Tickets

ℹ Begehrte **Eintrittskarten** sollte man möglichst frühzeitig bestellen, beim jeweiligen Veranstalter/Theater oder unter
www.berlin-buehnen.de
www.eventim.de
www.oper-in-berlin.de
www.ticketonline.de, ✆ 01806-447 00 00
sowie bundesweit an Vorverkaufsstellen.
Kurzentschlossene erhalten, sofern verfügbar, **Last-Minute-Tickets** für denselben Abend (bis zu 50 % Rabatt) bei:

ℹ **Hekticket**
– Karl-Liebknecht-Str., Kiosk am Berlin Carré
– Hardenbergstr. 29 D
✆ (030) 230 99 30

www.hekticket.de
Tägl. außer So ab 14 Uhr
Ermäßigte Tickets für einige Aufführungen am selben Tag gibt es auch in den Filialen der Berlin Tourist Information (vgl. Service).

Oper, Operette, Ballett, Musical

🎭 **Deutsche Oper Berlin**
Bismarckstr. 35, Charlottenburg
U2: Deutsche Oper
✆ (030) 34 38 43 43
www.deutscheoperberlin.de
Das größte Opernhaus (1859 Plätze mit besten Sichtverhältnissen) der Stadt pflegt das klassische Repertoire, widmet sich aber auch Opern des 20. Jh.

Im September 1961 eingeweiht: die Deutsche Oper an der Bismarckstraße

Hauptstadtoper

Verein zur Förderung der Musik-
theaterkunst e. V.
Landsberger Allee 61, Friedrichshain
℡ (030) 36 44 44 66
www.hauptstadtoper.de
In der kleinsten Oper Berlins kann man Sän-
ger und Musiker hautnah erleben.
Im Programm u. a. musikalisches Kabarett
und Uraufführungen.

Komische Oper Berlin

Behrenstr. 55–57, Mitte
U6: Französische Straße
℡ (030) 47 99 74 00
www.komische-oper-berlin.de
Intendant Barrie Kosky holte für sein Haus
mit frischen Inszenierungen auf künstlerisch
hohem Niveau, darunter glanzvolle Ope-
retten, schon nach seiner ersten Spielzeit
die Auszeichnung »Opernhaus des Jahres
2013«.

Neuköllner Oper

Karl-Marx-Str. 131–133, Neukölln
U7: Karl-Marx-Straße
℡ (030) 68 89 07 77
www.neukoellneroper.de
Originelles Off-Musiktheater, das immer
wieder mit Ausgrabungen und pfiffigen
Eigenproduktionen begeistert.

Staatsballett Berlin

℡ (030) 206 09 26 30
www.staatsballett-berlin.de
Das größte Ballettensemble Deutschlands
tritt in allen drei Opernhäusern auf. Der
Spielplan umfasst Klassisches Ballett ebenso
wie zeitgenössische Choreografien.

Staatsoper im Schillertheater

Bismarckstr. 110, Charlottenburg
U2: Ernst-Reuter-Platz
℡ (030) 20 35 45 55 (Kasse)
www.staatsoper-berlin.de
Während der Sanierung der Staatsoper
Unter den Linden dient das Schillertheater
(voraussichtlich bis Herbst 2017) als Aus-
weichspielstätte. Intendant Jürgen Flimm
und Generalmusikdirektor Daniel Barenboim stehen für hochkarätige Aufführungen mit Stargästen wie Placido Domingo,
Anna Netrebko oder Rolando Villazón.

Stage Theater am Potsdamer Platz

Marlene-Dietrich-Platz 1, Tiergarten
U-/S-Bahn: Potsdamer Platz
℡ 01805-44 44
www.stage-entertainment.de
»Hinterm Horizont«, das Berlin-Musical
mit den Hits von Udo Lindenberg, erlebte
bereits mehr als 1000 Aufführungen.

Stage Theater des Westens

Kantstr. 12, Charlottenburg
U-/S-Bahn: Zoologischer Garten
℡ 01805-44 44
www.stage-entertainment.de
Auf der traditionsreichen Bühne am Bahnhof Zoo sind Musicals zuhause. Programm
seit 2015: Ich war noch niemals in New
York, ein Werk nach den Liedern von Udo
Jürgens.

Theater

Ballhaus Ost

Pappelallee 15, Prenzlauer Berg
U2, Tram M1/10/12: Eberswalder Straße
℡ (030) 44 03 91 68
www.ballhausost.de
Ein Ort für Künstler der freien Szene, die
sich in vielfältigen Genres präsentieren:
Theater, Tanz, Performance, Puppenspiel.
Lesungen.

Ballhaus Naunynstraße

Naunynstr. 27, Kreuzberg
U1/8: Kottbusser Tor
℡ (030) 75 45 37 25
http://www.ballhausnaunynstrasse.de
Wagner Carvalho und Tunçay Kulaoğlu
führen die erfolgreiche Arbeit von Shermin
Langhoff fort, die seit 2013 Intendantin
am Gorki ist. Die Themen der Stücke und
Performances kreisen um die Lebenswirk-
lichkeit von Migranten.

Berliner Ensemble

Bertolt-Brecht-Platz 1, Mitte
U-/S-Bahn: Friedrichstraße
℡ (030) 284 08-155 (Kasse)
www.berliner-ensemble.de
Bert Brecht hat das 1891 erbaute Theater
am Schiffbauerdamm mit »seinem« Ensemble berühmt gemacht. Seit 1999 sorgt

Christopher Nell in Shakespeares Hamlet in einer aktuellen Inszenierung von Leander Haußmann am Berliner Ensemble

Intendant und Regisseur Claus Peymann für diskussionswürdige Inszenierungen. Zu den Hausregisseuren gehört Bob Wilson.

Deutsches Theater/Kammerspiele/Box & Bar
Schumannstr. 13 A, Mitte
U6: Oranienburger Tor
℗ (030) 284 41-225, -226
www.deutschestheater.de
Intendant Ulrich Khuon bringt mit einem hervorragenden Ensemble und Stammregisseuren klassische Theaterstücke und zeitgenössische Dramatik, oft mit Autoren gemeinsam entwickelt, auf die einst von Max Reinhardt geprägte Bühne. Auf zwei

weiteren Schauplätzen im Haus experimentiert u. a. der Nachwuchs.

Gorki
Am Festungsgraben 2, Mitte
Tram M1: Am Kupfergraben
℗ (030) 20 22 11 15, www.gorki.de
Ein junges internationales Ensemble unter Leitung der Intendantin Shermin Langhoff konfrontiert klassische Stoffe und neue Stücke mit den Realitäten der Stadt und erkundet gesellschaftliche (Um-)Brüche.

Grips-Theater
Altonaerstr. 22, Tiergarten
U9: Hansaplatz
Grips im Podewil: Klosterstr. 68, Mitte,
U2: Klosterstraße, ℗ (030) 39 74 74 77
www.grips-theater.de
Kinder, Jugendliche und Erwachsene lieben das Ensemble, das mit Witz und Grips zum Nachdenken über aktuelle Themen und Probleme verführt. Dauerbrenner ist die musikalische Revue »Linie 1«.

HAU Hebbel am Ufer
HAU1: Stresemannstr. 29
HAU2: Hallesches Ufer 32
HAU3: Tempelhofer Ufer 10
U1/6: Hallesches Tor, U1: Möckernbrücke
Kreuzberg, ℗ (030) 25 90 04 27
www.hebbel-am-ufer.de
Ein Name, ein Konzept, drei Spielstätten für Avantgarde und innovative Projekte der Berliner und der internationalen Szene: Theater, Tanz und Performance treffen auf Musik, Videokunst und Debatten.

Das Hebbel am Ufer ist mit drei Bühnen breit aufgestellt und zeigt ein internationales Programm

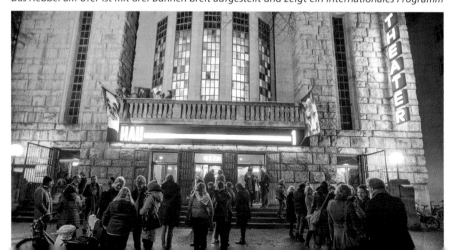

Haus der Berliner Festspiele
Schaperstr. 24. Wilmersdorf
U9: Spichernstraße
℡ (030) 25 48 90, www.berlinerfestspiele.de
Hauptspielstätte für diverse Festivals und
Reihen der Berliner Festspiele (Theater-
treffen, Foreign Affairs, Jazz-Fest).

Monbijoutheater
Monbijoustr., Mitte
S1/2/25: Oranienburger Straße
℡ (030) 288 86 69 99 (Tickets)
www.hexenkessel-hoftheater.de
In der Open-Air-Arena hat man immer gut
lachen, egal ob mit Shakespeare, Molière
oder den Meistern der Commedia dell'Arte
(Mai–Sept.). Im Winter wird die »Märchen-
hütte« auf dem Bunkerdach nebenan zur
zünftigen Bühne mit Aufführungen für
Kinder und Erwachsene.

Renaissance-Theater
Knesebeckstr. 100, Charlottenburg
U2: Ernst-Reuter-Platz
℡ (030) 312 42 02
www.renaissance-theater.de
Das einzige Art-déco-Theater Europas
ist ein architektonisches Schmuckstück.
Meist glänzen Stars aus Bühne, Film und
Fernsehen in Ur- und Erstaufführungen von
Stücken des gehobenen Boulevard.

Schaubühne am Lehniner Platz
Kurfürstendamm 153, Wilmersdorf
U7: Adenauerplatz
℡ (030) 89 00 23 (Kasse)
www.schaubuehne.de
Aktuelle Inszenierungen klassischer und
zeitgenössischer Dramen.

Schlosspark Theater
Schloßstr. 48, Steglitz
U-/S-Bahn: Rathaus Steglitz
℡ (030) 217 67 74
www.schlossparktheater.de
Dieter Hallervorden belebt das traditionsreiche Theater mit unterhaltsamen Stücken.

Shakespeare Company Berlin
Spielort: Naturpark Schöneberger Süd-
gelände, Prellerweg 35, Tempelhof
S2/25: Priesterweg
Bei gutem Wetter: Freilichtbühne am Was-
serturm, bei Regen: Bühne in der Lokhalle
Tickets: ℡ (030) 20 60 56 36
www.shakespeare-company.de

*Oskar Kaufmann, der Architekt des Hebbel-
Theaters (heute HAU1), entwarf auch die
Volksbühne am Rosa-Luxemburg-Platz*

Viel Spaß mit Shakespeare: Die Truppe
spielt mit Lust und Leidenschaft in der
(Rest-)Kulisse des Globe-Theaters aus Roland Emmerichs Shakespeare-Film.

Theater und Komödie am Kurfürsten-
damm
Kurfürstendamm 206–209
Charlottenburg, U1: Uhlandstraße
℡ (030) 88 59 11 88
www.komoedie-berlin.de
Komödien-Klassiker, moderne Stücke und
Musical-Adaptionen gespielt von Stars aus
Film und Fernsehen.

Volksbühne
Rosa-Luxemburg-Platz, Mitte
U2: Rosa-Luxemburg-Platz
℡ (030) 24 06 57 77
www.volksbuehne-berlin.de
Frank Castorf und Gleichgesinnte sorgen
für unkonventionelle Inszenierungen
klassischer und zeitgenössischer Stücke
im großen Saal. Im Roten und im Grünen
Salon: Lesungen, Musikalisches, Tanz.

Kabarett

BKA
Mehringdamm 34, 5. Etage, Kreuzberg
U6/7: Mehringdamm
℡ (030) 202 20 07, www.bka-theater.de
Perlen der Kleinkunst von Comedy über
Kabarett bis zu Liederabenden und jede
Woche einmal »Unerhörte Musik«.

*Von Anbeginn im Heimathafen Neukölln
dabei: die »Rixdorfer Perlen«*

🎭 Die Stachelschweine
Europa-Center, Tauentzienstr. 9–12
Charlottenburg
U-/S-Bahn: Zoologischer Garten
✆ (030) 261 47 95
www.diestachelschweine.de
(West-)Berliner Institution seit über 65 Jahren: Mit vergnüglichem Biss gegen Politik und Gesellschaft.

🎭 Die Wühlmäuse
Berliner Kabarett-Theater
Pommernallee 2–4, Charlottenburg
U2: Theodor-Heuss-Platz
✆ (030) 30 67 30 11, www.wuehlmaeuse.de
Die Stars des Kabaretts zu Gast bei Didi Hallervorden.

🎭 Kabarett-Theater Distel
Friedrichstr. 101, Mitte
U-/S-Bahn: Friedrichstraße
✆ (030) 204 47 04, www.distel-berlin.de
Das satirische Ost-Pendant zu den Stachelschweinen versteht sich heute als »Stachel am Regierungssitz«.

🎭 Mehringhof Theater
Gneisenaustr. 2 A, Kreuzberg
U6/7: Mehringdamm
✆ (030) 691 50 99
www.mehringhoftheater.de
Politisches Kabarett; ein Hit ist die Jahresend-Revue.

🎭 Quatsch Comedy Club
Friedrichstraße 107, Mitte
U-/S-Bahn: Friedrichstraße
✆ (030) 27 87 90 30
www.quatsch-comedy-club.de
Stars, Sternchen und Newcomer der Comedyszene gastieren auf der kleinen Bühne im Friedrichstadtpalast.

Kieztheater

🎭 Heimathafen Neukölln
Karl-Marx-Straße 141, Neukölln
U7: Karl-Marx-Straße
✆ (030) 56 82 13 33, 30 61 10 13 13
www.heimathafen-neukoelln.de
Szene-Volkstheater von Pop bis Comedy und Polit-Satire sowie Talentschau und Slam-Poetry.

🎭 Nottkes das KiezTheater
Jungfernstieg 4 C, Lichterfelde
S2/25: Lichterfelde-Ost
✆ (030) 92 27 40 62
www.nottkes-daskieztheater.de
Katja Nottke, Schauspielerin, Sängerin und Dramaturgin, spielt, singt, inszeniert und lädt andere Kiezgrößen auf ihre kleine Bühne ein.

🎭 Prime Time Theater
Müllerstr. 163, Eingang Burgsdorfstraße
Wedding, U6, S41/42: Wedding
✆ (030) 49 90 79 58
www.primetimetheater.de
»Gutes Wedding, schlechtes Wedding« zur besten Sendezeit (20.15 Uhr): Die Theater-Live-Soap über das Multikulti-Leben im Wedding und seinem »Umland« ist Kult!

🎭 Theater O-TonArt
Kulmer Str. 20 A, Schöneberg
S1/2/25: Yorckstraße
✆ (030) 37 44 78 12, www.o-tonart.de
Comedy und freche Chansons im (Hinter-) »Hoftheater für königliche Unterhaltung«.

Varieté, Revue, Show

🎭 Admiralspalast
Friedrichstr. 101–102, Mitte
U-/S-Bahn: Friedrichstraße
✆ (030) 47 99 74 99, www.admiralspalast.de
Konzerte, Kabarett, Comedy, Shows und Theater im prachtvoll restaurierten historischen Ambiente.

Bar jeder Vernunft
Schaperstr. 24, Wilmersdorf
U3/9: Spichernstraße
☎ (030) 883 15 82
www.bar-jeder-vernunft.de
In dem Jugendstil-Spiegelzelt treten die
großen Stars der Kleinkunst sowie junge
Unbekannte auf.

Chamäleon
Rosenthaler Str. 40/41, Mitte
S-Bahn: Hackescher Markt
☎ (030) 400 05 90
www.chamaeleon-variete.de
Hochkarätige Artistik-Shows in einem tol-
len Jugendstil-Ballsaal in den Hackeschen
Höfen.

Estrel Festival Center
Estrel Hotel, Sonnenallee 225, Neukölln
S41/42: Sonnenallee
☎ (030) 68 31 68 31, www.stars-in-concert.de
Klassiker ist die Doppelgänger-Revue »Stars
in Concert«. Der Double von Elvis hat eine
eigene Show.

Friedrichstadtpalast
Friedrichstr. 107, Mitte
U6: Oranienburger Tor
☎ (030) 23 26 23 26
www.show-palace.eu
www.friedrichstadtpalast.de
Aufwendig inszenierte Shows mit Tanz,
Musik und Akrobatik sowie mit allen opti-
schen und technischen Raffinessen auf der
größten Bühne der Welt.

Stage Bluemax Theater
Marlene-Dietrich-Platz 4, Tiergarten
U-/S-Bahn: Potsdamer Platz
☎ (030) 25 92 44 50, www.bluemangroup.de
Die »blauen Männer« der Blue Man Group
haben ein eigenes Theater für ihre mitrei-
ßende Show mit Trommeln und viel Farbe.

TIPI – Das Zelt am Kanzleramt
Große Querallee, Mitte, U55: Bundestag,
Bus 100: Haus der Kulturen der Welt
☎ (030) 39 06 65 50, www.tipi-das-zelt.de
Im Wechsel: Highlights aus Show, Chanson
und Kabarett.

Ufa-Fabrik
Viktoriastr. 10–18, Tempelhof
U6: Ullsteinstraße
☎ (030) 75 50 30, www.ufafabrik.de
Kino, Kabarett, Theater, Kleinkunst,
Comedy, Varieté, Tanz auf dem einstigen
Filmgelände der Ufa.

Wintergarten Varieté Berlin
Potsdamer Str. 96, Tiergarten
U1: Kurfürstenstraße
☎ (030) 58 84 33
www.wintergarten-berlin.de
Artistik, Illusion und Zauberei, Tanz, Musik
und Komik in wechselnden Shows.

Praktisch: Im TIPI können Sie vor der Vorstellung speisen und anschließend die Show genießen

SHOPPING

EINKAUFSMEILEN, LUXUSKAUFHÄUSER UND SZENESHOPS

Die Vielfalt an Shopping-Möglichkeiten in Berlin ist riesig. Anders als in anderen deutschen Städten hat Berlin jedoch aufgrund seiner Geschichte weder *das* Zentrum noch *die* Fußgängerzone. Das ureigene Lebensgefühl der Metropole spiegelt sich in den verschiedenen Kiezen wieder. Jeder Kiez ist eine kleine Welt für sich, mit unverwechselbarem Gesicht und Charakter. Gerade in den Szenebezirken Mitte, Friedrichshain, Kreuzberg und Prenzlauer Berg sind sehr viele kleine Boutiquen und Concept Stores junger Designer ansässig. Darüber hinaus gibt es in jedem Stadtteil gleich mehrere Einkaufszentren. Der **Kurfürstendamm**, kurz Ku'damm, ist die wohl berühmteste Prachtstraße im westlichen Teil der Stadt, er zählt zu den noblen Einkaufsadressen Berlins. Zwischen Uhlandstraße und Adenauerplatz trifft sich die internationale Markenwelt aus Luxus, Lifestyle und Design.

Auf Höhe der Kaiser-Wilhelm-Gedächtnis-Kirche am **Breitscheidplatz** geht die Flaniermeile über in die **Tauentzienstraße** mit Geschäften zahlreicher internationaler Modeketten. Direkt am **Wittenbergplatz** liegt das **Kaufhaus des Westens** (**KaDeWe**). Das größte Warenhaus des europäischen Festlands lockt seit 1907 mit erstklassigen Produkten, exklusiven Luxusartikeln und außerordentlichem Gourmetangebot. Der **Zoobogen** an der Budapester Straße mit seinem architektonischen Herzstück aus den 1950er Jahren, dem **Bikinihaus**, ist seit 2014 ein Besuchermagnet. Die urbane Markthalle mit zeitlich begrenzt zu mietenden Holzständen bietet alles andere als das übliche Standardprogramm eines Shoppingcenters. Auch die **Mall of Berlin** am Leipziger Platz ist seit 2014 ein neues Einkaufsziel. Dort, wo 1897 das berühmte Warenhaus Wertheim eröffnete, knüpft die Mall an alte Traditionen an und bildet eine Verbindung zwischen Potsdamer Platz und Friedrichstraße.

Nur eine deutsche Filiale betreibt das französische Kaufhaus Galeries Lafayette – in Berlin

Die **Friedrichstraße** ist der zweite sehr beliebte Einkaufs-Boulevard. Als Nord-Süd-Achse im Herzen Berlins vereint sie in sich ausschnitthaft all das, was die Stadt in den letzten 100 Jahren prägte: von den Amüsierbetrieben der Goldenen Zwanziger über den geschichtsträchtigen Checkpoint Charlie bis zur Architektur des neuen Berlins. Zwischen Showrooms von Autoherstellern und Edelboutiquen haben auch die **Galeries Lafayette** hier ihre einzige Dependance in Europa außerhalb Frankreichs. Internationale Designerware aus den Bereichen Mode, Schmuck und Accessoires findet man in den **Friedrichstadtpassagen** in den **Quartieren 205** und **206**.

Shoppen in der Neuen Schönhauser Straße

Viele Designerboutiquen haben sich in der Spandauer Vorstadt zwischen **Hackescher Markt** und **Rosenthaler Platz** angesiedelt. In der **Alten** und **Neuen Schönhauser Straße**, der **Mulack-**, **Gips-** und **Münzstraße** reiht sich ein Fashion-Store an den anderen. Unverwechselbare Mode, ausgefallenes Schuhwerk, Schmuck und Accessoires und Souvenirs gibt es auch in Europas größtem Hofensemble: den **Hackeschen Höfen**.

Weiter östlich in der **Kastanienallee** und **Oderberger Straße** haben sich ebenfalls viele junge internationale Marken und einheimische Modeschaffende mit ihren Läden und Ateliers niedergelassen. Der Stadtteil Friedrichshain wird nicht umsonst »Fashionhain« genannt: Rund um die **Wühlisch-** und **Kopernikusstraße** werden Szene-Shopper fündig. Ebenso wie im **Reuterkiez** und in der **Bürknerstraße** in Nordneukölln (Kreuzkölln) oder der **Bergmannstraße** in Kreuzberg. In etlichen **Factory Outlets** gibt es außerdem neben Schnäppchen aus den Bereichen Mode, Schuhe und Schmuck auch Porzellan, Schokolade, Gebäck und Feinkost zu günstigen Preisen.

Charlottenburg – Wilmersdorf

Antiquitäten & Bücher:

📖 Antiquariat Düwal
Schlüterstraße 17
Charlottenburg
Bus M49: Schlüterstraße
✆ (030) 313 30 30, www.duewal.de
Mo–Fr 15–18, Sa 11–14 Uhr und nach Vereinbarung
Bekannt für seine wertvollen Bücher: deutsche Literatur in Erst- und Gesamtausgaben, alte Drucke, wissenschaftliche Bücher und solche aus diversen Sammelgebieten. Es werden auch Suchaufträge entgegengenommen oder ganze Bibliotheken nach Wunsch des Kunden erstellt.

📖 Antiquitäten
Suarezstr. 3–63, Charlottenburg
U2: Sophie-Charlotte-Platz
www.suarezstrasse.com
Die Suarezstraße und unmittelbare Umgebung gilt als Berlins Antiquitätenmeile.

📖 Bücherbogen am Savignyplatz
Stadtbahnbogen 593
Charlottenburg
S5/7/75: Savignyplatz
✆ (030) 31 86 95 11
www.buecherbogen.com/savigny.html
Mo–Fr 10–20, Sa bis 19 Uhr
Die Buchhandlung gibt es bereits seit 1980. Sie ist für ihr internationales Sortiment an Fachbüchern zu Architektur, Kunst, Fotografie und Design bekannt.

Shopping

Elektronik:

Apple Store
Kurfürstendamm 26, Charlottenburg
U1/9, Bus M19/M29/M46/109:
Kurfürstendamm
✆ (030) 590 09 00 00
www.apple.com/de/retail/kurfuerstendamm
Tägl. außer So 10–20 Uhr
Seit 2013 hat Berlin einen Apple Flagship-
store. In den ehemaligen Räumlichkeiten
der Filmbühne Wien finden Liebhaber alle
Produkte mit dem Logo des angebissenen
Apfels.

Feinkost & Co:

Berliner Kaffeerösterei
Uhlandstr. 173, Charlottenburg
U1: Uhlandstraße
✆ (030) 88 67 79 20
www.berliner-kaffeeroesterei.de
Mo–Sa 9–20, So 10–19 Uhr
In einer der letzten Privatmanufakturen
kann man aus vielen verschiedenen
Kaffeesorten wählen, darunter auch sehr
exotische. Mit Café und Online-Shop.

Hamann Erich Schokoladenmanufaktur
Brandenburgische Str. 17, Charlottenburg
U7, Bus 101: Konstanzer Straße
✆ (030) 873 20 85
www.hamann-schokolade.de
Mo–Fr 9–18, Sa bis 13 Uhr
Hier entsteht seit 1912 die herbe Berliner
Schokolade mit der blauen Schleife.

Im Ladengeschäft der Berliner Kaffeerösterei

Rogacki
Wilmersdorfer Str. 145/146
Charlottenburg
U1/7: Bismarckstraße
✆ (030) 343 82 50, www.rogacki.de
Mo–Mi 9–18, Do 9–19, Fr 8–19, Sa 8–16 Uhr
Der traditionsreiche Familienbetrieb gehört
zu den bekanntesten Delikatessengeschäf-
ten Berlins. Mit Imbissständen.

Kaufhäuser:

KaDeWe
Tauentzienstr. 21–24, Charlottenburg
U1–3, Bus M19/M29/M46: Wittenbergplatz
✆ (030) 212 10
www.kadewe.de
Mo–Do 10–20, Fr 10–21, Sa 9.30–20 Uhr
Auf sechs Etagen gibt es hier Feinstes aus
den Bereichen Mode, Kosmetik, Schmuck,
Bücher, CDs sowie Wohnaccessoires. Das
absolute Highlight des Hauses ist die Fein-
kostabteilung im sechsten Stockwerk.

Stilwerk
Kantstr. 17, Charlottenburg
U-/S-Bahn: Zoologischer Garten
✆ (030) 31 51 50
www.stilwerk.de
Stores Mo–Sa 10–19, Haus Mo–Sa 8–20 Uhr
Rund 55 Geschäfte bieten ein hochklassiges
Markenangebot aus den Bereichen Einrich-
tung und Wohndesign. Einen tollen Aus-
blick bietet die Dachterrasse des Hauses.
Zum Schaufensterbummel auch sonntags
geöffnet.

Kosmetik:

Kiehl's since 1851
im KaDeWe, Tauentzienstr. 21–24
Charlottenburg
U1/2/3, Bus M19/M29/109: Kurfürstendamm
Filiale: Friedrichstr. 71/Quartier 206, Mitte
✆ (030) 88 91 36 91, www.kiehls.com
Tägl. außer So 11–20 Uhr
Das Kosmetiklabel aus New York, das einst
aus einer Apotheke hervorging, steht für
innovative und hochwertige Pflegeproduk-
te für Haut und Haar.

The English Scent
Goethestr. 15, Charlottenburg
S-Bahn: Savignyplatz
✆ (030) 324 46 55
www.english-scent.de

Mo/Di, Do/Fr 10–14 und 15–18.30, Mi
14–18.30, Sa 10–15 Uhr
Die britischen Düfte sind wie maßgeschnei-
derte Kleidung. Viele der Herrendüfte sind
ebenso für Frauen geeignet. Außerdem
führt der altmodisch eingerichtete Laden
auch Seifen, Rasierschaum etc.

Mode & Design:

14 oz. (im Haus Cumberland)
Kurfürstendamm 194, Charlottenburg
Bus M19/M29/M46/109: Bleibtreustraße
℡ (030) 88 92 18 14
www.14oz-berlin.com/berlin
Tägl. außer So 10–19 Uhr
Filiale: Neue Schönhauser Str. 13, Mitte
Tägl. außer So 11–20 Uhr
Im vorderen Teil des herrschaftlichen
Hauses führt der Gründer der Messe Bread
& Butter Karl-Heinz Müller einen Store mit
hochpreisiger Markenware aus den Berei-
chen Casual, Urban und Denim Wear.

Wunderkind Berlin
Kurfürstendamm 46, Mitte
S/2/25: Oranienburger Straße
℡ (030) 28 04 18 17, www.wunderkind.com
Mo–Fr 11–19, Sa 10–18 Uhr
Modekunst: In der Boutique von Wolfgang
Joop hängen aktuelle Teile der Kollektion
und einige wenige Einzelstücke vergangener Saisons. Hier lohnt sich zur Abwechslung das Reichsein, denn die Kleider haben
ihren Preis.

Friedrichshain

Mode & Design:

Zartbitter
Wühlischstr. 27, Friedrichshain
Tram M13: Wühlischstraße/Gärtnerstraße
℡ (030) 20 05 33 07
www.zartbitter-berlin.de
Mo–Fr 11.30–20, Sa 11–18 Uhr
So wie Schokolade sorgt auch dieser Shop
für Glücksgefühle beim Shoppen. Ein
großes Jeanssortiment und Regale voller
bekannter skandinavischer Labels.

Broke & Schön Shop Berlin
Krossener Str. 9/10, Friedrichshain
Tram M13: Simplonstraße
℡ (030) 77 90 65 34
www.facebook.com/brokeundschoen

Mo–Fr 11.30–20, Sa 11–19 Uhr
Ein kleiner Laden voll mit Vintage inspi-
rierten Kleidern, Taschen, Schuhen und
einzigartigen Accessoires.

kaufbar
Gärtnerstr. 4, Friedrichshain
Tram M13: Wühlisch-/Gärtnerstraße
℡ (030) 29 77 88 25, www.kaufbar-berlin.de
Tägl. außer Di 10–24 Uhr
In der Kaffeebar ist grundsätzlich alles
kaufbar – von der Tasse, aus der man gera-
de seinen Kaffee trinkt, über die Stehlampe
in der Ecke bis hin zum Sofa, auf dem der
Nachbar sitzt.

Musik:

HHV.de selected Store
Revaler Str. 9, Friedrichshain
Tram M10/M13: Revaler Straße
℡ (030) 29 36 73 77
www.hhv.de
Tägl. außer So 12–20 Uhr
Eine tolle Auswahl an Platten und Street-
wear bietet hhv.de in seinem minimalistisch
eingerichteten selected store.

Kreuzberg

Feinkost & Co:

Knofi – Feinkostspezialitäten vom Mittelmeer
Bergmannstr. 11 und 98, Kreuzberg
U6/7: Mehringdamm
℡ (030) 69 56 43 59
www.knofi.de
Tägl. 9–24 Uhr
Das Knofi ist Café, Galerie und Feinkostge-
schäft in einem. Besonders zu empfehlen
sind die hausgemachten Pasten.

Kochhaus Kreuzberg
Bergmannstr. 94, Kreuzberg
U7: Gneisenaustraße
www.kochhaus.de/kochhaus-kreuzberg
Mo–Sa 10–21 Uhr
Gegliedert nach Vor-, Haupt- und Nach-
speisen sind das Rezept und alle benö-

tigten Zutaten für das jeweilige Gericht an einem Tisch zu finden. Darüber hinaus bietet das Kochhaus diverse Spezialitäten, Kochutensilien sowie Kaffee und Snacks an. Weitere Fialen befinden sich in Schöneberg in der Akazienstr. 1 und in Prenzlauer Berg in der Schönhauser Allee 46.

Mode & Design:

⚏ Molotow
Gneisenaustr. 112, Kreuzberg
U6/7: Mehringdamm
✆ (030) 693 08 18
Mo–Fr 13–18, Sa 12–16 Uhr
Seit 30 Jahren wird in dem Laden ausschließlich Mode von heimischen Designern präsentiert.

⚏ Voo Store
Oranienstr. 24, Kreuzberg
U1/8: Kottbusser Tor, Bus M29/140: Adalbert-/Oranienstraße
✆ (030) 61 65 11 19
www.vooberlin.com
Tägl. außer So 11–20 Uhr
In dem abgerockten Hinterhof findet man in Loftatmosphäre tolle Stücke von Labels wie Acne, Kenzo, Wood Wood oder Stutterheim – Mode und Accessoires vom Feinsten.

Outlet:

⚏ Trippen Factory Outlet
Köpenicker Str. 187, Kreuzberg

Szene-Shopping im Voo Store in Kreuzberg

U1: Schlesisches Tor
✆ (030) 53 21 30 56
www.trippen.com
Tägl. außer So 10–18 Uhr
Hochwertige und stilvolle Lederschuhe, die nachhaltig gefertigt sind, haben ihren Preis. Der Fabrikverkauf des Berliner Schuhherstellers Trippen bietet Schnürschuhe, Sandalen und Stiefel der Vorjahreskollektion sowie Einzelpaare des aktuellen Angebots zu reduzierten Preisen. Erhältlich sind sowohl Damen-, Herren- als auch Kinderschuhe.

⚏ Zalando Outlet Store Berlin
Köpenicker Str. 20, Kreuzberg
U1: Schlesisches Tor, Bus 140: Manteuffel-/ Köpenicker Straße
✆ (0800) 990 03 33
www.zalando-outlet.de
Tägl. außer So 10–20 Uhr
Alle Zalando-Kunden können am Kreuzberger Spreeufer zum Schnäppchenpreis Schuhe und Modeartikel erwerben. Die dazu nötige Zalando-Outlet-Card kann auch vor Ort ausgestellt werden.

Mitte-Tiergarten

Bücher:

⚏ Dussmann Kulturkaufhaus
Friedrichstr. 90, Mitte
U-/S-Bahn: Friedrichstraße
✆ (030) 20 25 11 11
www.kulturkaufhaus.de
Mo–Fr 9–24, Sa 9–23.30 Uhr
Auf fünf Etagen wird hier eine riesige Auswahl an Büchern, Musik und Papeterie geboten.
Eine Oase der Entspannung ist das Restaurant-Café mit dem **vertikalen Garten** des französischen Botanikers und Gartenkünstlers Patrick Blanc.

⚏ Ocelot, not just another bookstore
Brunnenstr. 181, Mitte
U8, Tram M1/M8/12: Rosenthaler Platz
www.ocelot.de
Tägl. außer So 10–20 Uhr
Die schönen Räumlichkeiten, das ausgewählte Sortiment an Büchern und eReadern sowie das feine Kaffee- und Zeitungsangebot lassen einen gern länger verweilen. Mit Zugang zur öffentlichen Bibliothek.

Elektronik:

⚏ Sony Store
Potsdamer Str. 4
Tiergarten
U-/S-Bahn: Potsdamer Platz
℮ (030) 25 75 11 88
www.sonycenter.de
Tägl. außer So 11–19 Uhr
Der Sony Store im Sony Center am Potsdamer Platz ist deutschlandweit der einzige Flagshipstore des Unternehmens und damit eine Top-Adresse, wenn es um japanische Unterhaltungselektronik geht.

Feinkost & Co:

⚏ Atelier Cacao
Linienstr. 139/140, Mitte
U6, Tram M1/M6/12: Oranienburger Tor
℮ (030) 34 50 26 80
www.atelier-cacao.de
Mo–Fr 10–19, Sa/So 12–19 Uhr
In der Schokoladenmanufaktur gibt es handgemachte Pralinen, Torten und Schokolade in Bio-Qualität. In dem angegliederten Café mit Kinderspielecke und ruhigem Innenhof kann man sich dem süßen Genuß gleich hingeben. Führungen geben Einblick in die Arbeit der Manufaktur. Wer auf den Geschmack kommt, bucht einen der Schokoladen- oder Pralinenkurse.

⚏ Cemilzade Confiserie Orientale
Linienstr. 113, Mitte
S1/2/25: Oranienburger Straße
℮ (030) 60 92 59 57
www.confiserie-orientale.com
Di–Fr 11–19, Sa 12–18 Uhr
Einen guten Lokum erkennt man daran, dass er nicht an den Zähnen klebt. Die türkische Süßigkeit wird von einem der besten Konditoren Istanbuls hergestellt, die vorzügliche Qualität kann man bei einer Tasse Mocca auch direkt vor Ort genießen.

Kosmetik:

⚏ Frau Tonis Parfüm
Zimmerstr. 13, Mitte
U6, Bus M29: Kochstraße
℮ (030) 20 21 53 10
www.frau-tonis-parfum.com
Tägl. außer So 10–18 Uhr
In der Duftwerkstatt am Checkpoint Charlie werden nach persönlichem Belieben unterschiedliche Duftkomponenten zu einem einzigartigen Parfum kombiniert.

Mode & Design:

⚏ Aus Berlin
Karl-Liebknecht-Str. 9, Mitte
U-/S-Bahn: Alexanderplatz
℮ (030) 41 99 78 96
www.ausberlin.de
Tägl. außer So 10–20 Uhr
Von der Mütze über den Strampelanzug bis hin zum Keksausstecher – fast alle Produkte in den Regalen wurden in Berlin entworfen und hergestellt.

⚏ Fruchthaus
Zionskirchstr. 39, Mitte
Tram M1/12: Zionskirchplatz
℮ (030) 47 37 26 65
www.fruchthaus-berlin.de
Tägl. außer So 12–20 Uhr
Armin Lang bietet zeitlose Abend- und Pin-Up-Kleider von Stop Staring Clothing, Yvonne Warmbier und Kitch Nation. Früher war hier ein Obstgeschäft, daher der Name.

⚏ Hay Berlin
Auguststr. 77/78/Tucholskystr., Mitte
S1/2/25: Oranienburger Straße
℮ (030) 28 09 48 78
www.hay.dk
Mo–Fr 11–19, Sa bis 18 Uhr
Geschirr, Wohnaccessoires und Möbel sind designpreisverdächtig. Im Vordergrund stehen eine klare Gestaltung und hochwertige Umsetzung.

Schuhe:

⚏ Shusta
Rosenthaler Str. 72, Mitte
U8, Tram M1/8: Rosenthaler Platz
℮ (030) 76 21 97 80
www.shusta.de
Tägl. außer So 11–20 Uhr
Neben Feinem für die Füße von Gardenia, Mellow Yellow oder Buttero bietet der Shusta auch Mode und Taschen.

Dieser Einladung zum Stöbern kann man nicht widerstehen: Waahnsinn Berlin

Vintage:

⛁ Made in Berlin
Friedrichstr. 114, Mitte
U6, Tram M1/6/12: Oranienburger Tor
✆ (030) 24 04 89 00
http://kleidermarkt-vintage.de
Tägl. außer So 12–20 Uhr
Drei Etagen voll Secondhand-Fashion aus
den Jahren 1960 bis 1990! Dienstags von 12
bis 15 Uhr gibt es 20 Prozent Rabatt.

⛁ Sommerladen
Linienstr. 153, Mitte
S1/2/25: Oranienburger Straße
✆ (0177) 299 17 89
Mo–Fr 13–20, Sa 12–17 Uhr
Secondhand von hochpreisigen Designer-
Labels, auch für Männer.

⛁ Waahnsinn Berlin
Rosa-Luxemburg-Str. 19, Mitte
U2, Tram M8: Rosa-Luxemburg-Platz
✆ (030) 282 00 29
Filiale: Rosa-Luxemburg-Str. 17, Mitte
www.waahnsinn-berlin.de
Tägl. außer So 12–20 Uhr
Neue und gebrauchte Möbel, Lampen,
Accessoires und Kleidung im Retrolook.

Prenzlauer Berg

Curiosa & Geschenke:

⛁ o3-Berlin
Oderberger Str. 3, Prenzlauer Berg
U2, Tram M1/M10/12: Eberswalder Straße

✆ (030) 44 03 96 17, www.o3-berlin.de
Di–Sa 12–20 Uhr
Vom Ohring, über T-Shirts bis zur Han-
dyhülle ist alles selbst entworfen und in
Handarbeit und Kleinserien produziert.

⛁ Victoria met Albert
Dunckerstr. 81, Prenzlauer Berg
Tram M10: Husemannstraße
✆ (030) 44 67 47 72
www.victoriametalbert.com
Tägl. außer So 11–20 Uhr
Neben ausgewählter Kleidung namhafter
Hersteller bietet dieser wunderschöne
Laden tolle Accessoires, hübsches Geschirr
und Bilderrahmen im Antik-Look.

Feinkost & Co:

⛁ Herr Nilson Godis
Stargarder Str. 58, Prenzlauer Berg
Tram 12: Stargarder Straße
✆ (030) 54 59 45 85
www.herrnilsson.com
Mo–Fr 11–19, Sa/So 13–18 Uhr
Leckere Süßigkeiten aus Skandinavien.
Für alle Naschkatzen von Süßem, Saurem,
Lakritzigem und Schokoladigem!

⛁ Goldhahn & Sampson
Dunckerstr. 9, Prenzlauer Berg
Tram M10: Husemannstraße, Tram 12:
Raumerstraße
✆ (030) 41 19 83 64
www.goldhahnundsampson.de
Mo–Fr 8–20, Sa 10–20, So je nach Kochkurs-
angebot

Feinkost, regionale Lebensmittel gepaart mit Kochschule und Café. Hier liegen große Brotlaibe neben Berliner Spezialitäten, Kochbüchern und internationalen Delikatessen in den Regalen.

Mode & Design:

⚏ Flagshipstore
Oderberger Str. 53, Prenzlauer Berg
U2, Tram M1/M10/12: Eberswalder Straße
☎ (030) 43 73 53 27
www.flagshipstore-berlin.de
Tägl. außer So 12–20 Uhr
Highlights aus den Kollektionen von über 30 lokal und international aufstrebenden Labels.

⚏ Heimzucht
Danziger Str. 10, Prenzlauer Berg
U2, Tram M1/M10/12: Eberswalder Straße
☎ (030) 68 91 12 99, www.heimzucht.de
Tägl. außer So 12–20 Uhr
Hier wird Stil gezüchtet: Mode, Schmuck, Accessoires, Kunst und Trashiges – darunter viele Berliner Labels.

Schuhe:

⚏ Goldmarie
Stargader Str. 78, Prenzlauer Berg
U-/S-Bahn: Schönhauser Allee
☎ (030) 44 71 62 00
Mo–Fr 11–20, Sa 10–20 Uhr
Niemand weiß, wie in diesen winzigen Laden so viele verschiedene und ausgefallene Schuhe passen. Und auch bei der Anprobe des siebten Paars steht einem die liebenswürdige Dame mit ihrer Berliner Schnauze munter plappernd zur Seite.

Pauls Boutique bietet tolle Vintage-Mode

Vintage:

⚏ Garments Vintage Clothing
Stargarder Str. 12 A, Prenzlauer Berg
U-/S-Bahn: Schönhauser Allee
☎ (030) 74 77 99 19
www.garments-vintage.de
Tägl. außer So 12–19 Uhr
Der kleine Laden ist ein Eldorado für alle, die gehobene Secondhandkleidung lieben. Hier hängen Stücke von Prada, Marc Jacobs und Co neben ausgesuchten Vintageteilen.

⚏ Pauls Boutique
Oderbergerstr. 47, Prenzlauer Berg
U2, Tram M1/M10/12: Eberswalder Straße, Tram M10: Friedrich-Ludwig-Jahn-Sportpark
Kein Tel., www.paulsboutiqueberlin.de
Tägl. außer So 12–20 Uhr
Sneakers, T-Shirts, Jeans, Lederjacken und alles, was man sonst noch anziehen kann, reiht sich bis unter die Decke.

⚏ Stiefelkombinat-Berlin
Eberswalder Str. 21, Prenzlauer Berg
U2, Tram M1/M10/12: Eberswalder Straße
☎ (030) 51 05 12 34
www.stiefelkombinat.de
Tägl. außer So 10–22 Uhr
Hier lebt die Mode vergangener Epochen und mit mehr als 3000 Paar Stiefeln trägt der Laden seinen Namen wohl zu Recht.

Steglitz

⚏ Einkaufszentren
Die Schloßstraße ist eine sehr beliebte Shoppingmeile mit gleich vier Einkaufscentern: das Boulevard Berlin, das z. B. eine Filiale des südkalifornischen Labels Hollister führt, das Schloss am Rathaus Steglitz, das Forum Steglitz und gleich daneben das Schloss-Straßen-Center am Walther-Schreiber-Platz. Letzteres wird vor allem gerne wegen des Billigmode-Discounters Primark aufgesucht. Ein zweiter Store des irischen Unternehmens befindet sich am Alexanderplatz in Berlin-Mitte. ❖

217

MIT KINDERN IN BERLIN

FLEDERMÄUSE, PLANSCHBÄDER UND MUSEEN

Ein Städtetrip mit Kind? Kann das gut gehen? Und ob! Denn Berlin ist nicht nur Kulturmetropole und Szenehauptstadt; in den letzten Jahren ist eine ganze Elterngeneration herangewachsen, die einige Stadtteile in regelrechte Kinderwagenhochburgen verwandelt entfaltet hat mit der auf ihre Bedürfnisse abgestimmten Infrastruktur. Es gibt in fast jedem Bezirk **Eltern-Kind-Cafés**, viele **Spielplätze** und ein reiches Freizeitangebot für Familien. Darüber hinaus bieten die Grünflächen überall ausreichend Platz zum Spielen und Toben. Die Wälder Berlins sowie die glasklaren **Badeseen** laden zu Ausflügen in die unmittelbare Umgebung ein. Auch klassische Attraktionen, wie beispielsweise der **Reichstag**, haben sich auf kleine Besucher eingestellt: Ein spezieller Audioguide mit Figuren der Kindersendung »Bernd das Brot« vermittelt auf spielerische Weise Wissen über die Arbeit im Bundestag und das Reichstagsgebäude. Abseits der klassischen Pfade

Vergnügen für Kinder am Kollwitzplatz

locken Attraktionen wie der **Fledermauskeller** in der **Zitadelle Spandau** oder ein Blick hinter die Kulissen der großen Welt des Films im **Filmpark Babelsberg**. Neben vielen eigens auf Kinder zugeschnittenen, kulturellen Angeboten wenden sich auch die großen Museen, Theater und Opernhäuser nicht nur an interessierte Erwachsene: Zu bestimmten Terminen finden oft besondere Führungen, Workshops und Lesungen für Kinder statt oder es wird kostenloser Zutritt an bestimmten Tagen gewährt. Ohnehin haben in den meisten Berliner Gedenkstätten, regionalen und historischen Museen sowie Sammlungen Jugendliche unter 18 Jahren freien Eintritt (www.berlin.de/orte/museum/freier-eintritt).

Wenngleich Berlin mit einer Fläche von fast 892 Quadratkilometern neunmal so groß ist, wie das Pariser Stadtgebiet, lässt sich hier gut und gerne vieles per Rad erreichen. Auch **Stadtführungen** werden auf dem Drahtesel samt Kindersitz oder als **Segway-Tour** angeboten. Mindestens ebenso spannend für Kinder ist eine Tour mit der **Fahrradrikscha** oder eine **Schiffsrundfahrt**. Durch Berlin fließt nicht nur die Spree, auch die Havel, Panke und Dahme durchqueren die Stadt. Da ist **Wassersport** angesagt! Wer es am Wasser weniger aktiv mag, dem bieten die Grünstreifen entlang der Flüsse und Kanäle immer ein Plätzchen zum Picknicken.

Charlottenburg – Wilmersdorf

🏛️🎨 **Bröhan Museum**
Schloßstr. 1 A, Charlottenburg
Bus M45/309: Schloss Charlottenburg
✆ (030) 32 69 06 00
www.broehan-museum.de
Tägl. außer Mo 10–18 Uhr
Eintritt € 6/4, unter 18 J. frei, jeder 3. So ab

11 Uhr frei (Familiensonntag)
Wie wäre es mit einer Entdeckungsreise in die Welt des Jugendstils? Am 3. Sonntag im Monat gibt es eine Gratis-Führung für Kinder (5–12 J.) und Eltern. Danach bietet sich ein Picknick im Schlosspark an.

🏛️🎨 **The Story of Berlin**
Vgl. S. 73.

🐾➡🐟 Zoologischer Garten und Aquarium Berlin
Budapester Str. 32, Charlottenburg
📞 (030) 25 40 10
www.zoo-berlin.de
Tägl. 9–18 Uhr
Eintritt Zoo € 13/6,50, Familien € 35/22, Zoo und Aquarium € 20/10, Familien € 50/33
Zwischen Breitscheidplatz und Tiergarten liegt der Hauptstadtzoo, der als artenreichster Zoo der Welt gilt. In zahlreichen Schauaquarien und -terrarien können Wasserbewohner, Insekten und Reptilien aus nächster Nähe beobachtet werden.

✖🎲 Mambini
Tegeler Weg 1, Charlottenburg
Bus 109: Schlossbrücke
📞 (030) 34 50 27 75
Mo–Fr 10–19, Sa/So bis 20 Uhr
Bällebad, Rutsche und ein Spielplatz im Außenbereich bieten ausreichend Platz zum Toben in der Nähe vom Schloss Charlottenburg. Das Angebot reicht von Antipasti über Pizza und Pasta bis hin zu Steak und Burgern. €€

🍽🍷🎲 Charlottchen
Droysenstr. 1, Charlottenburg
S-Bahn: Charlottenburg
📞 (030) 324 47 17
www.restaurant-charlottchen.de

Mo–Fr ab 15, Sa/So/Fei ab 10 Uhr
Im Spielzimmer sorgen Burg und Rutsche für ausgelassenes Spielvergnügen. Abends unterhalten Kabarettisten, Musiker und Schauspieler auf der Bühne die älteren Gäste. Das Familienfrühstück am Samstag und Sonntag ist ein günstiger Klassiker (Erwachsene € 8,50, Kinder ab 4 J. € 4). Mit Kindertheater.

🧗🎲 Waldhochseilgarten Jungfernheide
Heckerdamm 260, Charlottenburg
U7: Halemweg
📞 (030) 34 09 48 18
www.waldhochseilgarten-jungfernheide.de
März–Sept. Mo–Fr 11–19, Sa/So/Fei ab 10, bis Mitte Okt. tägl. 10–18, ab Mitte Okt. Mo–Fr 11–17, Sa/So/Fei 10–17, bis Mitte Nov. tägl. 11–16 Uhr, danach auf Anfrage
Eintritt 3 Std. € 19–22/16–19, bis 14 J. € 13–16, Kinderparcours 2 Std. € 10–12
Mitten im Volkspark Jungfernheide kann man zwischen 3 und 17 m Höhe verschiedene Parcours überwinden und die schöne Anlage mal aus der Vogelperspektive betrachten.

Bunt und unterhaltsam präsentiert die Story of Berlin die Stadtgeschichte

Friedrichshain – Lichtenberg

🏛️🎮 Computerspielmuseum

Karl-Marx-Allee 93 A, Friedrichshain
U5: Weberweise
✆ (030) 60 98 85 77
www.computerspielemuseum.de
Tägl. 10–20 Uhr
Eintritt € 8/5, Familien € 17
Hier erinnern sich Mama und Papa an ihre
Anfänge mit Pac Man, Donkey Kong oder
Asteroid. Alle dürfen den 3D-Simulator und
Riesenjoystick ausprobieren oder sich im
Wii-Bowling messen. Spaßgarantie!

🐾🎮 Tierpark Berlin

Am Tierpark 125, Lichtenberg
U5: Tierpark
✆ (030) 51 53 10, www.tierpark-berlin.de
Nov.–März 9–17 Uhr, April–Sept. 9–19,
Sept.–Okt. 9–18, Eintritt € 12/6
Für den Besuch des größten Landschafts-
tiergartens Europas (160 ha) in einem
ehemaligen Schlosspark sollte man mehre-
re Stunden einplanen. Neben klassischen
Zoobewohnern wie Löwen und Elefanten
bieten besondere Gehege direkten Zugang
zu den Tieren, z. B. der Variwald mit den
Lemuren. An der Kasse kann für Kind und
Gepäck ein Bollerwagen entliehen werden.

🎭🎮 Theater an der Parkaue

Parkaue 29, Friedrichshain

STADT IM OHR

✆ (030) 20 07 88 41
www.stadt-im-ohr.de
Verleih, Audio-App € 5–10
Der Kater vom Helmholtzplatz nimmt
Groß und Klein auf Entdeckungstour
durch die Straßen, Hinterhöfe und Plätze
des Kiezes. Er kennt Läden, trifft Musiker und Alteingesessene, die ihre ganz
persönlichen Geschichten zu erzählen
wissen. Die »Familienhörspiele zum Mit-
laufen« sind online abrufbar oder in Museen oder Cafés des jeweiligen Stadtteils
(siehe Internet) ausleihbar.

Tram 16, M13: Rathaus Lichtenberg
✆ (030) 55 77 52 52 , www.parkaue.de
Programmabhängig
Das einzige staatliche Kinder- und Jugendtheater bietet Klassiker, altbekannte My-
then und Märchen sowie aktuelle Stücke
für Groß und Klein.

🍽️🎮 Driss im Wunderland

Sonntagstr. 26, Friedrichshain
Bus 240, Tram 21: Neue Bahnhofstraße
✆ (030) 85 01 27 89
www.drissimwunderland.de
So/Mo 10–19, Mi–Sa 9.30–19 Uhr
Das rot-weiß gehaltene Café des Marokka-
ners Driss bietet nicht nur für die ganz Kleinen ausreichend Spielfläche. Die Größeren
können sich z.B. am Kickertisch vergnügen.
Zwischendurch probiert die ganze Familie
die hausgemachten Spezialitäten aus dem
Heimatland des Inhabers. €

🧗🎮 Boulderhalle

Hauptstr. 13, Friedrichshain
Tram 21: Gustav-Holzmann-Straße
✆ (030) 55 4994 22
https://ostbloc.de
Tägl. außer Do 10–23, Do bis 24.30 Uhr
Eintritt € 8,50/4,50, Mo–Fr bis 14 Uhr € 5,50
Bouldern, das Klettern ohne Seil, geschieht
immer in einer absprungsicheren Höhe und
ist daher auch sehr gut für Kinder geeignet.

Köpenick

🚲🏊🧗🎮 FEZ

Straße zum FEZ 2, Köpenick
Tram 27/63/67: Freizeit- und Erholungs-
zentrum
✆ (030) 53 07 10, www.fez-berlin.de
Tägl. außer Mo 9–22, Sa 13–19, So/Fei
12–18 Uhr, gesonderte Öffnungszeiten
für Schwimmhalle und Museum und in den
Schulferien
Eintritt frei, unterschiedliche Preise für
Museum, Theater etc.
Hier kann gespielt, geschwommen, getanzt
und gebastelt werden. Im »orbitall« z.B.
wird dank moderner Technik aktiv alles
rund um das Thema Raumfahrt näher
gebracht. Das Museum Alice widmet sich
in der Mitmach-Ausstellung seit 2014 dem
Phänomen Globalisierung. Und die Astrid
Lindgren-Bühne hat sowohl den kleinen
Wassermann als auch den kleinen König
samt seinem Pferd Grete zu Gast.

Mount Mitte in der Caroline-Michaelis-Str. 8 (www.mountmitte. de) bietet Kindern ab 7 Jahren jede Menge Kletterspaß

Kreuzberg

🏛🔷 Science Center Spectrum
Möckernstr. 26, Kreuzberg
U1: Möckernbrücke
☎ (030) 90 25 42 84
www.sdtb.de
Di–Fr 9–17.30, Sa/So/Fei 10–18 Uhr
Eintritt € 6/3,50, unter 6 J. frei, unter 18 J.
ab 15 Uhr frei, Mini-Familienkarte
(1 Erwachsener, 2 Kinder unter 15 J.) € 7,
Maxi-Familienkarte (2 Erwachsene, 3 Kinder
unter 15 J.) € 13
Warum fällt das Flugzeug nicht vom
Himmel? Und wieso ist er blau? Jeder, der
Kinder hat, kennt diese Fragen. Lassen
Sie Ihre Kinder bei vielen Experimenten
im Spectrum des Technikmuseums selbst
nach Antworten suchen.

🐴🎠🔷 Kinderbauernhof im Görlitzer Park
Wiener Str. 59 B, Kreuzberg
☎ (030) 611 74 24
www.kinderbauernhofberlin.de
April–Okt Mo/Di, Do/Fr 10–19,
Sa/So 11–18, Okt–April Mo/Di, Do/Fr
10–17, Sa/So 11–17 Uhr, Eintritt frei
Hühner, Esel, Schweine und jede Menge
Angebote wie die Fahrradwerkstatt, Kanin-
chen-AG oder den Malworkshop bietet die
kleine Farm hinter der Schwimmhalle am
Spreewaldplatz.

🍽🔷 Café Kreuzzwerg
Hornstr. 23, Kreuzberg
Bus 140, M19: Yorckstraße/Großbeerenstraße
☎ (030) 97 86 76 09
www.cafe-kreuzzwerg.de
Mo 15–18, Di–So 10–18 Uhr

Eine große Terrasse, Bällebad und Co. sowie regelmäßige Veranstaltungen machen
das Café zum beliebten Treffpunkt von
Familien. Lecker: das große Frühstücksbuffet am Wochenende. €

Mitte

🏛🔷 Märkisches Museum
Am Köllnischen Park 5, Mitte
U2: Märkisches Museum
☎ (030) 24 00 21 62
www.stadtmuseum.de
Tägl. außer Mo 10–18 Uhr
Eintritt € 5, Kinder frei
Wie sah eigentlich früher der Berliner
Bär aus und wie riecht ein Fuchs die Stadt?
Die Ausstellung »Frag deine Stadt!« im
Heimatmuseum von Berlin ist speziell für
Kinder ab acht Jahren konzipiert.

🏛🔷 Museum für Naturkunde
Invalidenstr. 43, Mitte
U6, Bus 245: Naturkundemuseum
☎ (030) 20 93 85 91
www.naturkundemuseum-berlin.de
Tägl. außer Mo 9.30–18, Sa/So/Fei
10–18 Uhr, Eintritt € 5/3, bis 6 J. frei,
Familienkarten € 6–10
Das riesige Dinosaurierskelett, ausgestopfte
Vögel und versteinerte Insekten faszinieren
Kinder stets aufs Neue. Außerdem gibt es
eine tolle Multimediashow zum Sonnen-
system.

🐟🔷 AquaDom & Sea Life Berlin
Spandauer Str. 3, Mitte
S-Bahn: Hackescher Markt
☎ (030) 99 28 00

Seepferdchen im AquaDom & Sea Life Berlin

www.visitsealife.com
Tägl. 10–19 Uhr
Eintritt € 17,50/12,50 (3–14 J.)
In den schön gestalteten Becken leben zahlreiche schützenswerte Arten. Während des interaktiven Rundgangs erfährt man sehr viel über die Tiere und ihren Lebensraum. Interessant ist auch, was sich so alles in heimischen Gewässern wie Spree und Havel tummelt. Highlight ist die Fahrt mit dem gläsernen Aufzug durch den 25 m hohen Salzwasserturm.

Kinderwagenkino
Rosa-Luxemburg-Str. 30
Mitte
U8, Tram M8: Rosa-Luxemburg-Platz
☎ (030) 242 59 69
www.babylonberlin.de/kinderwagen
kino.html
Mi 11 Uhr, Eintritt € 7–8
Ins Babylon Kino dürfen Eltern ihren Nachwuchs mitnehmen. Lautstärke, Helligkeit – alles ist auf Babys Bedürfnisse abgestimmt, selbst die Windeln gibt es an der Kasse gratis.

Kinderbad Monbijou
Oranienburger Str. 78, Mitte
☎ (030) 282 86 52
www.berlinerbaeder.de
Juni–Anfang Sept. tägl. 10–19 Uhr
Eintritt € 5,50/3,50
Sommerbad nur für Kinder mit ihren Eltern

gegenüber der Museumsinsel. Hier kann man prima planschen und neue Kräfte tanken für´s Kulturprogramm.

Bonbonmacherei
Oranienburger Str. 32
Mitte
S1/25: Oranienburger Straße
☎ (030) 44 05 52 43
www.bonbonmacherei.de
Mi-Sa 12-20 Uhr
Wie werden Bonbons eigentlich hergestellt? In der Schauwerkstatt können Kinder nicht nur zuschauen wie der Bonbonteig entsteht, sondern werden zwischendurch mit warmen Bonbonhappen verköstigt. Natürlich kann man die fertigen Drops auch kaufen. Von Himbeer- bis Waldmeisterbonbons ist alles dabei.

Neukölln

Puppentheater-Museum
Karl-Marx-Str. 135, Neukölln
U7: Karl-Marx-Straße
☎ (030) 687 81 32
www.puppentheater-museum.de
Tägl. außer Sa 9–15, So 11–16 Uhr
Eintritt € 3/2,50
20 000 Marionetten und andere Figuren aus vier Jahrhunderten Puppentheater versetzen Besucher in eine fantastische Welt.

Tierpark Neukölln und Naturhaus im Volkspark Hasenheide
Hasenheide 82, Neukölln
U7/8: Hermannplatz
☎ (030) 61 10 19 06
www.volkspark-hasenheide.de/tierpark
Sommer 9–19.30, Winter 9–17.30 Uhr
Eintritt frei
Zwar gibt es keine Löwen im Volkspark, dafür aber Lamas, Pfauen, Damhirsche und viele Kleintiere wie Ziegen oder Hühner. Und zwar umsonst und draußen!

Café Blume
Fontanestr. 32, Neukölln
U8: Boddinstraße
☎ (030) 64 49 07 78
www.cafe-blume-berlin.de
Mo–Fr 11–21, Sa ab 10, So 10–20 Uhr
Anlaufpunkt für Familien im Schillerkiez, mit Rutsche im Nebenzimmer. Hier wird sonntags (10–15 Uhr, € 12,50, Kinder € 4–7, inkl. Saft und Wasser) zum Brunch gela-

den, und das direkt neben dem Volkspark Hasenheide.

Prenzlauer Berg Pankow

🏛🎨 MACHmit! Museum für Kinder
Senefelderstr. 5
Prenzlauer Berg
Tram M10: Prenzlauer Allee/Danziger Straße, Tram M2: Fröbelstraße
℡ (030) 74 77 82 00
www.machmitmuseum.de
Tägl. außer Mo 10–18 Uhr
Eintritt € 5,50/3,50 (bis 2 J.)
In der 1910 geweihten Eliaskirche befindet sich ein Museum, das zum Lernen im Spiel und mit allen Sinnen anregt. Kindern im Grundschulalter wird hier ein buntes Programm aus Klettern, Basteln und Malen sowie wechselnden, interdisziplinären Ausstellungen geboten.

🐾🎨 Jugendfarm Moritzhof
Schwedter Str. 90
Prenzlauer Berg
U-/S-Bahn: Schönhauser Allee
℡ (030) 44 02 42 20
www.jugendfarm-moritzhof.de
Mo–Fr 12–18.30, Sa 13–18.30 Uhr, im Winter bis 18, Fütterung 17.30, im Winter 17 Uhr, Eintritt frei
Kleintiere füttern und streicheln sowie bei den alltäglichen Stallarbeiten helfen gehört ebenso zum Moritzhof wie das beliebte Ponyreiten.

🐾🎨 Kinderbauernhof Pinke-Panke
Am Bürgerpark 15–18, Pankow
S1/25/85: Wollankstraße
℡ (030) 47 55 25 93
www.kinderbauernhof-pinke-panke.de
April–Okt Di–Fr 12–18.30, Sa/So/Fei 10–18.30, Nov–März Di–Fr 12–17.30, Sa/So/Fei 10–17.30 Uhr
Eintritt frei
Esel, Gänse, Hängebauchschweine und Meerschweinchen machen den Besuch des Kinderbauernhofs an der Panke zur ersten Wahl: Es darf bei der Fütterung und im Garten geholfen, an der Feuerstelle gegrillt und auf dem Hüttenbauplatz gebaut werden.

✖🎨 Tapas-Bar Alois S.
Senefelder Str. 18
Prenzlauer Berg
S-Bahn, Tram M2: Prenzlauer Allee
℡ (030) 44 71 96 80
www.aloiss.de
Mo–Sa 16–1, So 12–1 Uhr
Auf der Terrasse können sich Mama und Papa die Tapas schmecken lassen, während die Kinder den direkt angrenzenden Spielplatz unsicher machen. €€

✖🎨 Pizza Nostra
Lychener Str. 2
Prenzlauer Berg
U2, Tram M1/M10/12: Eberswalder Straße
℡ (030) 41 71 70 00,
www.pizzanostra.de
Mo–Sa 12–24, So 13–24 Uhr
Giuseppe Giugliano ist der netteste Pizzabäcker Berlins. Gerne lässt er die kleinen Besucher einen Blick in den großen Steinofen werfen. Der dünne, reich belegte Teig kann stückweise geordert werden. €

☕🍴🎨 Café Schönhausen
Florastr. 27, Pankow
Bus M27: Mühlenstraße
℡ (030) 42 00 45 36
www.schoen-hausen.de
Tägl. 10–18 Uhr
In liebevoller und kindgerecht gestalteter Atmosphäre kann man entspannt Kaffee und Kuchen genießen, während der Nachwuchs fröhlich im Spielzimmer tobt. Mit Laden für kreative Geschenke.

🍴🎨 Lila Lämmchen
Dunckerstr. 78/79
Prenzlauer Berg
Tram M2: Fröbelstraße
℡ (030) 41 72 22 97
www.lilalaemmchen.de
Mo–Fr 10–18.30, Sa bis 16 Uhr
Gleich zwei Läden gibt es nahe dem Helmholtzplatz: Im ersten finden sich Schuhe und Strumpfwaren für Kinder sowie Regenkleidung und Erwachsenenunterwäsche aus kbA- Baumwolle, Wolle und Seide. Das zweite Lila Lämmchen bietet Naturtextilien für Babys und Kinder sowie Spielzeug und Bücher.

223

Schöneberg

🏛🧸 **Jugend Museum**
Hauptstr. 40/42, Schöneberg
Bus 104/187/M48/M85: Albertstraße
☏ (030) 902 77 61 63
www.jugendmuseum.de
Mo–Do 14–18, Fr 9–14, Sa/So 14–18 Uhr,
Eintritt frei
Die alte Villa ist ein lebendiges Geschichtsmuseum mit ungewöhnlichen Ausstellungen zur Stadtgeschichte, Werkstätten, Theaterfundus und einer kleinen Museumsdruckerei. Die Schau »Villa Global« thematisiert die Migrationsgeschichte Berlins.

🧸 **Emma & Paul**
Gleditschstr. 47, Schöneberg
U7: Kleistpark
☏ (030) 23 62 83 68, www.emma-paul.de
Mo–Fr 9.30–18.30, Sa/So 10–18.30 Uhr
Im Familiencafé treffen sich Eltern und Kinder in gemütlicher Runde. Das Spielzimmer bietet Abwechslung für Kinder bis zum Grundschulalter. €

🏊🧸 **Stadtbad Schöneberg**
Hauptstr. 39, Schöneberg
Bus 104/187/M48/M85: Albertstraße
☏ (030) 780 99 30
www.berlinerbaeder.de
Öffnungszeiten siehe Internet
Eintritt € 5,50/3,50, Mo–Fr 10–15 Uhr 3,50/2, Familien € 11,50
Beliebtes Familienbad mit Außenbecken, Rutsche, Strömungskanal und ein angenehm warmes Salzwasserbecken. Am Wochenende ist zwischen 10 und 16 Uhr Spaßbaden mit schwimmenden Badeinseln und allerlei Wasserspielzeug angesagt.

Spandau

🧸 **Zitadelle Spandau**
Am Juliusturm 64, Spandau
U7: Zitadelle Spandau
☏ (030) 36 75 00 61
www.zitadelle-spandau.de
Tägl. 10–18 Uhr, Fledermausführungen nach Anmeldung, Eintritt € 4,50/2,50, Familien € 10 (2 Erw., bis zu 3 Kinder)
Das älteste Bauwerk Berlins ist großartig für eigene Erkundungen. Die Gewölberäume und das Pulvermagazin bekommt man bei einer Führung zu sehen. Wer die Fledermäuse beobachten möchte, sollte eine Taschenlampe mitbringen. Neben Ausstellungen und Veranstaltungen bietet die Zitadelle außerdem **Puppentheater**.

Steglitz/Dahlem

🏛🧸 **Domäne Dahlem – Landgut und Museum**
Königin-Luise-Str. 49, Dahlem
U3: Dahlem-Dorf, ☏ (030) 666 30 00
www.domaene-dahlem.de
Freigelände: tägl. 8–20, im Winter bis 19 Uhr, Eintritt frei (außer zu Marktfesten)
Museum: tägl. außer Di 10–18 Uhr
Eintritt € 1,50, bis 16 J. frei
Das historische Rittergut des ehemaligen Dorfes Dahlem ist heute ein Freilandmuseum, zu dem auch ein Bio-Bauernhof gehört. Kinder können nicht nur Bauernhoftiere erleben, sondern auch Traktor fahren. Deutschlands einziger Bauernhof mit U-Bahn-Anschluss hat einen eigenen Hofladen. Erntefrisches Gemüse aus der Region bietet zudem der samstägige Ökomarkt.

🏛🧸 **JuniorMuseum**
Arnimallee 23, Dahlem
U3: Dahlem-Dorf
☏ (030) 266 42 42 42, www.smb.museum
Tägl. außer Mo 9–18, Sa/So 11–18 Uhr,
Eintritt € 8/4, online € 7/3,50
Die aktuelle Ausstellung »Was essen wir. Wir essen Reis.« ist dem vielerorts wichtigen Grundnahrungsmittel Reis gewidmet. In der ausstellungseigenen Küche dürfen die kleinen Besucher dazu sogar den Kochlöffel schwingen. Angegliedert an das Ethnologische Museum (vgl. S. 143).

🌷🧸 **Botanischer Garten**
Vgl. S. 162.

Wedding

🏛🧸 **Das klingende Museum**
Behmstr. 13, Wedding
U-/S-Bahn: Gesundbrunnen
☏ (030) 36 46 62 23
www.klingendes-museum-berlin.de

Action ist garantiert bei den Stuntshows im Filmpark Babelsberg

Jeden 1. Sa im Monat 15–18 Uhr oder nach Voranmeldung
Eintritt veranstaltungsabhängig
Ein Museum für die Sinne: Hier gibt es Musik zum Anfassen, Ausprobieren und Erleben. Mit Kursen und Workshops.

🏛 💬 🎨 Labyrinth Kindermuseum
Osloer Str. 12, Wedding
Tram M13/M50: Osloer Straße/Prinzenallee
☎ (030) 800 93 11 50
www.labyrinth-kindermuseum.de
Fr/Sa 13–18, So/Fei 11–18 , in den Berliner Schulferien Mo–Fr 9–18, Sa 13–18, So/Fei 11–18 Uhr, Eintritt € 5,50, Fr ab 13 Uhr € 4,50, Familienticket € 16
Lernen durch Selbermachen ist die Devise des Museums mit wechselnden Themenausstellungen. Da wird gehüpft, geklettert, verkleidet und gebaut. Die Tribüne bietet Platz für kleine Pausen. Stoppersocken oder Hausschuhe mitbringen!

🏊 🎨 Freibad Humboldthain
Eingang: Hussitenstr., Wedding
S1/2/25: Humboldthain
☎ (030) 464 49 86, www.berlinerbaeder.de
Mai–Sept. tägl. 10–19 Uhr
Eintritt € 4/2,50, Familienkarte (2 Erw., 1 Kind) € 9, jedes weitere Kind € 2
Schönes Schwimmbad im Volkspark Humboldthain mit Riesenrutsche, Planschbecken und Liegewiesen unter Bäumen.

🏊 🎨 Freibad Plötzensee
Nordufer 26, Wedding
Tram 50/M13: Virchow-Klinikum
☎ (030) 45 02 05 33
www.strandbad-ploetzensee.de
Mai–Sept. tägl. 9–19 Uhr
Eintritt € 4/2,50, Familienkarte (2 Erw., 1 Kind) € 9, jedes weitere Kind € 2, Eintritt ab 2 Std. vor Schluss € 2,50, Strandkorb € 5
Das Strandbad mit seinem leicht abfallenden Sandstrand und sauberem Wasser ist bestens geeignet für Buddeln, Matschen und Baden.

Potsdam

🎨 🎨 Filmpark Babelsberg
Großbeerenstr. 200, Potsdam
Bus 601/690: Filmpark
☎ (0331) 721 27 50
www.filmpark-babelsberg.de
April–Okt. tägl. außer Mo (im April, Sept. Mo/Di) 10–18 Uhr, im Juli tägl.
Eintritt € 21/14, bis 4 J. frei, Familien € 60
»Spot an und Action« heißt es in den Studios in Babelsberg. Original Kulissen, Requisiten, Kostüme und Technik geben den Besuchern einen Einblick ins Filmgeschäft. Highlights sind die Attraktionen wie Erlebniskino, Stunt- und Making-of-Shows. Im Hexenhaus und auf dem Dschungelspielplatz haben auch die Kleinsten ihren Spaß. 🎏

WELLNESS
SPA, LIQUIDROM ODER HAMAM

Vom Schweben im Solebecken über Floating bis zu klassischen Massagen und Schönheitsanwendungen: Es gibt viele gute Gründe für einen Besuch im Wellness-Tempel. Neben den Angeboten der Hotels (vgl. S.168), die meistens auch Tagesgästen zur Verfügung stehen, gibt es in Berlin eine Vielzahl freier Spa-Einrichtungen, mit ganz unterschiedlichen Schwerpunkten. Lassen Sie sich verwöhnen!

⑨🈁🀫 Centrovital Day Spa
Neuendorfer Str. 25, Spandau
U7 Rathaus Spandau,dann Bus 136/236: Kirchhofstraße
✆ (030) 818 75-0
www.centrovital-berlin.de
Mo–Sa 7–23, So/Fei 7–22 Uhr
2 Std. € 14 (Sa/So 17), 4 Std. € 19 (Sa/So 22), Tageskarte € 25 (Sa/So € 28)
Die ehemalige Schultheiss-Brauerei am Spandauer See beherbergt ein modernes Hotel mit Sport- und Gesundheitszentrum. Das Day Spa lockt mit einem 25-m-Pool, Funbecken und Whirlpool, diversen Beauty-Anwendungen, einem Ayurveda-Zentrum sowie einer abwechslungsreichen Sauna-landschaft. Der Sportclub ist mit multime-dialen Technogym-Geräten ausgestattet. Außerdem: umfangreiches Kursprogramm, Kinderbetreuung, Dachterrasse mit Außen-liegebereich, Restaurant und Bar mit Kamin.

⑨🈁🀫 Club Olympus Berlin Day Spa & Fitness
Marlene-Dietrich-Platz 2, Tiergarten
U-/S-Bahn: Potsdamer Platz
✆ (030) 25 53 1890
www.berlin.grand.hyatt.de
Tägl. 6–23 Uhr
Tageskarte für Nicht-Hotel-Gäste € 70
Großzügige Wellness-Anlage im Dachge-schoss des Grand Hyatt-Hotels mit 15 m langem Innenpool, Whirlpool, Sauna und weiteren Wohlfühl-Einrichtungen sowie Fitness-Geräten. Top ist die Sonnenterrasse mit Ausblick zum Kulturforum. Viele Massa-gen und Kosmetikbehandlungen.

⑨ Floating
Allein oder zu zweit kann man in kleine oder größeren Becken oder Muscheln in hochkonzentrierter Heilsole dem Alltag ent-schweben und bei sanftem Licht und zarten Klängen entspannen.

– float Berlin Mitte
Hausvogteiplatz 11, Mitte
U2: Hausvogteiplatz
✆ (030) 20 14 37 97
www.float.de
Tägl. 10.30–20/21 Uhr, So/Fei nach Vereinbarung
Single: 60 Min. € 65; Paar: 60 Min. € 95

– Tranxx Floating und Massagewelt
Akazienstr. 27/28, Schöneberg
S1: Julius-Leber-Brücke,
U7: Eisenacher Straße
✆ (030) 78 95 72 80
www.tranxx.de
Tägl. außer Di 10–22 Uhr
Single: 60 Min. ab € 49, Paar: 60 Min. ab € 79

⑨🈁🀫 Guerlain Spa Waldorf Astoria
Hardenbergstr. 28, Charlottenburg
U-/S-Bahn: Zoologischer Garten
✆ (030) 814 00 00 29 50
www.waldorfastoriaberlin.com
»Beauty Revelation« (Gesichts- und Körper-anwendung), 90 Min. € 190, Halbtagespa-ket »Das Waldorf« 3 Std. € 250
Wie das Hotel gehört auch der großzügi-ge Spa zur Luxus-Spitzenklasse. Exklusiv für Waldorf Astoria Berlin hat Guerlain seine »Beauty Revelation« entwickelt, eine Kombination aus Gesichts- und Körperbe-handlungen sowie Massage. Wer dieses oder ein ähnliches Paket bucht, kann auch als externer Gast den gesamten Spabereich nutzen. Auf 1000 m² gibt es neben den Behandlungsräumen einen Indoor-Pool, Dampfbad, Sauna und Whirlpool sowie einen Fitnesscenter. Besonders schön: die Sonnenterrasse auf dem Dach im fünften Stock mit Ausblick.

⑨ Hamam
Türkisches Bad nur für Frauen
Frauenzentrum Schokoladenfabrik e. V.

Mariannenstr. 6, Hinterhaus, Kreuzberg
U1/8: Kottbusser Tor
℗ (030) 615 14 64, www.hamamberlin.de
Mo 15–23, Di–So 12–23 Uhr, Do Kinder
willkommen, Eintritt 3 Std. € 16/8
»Hamam« bedeutet Wärme und das ist
im türkischen Bad ein Zusammenspiel von
Reinigung und Pflege für Körper und Seele.
Massagen und kosmetische Anwendungen
können – nach Voranmeldung – hinzuge-
bucht werden.

Liquidrom
Möckernstr. 10, Kreuzberg
U1/7: Möckernbrücke
℗ (030) 258 00 78 20
www.liquidrom-berlin.de
Tägl. 10–24 Uhr, Tageskarte € 29,50,
2 Std. € 19,50
In der höhlenartigen Kuppelhalle sorgen
Unterwassermusik, Farb- und Lichtspiele für
wohlige Entspannung. Besonders beliebt
sind die abendlichen Livemusik-Veranstal-
tungen (mehrmals wöchentlich).

ONO SPA
im Mandala Hotel
Potsdamer Str. 3, Tiergarten
U-/S-Bahn: Potsdamer Platz
℗ (030) 590 05 11 00, www.onospa.de
Mo–Sa 10–22, So bis 20 Uhr
Fitness Lounge: 24 Std. geöffnet
Eintritt Day Spa 4 Std. € 80; Massagen:
90 Min. ab € 120
Wohlfühlen hoch oben über dem Potsda-
mer Platz in exklusiv-eleganter Atmosphäre.
Zur Wahl stehen Biosaunen, Finnische Sau-
nen, Ruheoasen, Solarium und verschiedene
Massagen und Beauty-Behandlungen zur
Entspannung, Zweisamkeit, Eile oder Luxus.
Originell ist die Via Sensus auf der Dach-
terrasse, ein Rundgang über verschiedene
Steine als Fußreflexzonenmassage.

Sultan Hamam Berlin
Bülowstr. 57, Schöneberg
U2: Bülowstraße
℗ (030) 21 75 33 75, www.sultan-hamam.de
Herren: Mo 12–23, Frauen: Di–Sa 12–23,
Familien: So 11–22 Uhr
Eintritt 3 Std. € 16/10, 5 Std. € 21/15
Ruhe, Erholung und Reinigung für Kör-
per, Geist und Seele: Das Sultan Hamam
vereint die Tradition eines orientalischen
Badehauses mit einer modernen Wellness-
Oase. Dampfbad, Sauna und Ruheräume.

Terminvereinbarung für Peeling & Einseifen,
Massagen und Kosmetik.

Surya Villa, Ayurveda Wellness Zentrum
Rykestr. 3, Prenzlauer Berg
U2: Senefelderplatz, ℗ (030) 48 49 57 80
www.ayurveda-wellnesszentrum.de
Tägl. außer So 10.30–20 Uhr
Ayurvedische Ganzkörpermassage mit
warmen Kräuterölen: 60 Min. € 69, 90 Min.
€ 89; Bio-Sauna: 2 Std. € 7
Sri Lanka mitten in Berlin: Die »Sonnen-
Villa« bietet traditionelle Ayurveda-Be-
handlungen, asiatische Massagen, Sauna,
Dampfbad, Kosmetik, Yoga und Meditation.

Thermen am Europa-Center und Day SPA
Nürnberger Straße 7, Charlottenburg
U-/S-Bahn: Zoologischer Garten
www.thermen-berlin.de
Thermen: ℗ (030) 25 75 76-0
Mo–Sa 10–24, So/Fei 10–21 Uhr
3 Std./€ 17,50, Tageskarte € 19,50, ab 20, So/
Fei ab 18 Uhr € 15, Kind bis 12 J. € 10
Thalgo-Wellness: € 55, Verwöhntag: € 120
Die Thermen in luftiger Höhe sind eine In-
stitution in Berlin, und das seit mehr als 40
Jahren. Im großen 32°C warmen Innen- und
Außen-Pool mit solehaltigem Wasser lässt es
sich auch im Winter angenehm schwimmen.
Hinzu kommen Innen- und Außensaunen
(finnische, Bio- und Kräuter-Sauna) sowie
Dampfbäder, Tauchbecken mit Temperatu-
ren zwischen 19 und 40°C, Schwallduschen,
Thermen-Geysir und Außenwasserfälle.

Vabali Spa Berlin
Seydlitzstr. 6, Moabit
U-/S-Bahn: Hauptbahnhof
℗ (030) 911 48 60, www.vabali.de
Tägl. 10–24 Uhr, Eintritt: Mo–Fr: 2 Std. € 18,50,
4 Std. € 24,50, Tageskarte € 31, Sa/So/Fei 2 Std.
€ 20,50, 4 Std. ab € 26,50, Tageskarte € 33
Bali in Berlin: Auf dem Gelände eines
stillgelegten Freibades lädt ein exklusives
Wellness-Ressort in asiatischem Ambiente zur
Rundum-Entspannung ein. Mit Saunen, Massagen, Schönheitsanwendungen, Fitness-
bereich und Restaurant.

STADTTOUREN
MIT KENNERN DURCH DIE STADT

Zu Lande, zu Wasser, in der Luft, dabei selbst aktiv werden oder sich bequem chauffieren lassen – im Bus, in der Kutsche, im Velotaxi oder Tuk-Tuk – begleitet von allgemeinen Erklärungen oder zu ausgewählten Themen: Berlin bietet endlos viele Möglichkeiten, die Stadt zu entdecken. Und immer wieder kommen neue Tourenthemen hinzu. Ein beliebtes Fortbewegungsmittel wurde indes verbannt: Bierbikes für feucht-fröhliche »Ballermänner«.

Stadtrundfahrten und -flüge

🚌📷 Bus und Straßenbahn

Kreuz und quer durch die Stadt, einsteigen, aussteigen, umsteigen, wann und wo man will: Mit einem VBB-Tagesticket oder der WelcomeCard lässt sich Berlin preiswert entdecken. Beispiele:

Bus 100: Zoologischer Garten – Tiergarten – Unter den Linden – Alexanderplatz
Bus 200: Zoologischer Garten – Potsdamer Platz - Unter den Linden – Alexanderplatz
Bus 29: Grunewald – Kurfürstendamm – Wittenbergplatz – Lützowufer – Checkpoint Charlie – Kreuzberg – Hermannplatz
Bus 104: Westend – Schöneberg – Neukölln – Treptow – Alt-Stralau
Tram M1: Museumsinsel – Hackescher Markt – Prenzlauer Berg – Pankow – Schloss Schönhausen
Tram M10: Warschauer Brücke – Friedrichshain – Prenzlauer Berg – Mauerpark – Bernauer Straße – Nordbahnhof

🚌📷 City Circle Touren
BBS Berliner Bären Stadtrundfahrt
☎ (030) 35 19 52 70, www.sightseeing.de
Tagesticket € 20/10, unter 6 J. frei
Rundfahrten durch die Innenstadt mit Ausstiegs- und Zustiegsmöglichkeit.

🚌📷 Berolina Stadtrundfahrten
☎ (030) 88 56 80 30
www.berolina-berlin.com
Ticket (2 Std): € 20, Kinder (7–14 J.) € 10, Familien € 48
Ticketverkauf in Hotels und beim Fahrer Zu- und Ausstieg an 20 Haltepunkten. Es werden auch Kombitickets mit Schiffstour und/oder Eintrittskarten angeboten.

🚐📷 Autorundfahrten
eTukTours
Start: Ballongarten am WELTBallon,
Zimmer-/Wilhelmstr., Mitte, U2/6: Stadtmitte
☎ (030) 68 91 02 66, www.etuktuk.com
1 Std. ab € 32 p. P.
Umweltfreundlicher im Elektrogefährt die Highlights der Stadt erleben. Man kann selbst fahren oder sich chauffieren lassen.

🚐📷 Oldie Käfer Tour Berlin
Start: Europa-Center, Tauentzienstr. 9–12 Charlottenburg, U-/S-Bahn: Zoologischer Garten
☎ (030) 206 20 19 41
www.oldie-kaefer-tour-berlin.de
Auf eigene Faust mit dem (West-)Kult-Auto durch die Stadt (€ 49,90 p.P.) tuckern oder in Kolonne eine große Ost-West-Runde drehen (€ 59,90 p.P.).

🚐📷 Trabi Safari
Start: Ballongarten am WELT-Ballon, Zimmer-/Ecke Wilhelmstr., Mitte U2/6: Stadtmitte
☎ (030) 27 59 22 73, www.thewallride.com
Ab € 79 p. P. bei 4 P. pro Trabi, € 89 p. P. bei 2 P.
Mit bunten Trabis im Konvoi zu Mauerpark, Todesstreifen, East Side Gallery und Checkpoint Charlie. Das Fahrgefühl ist gewöhnungsbedürftig. Live-Erklärungen über Funk.

Auf dem Wasser
Die Stadt vom Wasser aus erleben: Berlin hat ca. 180 Kilometer Wasserstraßen, die in unterschiedlichen Routen von Reedereien befahren werden. Die kürzeste (1 Std.) ist die »City-Tour« zwischen Nikolaiviertel und Haus der Kulturen der Welt.

🚢📷 Berliner Geschichtswerkstatt
☎ (030) 215 44 50
www.berliner-geschichtswerkstatt.de
Termine und Start siehe Internet
Schiffsfahrten mit historischen Erläuterun-

Mit den Ausflugsschiffen der Stern- und Kreisschifffahrt lernt man Berlin vom Wasser aus kennen

gen, Literatur und Musik oder zu Themen wie »Frauengeschichte(n)«, »Krumme Touren«, »Litera-Touren«.

🖥️📷 Berliner Wassertaxi Stadtrundfahrten (BWTS)
Am Historischen Museum, Mitte
U-/S-Bahn Friedrichstraße
S3/5/7/75: Hackescher Markt
✆ (030) 65 88 02 03
www.berlinerwassertaxi.de
Rundfahrten (1 Std.) in verglasten Amsterdamer Wasserbussen starten ab 10.15 Uhr etwa alle 30 Minuten ab Zeughaus und gegenüber dem Berliner Dom.

🛶📷 Kajak Berlin Tours
✆ (030) 99 54 80 18
www.kajakberlintours.de
Mit dem Paddelboot durch Berlin cruisen und dabei Interessantes über die Stadt erfahren. Geführte Touren auf der Spree.

🖥️📷 Reederei Riedel
✆ (030) 67 96 14 70
www.reederei-riedel.de
Stadtkernfahrten (1–1,5 Std.) zwischen Regierungs- und Nikolaiviertel; Spreefahrten (1,5 Std.) von Hansabrücke bis Mercedes-Benz-Arena (und zurück); Brückenfahrten: große Citytouren (3,5 Std.) mit verschiedenen Zustiegsmöglichkeiten; Abendtouren.

🖥️📷 Stern- und Kreisschifffahrt
Treptower Hafen, Treptow
S-Bahn: Treptower Park
✆ (030) 536 36 00, www.sternundkreis.de
Berlin-Rundfahrt (9 Std.): Mai–Okt. Mi 10.30 Uhr ab Hafen Treptow, Ticket: € 27
Mehr als 30 »Erlebnistouren« auf allen Berliner Gewässern, Dauer von 1 Std. bis zur Ganztagesfahrt, z. B. Historische Stadtrundfahrten (1 Std.) ab/bis Nikolaiviertel oder Haus der Kulturen der Welt. Die längste Tour dauert knapp neun Stunden: vom Hafen Treptow durch den Teltowkanal in den Jungfernsee, vorbei an der Pfaueninsel nach Wannsee, über die Havel nach Spandau, weiter auf der Spree nach Charlottenburg und durch den Tiergarten, das Regierungsviertel und die Innenstadt zurück zum Hafen Treptow.

In der Luft
✈️📷 Air Service Berlin & Commander Frank
WELT-Ballongarten am Checkpoint Charlie, Wilhelm-/ Ecke Zimmerstr.
U2/6: Stadtmitte, ✆ (030) 53 21 53 21
www.air-service-berlin.de
Ballon: € 19,90/14,90, bis 10 J. 4,90, Familien € 49, Rundflüge siehe Internet
Der **Fesselballon Hi-Flyer** eröffnet einen atemberaubenden Blick aus 150 m über die City. Wer einen noch größeren Überblick erhalten will, kann vom Flughafen Schöne-

feld zum Rundflug im **Doppeldecker** über Berlin und Potsdam abheben. Rundflüge gibt es auch im **Helikopter** oder **Wasserflugzeug** (Wasserlandeplatz Air Service Berlin, Bulgarische Straße, Treptow).

Per Rad und Segway

Fahrradstation am Bahnhof Friedrichstraße
Eingang Dorotheenstr. 30, Mitte
℡ (030) 28 38 48 48
www.fahrradstation.com
Mo–Fr 10–19.30, Sa 10–18, So 10–16 Uhr
Fahrradvermietung und geführte Thementouren (Mauer, Ost-West, Frauen etc.). Fünf weitere Vermietstationen (Mo–Sa) im Stadtgebiet, eine in Potsdam.

Berlin on Bike
Knaackstr. 97, Kulturbrauerei
Prenzlauer Berg
℡ (030) 43 73 99 99, www.berlinonbike.de
Fahrradvermietung (€ 10/ 24 Std.) und begleitete Radtouren durch die City, darunter »Nightseeing«, durch den »ungeschminkten« Osten, zu Schauplätzen der Streetart und zur Zukunft Berlin. Außerdem **Weinfahrten** zu den Rebgärten Berlins. Auch geführte Spaziergänge und Touren im Kanu auf der Spree.

Finding Berlin Tours
Schlesische Str. 29/30, Kreuzberg
℡ 0176 99 33 39 13
www.findingberlin-tours.com
Per Rad u.a. mitten hinein in das Berliner Kiez-Leben oder »Pickfein – die kostbare kulinarische Berlin-Tour« erleben.

Free Berlin Tours
Startpunkt: Propststraße/Nikolaikirche, Nikolaiviertel, Mitte, U-/S-Bahn: Alexanderplatz
℡ (030) 28 70 44 92
www.fahrradtouren-berlin.com
€ 14/10, Leihfahrrad € 5
Dreistündige Stadtrundfahrten per Rad: Berlin's Best, Berliner Mauer/ Drittes Reich, »Arm aber sexy«, Top Secret.

Stadt und Rad
Hardenbergplatz 9–11, Charlottenburg
Panoramastr. 1 A, Mitte
℡ (030) 68 83 62 17, www.stadtundrad.de
Das »Beste von Berlin« in der City; zu Schauplätzen der Teilung und des Kalten Kriegs (jeweils 4,5 Std., € 14/12; Leihfahrrad plus € 5). Auch Leihfahrräder ohne Tour.

Segway-Touren
Die Stehroller sind beliebt. Die »Personal Transporter«, die mit Batterie lautlos gleiten, reagieren auf leichte Körperbewegung. Teilnahme ab 15 Jahren.
– **SEG2GO – Segway Point Berlin-Mitte**
Im City-Quartier DomAquarée
Karl-Liebknecht-Str. 5, Mitte
℡ (030) 75 63 95 93, www.seg2go.de
2,5-stündige Tour tägl. 10, 13 Uhr, € 62 p. P.
– **City Segway Tours**
Panoramastr. 1 A, Mitte
℡ (030) 24 04 79 91
www.citysegwaytours.com
3-Std.-Tour € 67, 1,5 Std. Tour € 45
– **Segway City Tour**
℡ (030) 49 20 59 80
www.segway-citytour.de
Standard-Tour tägl. 10.30, 14, 17 Uhr
2,5 Std. € 64,80

Spaziergänge

Alternative Berlin Tours
Treffpunkt: Fernsehturm am Alexanderplatz, neben dem Eingang von Starbucks
U-/S-Bahn: Alexanderplatz
℡ (0162) 81 98 264
www.alternativeberlin.com
Tägl. 11 und 13 Uhr, die Teilnehmer zahlen am Ende, was ihnen die Tour wert war. Englisch ist kein Problem für Sie? Dann gehen Sie mit Insider-Führung auf eine rund dreistündige Walking-Tour durch das andere Berlin: Sie entdecken Streetart und Graffiti, besuchen Orte der Subkulturen, begegnen (Lebens-)Künstlern und Musikern und erfahren viel über Leben und Initiativen in den Kiezen.

art: Berlin
℡ (030) 28 09 63 90
www.artberlin-online.de
Preise nach Dauer und »Zugaben« ab € 12 (1 Std.)
Themenschwerpunkte: Kunst, Design, Mode, Architektur; Galerien- und Atelier-

besuche, Kiezrundgänge, versteckte Gärten, kulinarische Entdeckungen.

📷 Berliner Unterwelten e.V.
Brunnenstr. 108 A, im U-Bhf. Gesundbrunnen, Wedding
Treffpunkt: Bad-/Ecke Hochstr.
U-/S-Bahn: Gesundbrunnen
✆ (030) 49 91 05 17
www.berliner-unterwelten.de
ab € 11/9, Dauer 90 Min.
U-Bahn-Schächte, Luftschutzbunker, Fluchttunnel, Brauereikeller, Rohrpost: Berlins Untergrund steckt voller Geschichten. Das **Berliner Unterwelten-Museum** und verschiedene Touren geben Einblicke in die geheimnisvolle Welt unter Berlin.

📷❌ Berlin kulinarisch erleben
✆ (030) 530 66 165
www.eat-the-world.com
3 Std. inkl. Kostproben € 33, unter 12 J. € 16,50
Vom französischen Café bis zum orientalischen Imbiss kann man sich in Berlin kulinarisch »durch die Welt essen« und erfährt Besonderheiten über das jeweilige Viertel (Kreuzberg, Friedrichshain, Prenzlauer Berg, Schöneberg).

📷🚲✈️📷✈️ CITY GUIDE BERLIN
✆ (03 31) 64 72 05 01
www.cityguideberlin.com
Nach individuellen Wünschen: Ungewöhnliche Touren zu Fuß, per Rad, im Oldtimer, auf dem Boot, per Traktor, im Heißluftballon oder im Hubschrauber. Auch Themenführungen.

📷 closeup berlin – Nahaufnahme Berlin
✆ (0176) 48 25 12 21
www.closeup-berlin.de
Mo, Fr 10 Uhr, 2 Std. € 14
Wie aus Pferdeställen Restaurants, aus Fabriken Galerien und aus ärmlichen Mietskasernen Luxuswohnungen wurden: Der Rundgang durch »Berliner Hinterhöfe« vereint Zeugnisse der Geschichte und Brennpunkte des modernen Lebens. Weitere Stadtrundgänge: Kreuzberg 36, Prenzlauer Berg, Berliner Mauer etc.

📷 Spaziergang mit Friedrich dem Großen
Treffpunkt: Brandenburger Tor, Mitte
U-/S-Bahn: Brandenburger Tor
✆ (030) 45 02 38 74
www.koenig-friedrich.de
Tägl. 14 Uhr, € 15/9 (bis 14 J.)
Dr. Olaf Kappelt führt in der Rolle des Preußenkönigs unterhaltsam und kenntnisreich durch die Hauptstadt.

🎧 Multimedia-Mauerguide
Ausleihstationen: Gedenkstätte Berliner Mauer (vgl. S. 57), Brandenburger Tor (im U-Bhf.), Checkpoint Charlie
www.mauerguide.com
Leihgebühr € 8/4 pro Std. oder € 10/Tag
Ein GPS-Navigationsgerät für Fußgänger: An 22 Gedenkorten entlang des Mauerverlaufs können Infos, Fotos, Filmsequenzen und Tonmitschnitte abgerufen werden.

📷 StattReisen Berlin
✆ (030) 455 30 28, www.stattreisenberlin.de
Ticket: €11/8, Dauer 2 Std.
Der Anbieter schlägt seit rund 30 Jahren »Pfade durch den Großstadtdschungel« für Touristen, Berliner und Schulklassen. Schwerpunkte: Geschichte und Gegenwart (Preußen, Paläste, Politik; das jüdische Berlin; Berlin unterm Hakenkreuz; Grenzgänge – grenzenlos; Herbst 1989), literarische Spaziergänge (u. a. mit Fontane, Brecht und Franz Biberkopf), Kieztouren u. a. durch die »Weltstadt Kreuzberg«; Dorfidylle und Industriemetropole sowie Friedhofsführungen und Kindertouren.

📷 Zeitreisen
✆ (030) 44 02 44 50
www.zeit-reisen.de, www.videobustour.de
€ 19,50/16,50
Sa 11 Uhr, Überblickstour: »Zeitreise durch Berlin« mit authentischen Filmsequenzen vom Kaiserreich über das Dritte Reich bis zu Mauerbau und Mauerfall
Sa 13.30 Uhr, Thementouren im wöchentlichen Wechsel:
Berlin – Hauptstadt des Verbrechens (Krimitour)
Filmstadt Berlin – Das Rollende Kino
Tanz auf dem Vulkan: Die Goldenen Zwanziger Jahre
Hitlers Berlin – Die Stadt unter dem Hakenkreuz 🌼

Frühling im Britzer
Garten

SERVICE VON A BIS Z

Anreise

Mit dem Flugzeug
Berlin hat zwei Flughäfen: Berlin Tegel (TXL) nordwestlich der Innenstadt und Berlin Schönefeld (SXF) am südöstlichen Stadtrand. Zentrale Flughafenauskunft:
✆ 018 05-00 01 86
www.berlin-airport.de

Berlin Tegel (TXL)
Mit den Bussen 109 und X9 in die City West; mit Bus 128 zum U-Bhf. Kurt-Schumacher-Platz und weiter mit der U6; mit der Linie TXL via Hauptbahnhof zum Alexanderplatz.

Berlin Schönefeld (SXF)
Die schnellste Verbindung in die City bietet der Regionalzug Airport Express (30 Min. zum Hauptbahnhof); außerdem fahren die S-Bahn und weitere Regionalzüge. Zum U-Bhf. Rudow verkehren Busse (X7, 171), dann weiter mit der U7.
  Für die Fahrt zwischen Flughafen und City (gültig in Bus und Bahn) benötigen Sie ein Ticket für den Tarifbereich ABC. Wer bereits ein AB-Ticket oder eine WelcomeCard (AB) hat, löst einen Anschlussfahrausweis Berlin C.
  Bis zur Eröffnung des neuen internationalen Großflughafens Berlin Brandenburg

»Willy Brandt« (BER) südlich von Schönefeld wird sonntags um 14 Uhr auf dem Gelände die Tour »BER on bike« mit dem eigenen Fahrrad angeboten: ✆ (030) 609 17 77 70, www.berlin-airport.de.

Mit der Bahn
Alle Fernzüge halten am Hauptbahnhof, weitere Stopps (je nach Strecke) an den Bahnhöfen Spandau, Ostbahnhof, Gesundbrunnen, Südkreuz.
– Bahnauskunft: ✆ 118 61, www.bahn.de
– Vom Hauptbahnhof Anschluss an die S-Bahn in Ost-West-Richtung. Die U55 fährt zum Brandenburger Tor, Bus M41 und M85 passieren den Potsdamer Platz, TXL nach Mitte.

Mit dem Bus
Die meisten Fernbuslinien enden (und starten) am **Zentralen Omnibusbahnhof Berlin (ZOB)** gegenüber dem Messegelände unter dem Funkturm (Masurenallee 4–6, Charlottenburg, www.iob-berlin.de). Einige Busse des Unternehmens MeinFernbus (www.meinfernbus.de) starten/halten auch am Alexanderplatz, am Flughafen Schönefeld, am Ostbahnhof sowie am Südkreuz.

Mit dem Auto
Die Autobahnen aus München/Nürnberg (A9), Hannover (A2), Hamburg (A24), Ro-

stock (A19), Dresden (A13) und Frankfurt/ Oder (A12) münden in den Berliner Ring (A10). Mit Staus wegen Baustellen und dichtem Verkehr ist generell zu rechnen. Autofahrer benötigen innerhalb des S-Bahn-Rings eine **grüne** Umweltplakette (www.umwelt plakette.org), die man auch online bestellen kann.

50 verschiedene Museen ohne weitere Kosten besuchen. Beide Rabattangebote sind auch online erhältlich.

Auskunft

ℹ Tourist Information visitBerlin
www.visitberlin.de
information@visitberlin.de

ℹ Call Center
✆ (030) 25 00 25, 25 00 23 33
Alle Informationen über das Reiseziel Berlin, auch Reservierung von Hotels und Tickets für Veranstaltungen, Stadtrundfahrten und vieles mehr.

ℹ Berlin Tourist Informationen
– im Brandenburger Tor
Pariser Platz, südliches Torhaus, Mitte
Tägl. 9.30–19, im Winter bis 18 Uhr
– im Hauptbahnhof
Erdgeschoss, direkt am Eingang Europaplatz, Tiergarten
Tägl. 8–22 Uhr
– im Neuen Kranzler Eck
Ku'damm Passage, Kurfürstendamm 22, Haus 4, Charlottenburg
Mo–Sa 9.30–20, So 10–18 Uhr
– im Flughafen Tegel
Terminal A/Gate 2, tägl. 8–21 Uhr
– im Flughafen Schönefeld
Terminal A, Haupthalle, tägl. 7–22 Uhr
– Info Point am Fernsehturm
Panoramastr. 1 A, Mitte, Mai–Okt. tägl. 10–18 Nov.–März tägl. 10–16 Uhr
Bei diesen Tourist Informationen erhält man Auskünfte aller Art, kann eine Unterkunft reservieren, Veranstaltungstickets, Souvenirs oder die **Berlin WelcomeCard** (siehe Verkehrsmittel) und den **3-Tage-Museumspass** (€ 24/12) erwerben. Mit letzterer Karte lassen sich an drei aufeinanderfolgenden Tagen bis zu

Automiete, Autofahren

Autofahrer müssen in Berlin mit dichtem Verkehr und vielen Staus rechnen. Parkplätze sind rar und in der Innenstadt in der Regel kostenpflichtig. Man zahlt im Voraus für die geschätzte Parkdauer mit Münzen an der Parkuhr oder mit der richtigen App im Smartphone. Parkhäuser gibt es reichlich; die Tarife variieren.

Alle internationalen Mietwagenfirmen sind an den Flughäfen sowie am Hauptbahnhof vertreten; Europcar auch am Busbahnhof ZOB. Buchung am besten vorab im Internet. Bahnkunden mit Bahn-Card können vom Hauptbahnhof auch direkt auf ein Auto der Flinkster-Flotte (Carsharing) umsteigen.

Feste, Veranstaltungen, Messen

Hochkarätige Kulturfestivals, fröhliche Straßenfeste, bedeutende Messen oder herausragende Sportereignisse: Bei der Reiseplanung lohnt ein Blick in den Veranstaltungskalender.

Ausgewählte Feste & Veranstaltungen:

🎭ℹ Berliner Festspiele
Schaperstr. 24
Wilmersdorf
✆ (030) 254 89-0
www.berlinerfestspiele.de
Die Berliner Festspiele präsentieren im eigenen Haus der Berliner Festspiele u. a. das Festival für aktuelle Musik **MaerzMusik** (März), das **Theatertreffen der deutschsprachigen Bühnen** (Mai), das **Theatertreffen der Jugend** (Mai/Juni), das internationale Festival für performative Künste **Foreign Affairs**

(Juni/Juli), das **Internationale Literaturfestival** (Sept.), das **Musikfest Berlin** (Sept.) mit internationalen Spitzenorchestern, Dirigenten und Solisten sowie das **JazzFest Berlin** (Anfang Nov.). Das Haus veranstaltet auch Specials zu aktuellen Debatten und ist Gastgeber für ausgewählte Programme der Berlinale.

Januar
Tanztage – in den Sophiensaelen, www. sophiensaele.com
Ultraschall Berlin – Festival für Neue Musik, u. a. im HAU Hebbel am Ufer und im Radialsystem V, http://ultraschallberlin.de
Sechstage-Rennen Berlin – Spitzensport im Velodrom, umrahmt von bester Unterhaltung, www.sechstagerennen-berlin.de

Februar
Internationale Filmfestspiele Berlin/Berlinale – mit Verleihung des Silbernen Bären, www.berlinale.de.

März
Berliner Halbmarathon mit 30 000 Joggern, Inline-Skatern und Power Walkern.

Mai
Gallery-Weekend – renommierte Galerien laden zu einem Rundgang durch die Ausstellungen ein, gallery-weekend-berlin.de
Theatertreffen Berlin – Hochkarätige Ensembles zu Gast und Verleihung des Berliner Theaterpreises
Karneval der Kulturen – Musiker, Tänzer und Artisten nahezu aller Nationen, die in Berlin vertreten sind, machen alljährlich zu Pfingsten den Karneval zum spektakulären Ereignis. Höhepunkt des viertägigen Straßenfestes ist der Umzug mit Tausenden Teilnehmern, der jedes Jahr rund 1 Mio. Zuschauer anlockt, www.karneval-berlin.de
Velothon – Radrennen der Amateure und Profis durch die Stadt, Distanzen 60 und 120 km, www.garmin-velo,thon-berlin.de.
DFB-Pokalfinale – im Olympiastadion, www. pokalfinale-berlin.de

Zu den großen Veranstaltungs-Highlights zählen die Internationalen Filmfestspiele im Februar

Mai–August
Berlin Biennale für zeitgenössische Kunst – alle zwei Jahre (2016), www.berlinbiennale. de.

Mai–September
Citadel Music Festival – Beim längsten Open-Air-Festival sind im Innenhof der Zitadelle Spandau Newcomer und Stars aus Pop, Folk, HipHop, Rock und Electro Music zu erleben, www.citadel-music-festival.de
Summer of Berlin – www.sommer.visitberlin. de.

Juni
DMY – Internationales Design Festival, http:// dmy-berlin.com
Lange Nacht der Wissenschaften, www. langenachtderwissenschaften.de Lesbisch-schwules Stadtfest – in Schöneberg rund um den Nollendorfplatz, www.regenbogen fonds.de
Christopher Street Day – farbenfrohe Schwulen- und Lesbenparade
48 Stunden Neukölln – 400 Kunst- und Kulturveranstaltungen an einem Wochenende im Trendbezirk Neukölln, www.48-stunden-neukoelln.de.

Juli–September
Jazz in Town – Köpenicker Blues- & Jazzfestival mit Stars und Legenden der internationalen Jazzszene im Hof des historischen Rathauses, http://jazz-in-town-berlin.de.

Juli
Classic Open Air – Stars der Klassik- und deutschen Popbranche am Gendarmenmarkt, www.classicopenair.de.

August
Jüdische Kulturtage – Konzerte, Lesungen und vieles mehr, www.juedische-kulturtage. org
Tanz im August, www.tanzimaugust.de
Young Euro Classic – Jugendorchester aus aller Welt spielen Neues, Ungewohntes im **Konzerthaus**, www.young-euro-classic.de
Lange Nacht der Museen, www.lange-nacht-der-museen.de
Pop Kultur Berlin – drei Tage Festival, über 60 Acts im Club Berghain. Mit Nachwuchs-Workshops, www.pop-kultur.berlin.

September
Berlin Music Week – Musikwirtschaft, Festivals, Konzerte und Club-Events www.berlin-music-week.de
Berlin Art Week, www.berlinartweek.de

Beim Tanz im August, einem der größten und renommiertesten Tanz-Festivals Europas, trifft sich die internationale Szene

Berlin-Marathon – für Läufer, Inline-Skater, Power-Walker, Rollstuhl- und Handbikefahrer, www.scc-events.com
Pyronale – Feuerwerkswettbewerb am Olympiastadion, www.pyronale.de.

Oktober
Festival of Lights – Beim Lichterfest werden herausragende Gebäude durch raffinierte Illumination spektakulär in Szene gesetzt, www.festival-of-lights.de.

November
BerMuDa (Berlin Music Days) – elektronische Musik, http://bermuda-berlin.de

Dezember

Weihnachtsmärkte
Weihnachtsmärkte beginnen in der Woche vor dem ersten Advent und dauern bis 23. oder 26. Dezember. Bei einigen überwiegt der Rummel, andere setzen nostalgische Akzente. Die Winterwelt am Potsdamer Platz bietet neben Weihnachtsbuden auch eine Eis- und eine Rodelbahn. Am Roten Rathaus kann man vom Riesenrad aus die Umgebung überblicken. Spandau hat in seiner Altstadt den größten Weihnachtsmarkt der Stadt.

Besonders stimmungsvoll sind die Weihnachtsmärkte
– vor dem Schloss Charlottenburg
– am Gendarmenmarkt
– am Opernpalais/Schinkelplatz
– Alt-Rixdorfer Weihnachtsmarkt am Neuköllner Richardplatz (nur Fr–So, 2. Advent)
– am Jagdschloss Grunewald (nur Sa/So, 2. Advent)
– in der Kulturbrauerei (Prenzlauer Berg), skandinavisch
– in der Sophienstraße (alle Adventswochenenden) Nähe Hackescher Markt

Jahrmarkt und Straßenfeste (Auswahl):

Ende April–Mitte Mai
Neuköllner Maientage – mit Karussells im Volkspark Hasenheide

Juni
Bergmannstraßenfest – Kreuzberg kocht und jazzt in der Bergmannstraße Ende Juni.

August
Internationales Berliner Bierfestival – am ersten Augustwochenende verwandeln über

Der stimmungsvolle Weihnachtsmarkt auf dem Richardplatz in Neukölln findet jedes Jahr am 2. Advent statt

200 Brauereien aus 80 Ländern den Bürgersteig an der Karl-Marx-Allee in Friedrichshain zwischen Frankfurter Tor und Strausberger Platz in den »längsten Biergarten der Welt«, www.bierfestival-berlin.de.

September
Burgfest auf der Zitadelle Spandau – Zeitreise ins Mittelalter, www.facebook.com/BurgfestZitadelleSpandau

Messen:

Januar
Berlin Fashion Week – Modenschauen, zweimal (auch im Juli) im Jahr an vielen Orten in der Innenstadt, www.fashion-week-berlin.com
Internationale Grüne Woche – Europas größte internationale Landwirtschaftsschau mit über 1700 Ausstellern in den Messehallen am Funkturm, Charlottenburg – www.gruenewoche.de

März
Internationale Tourismusbörse ITB – Messehallen am Funkturm, Charlottenburg – www.itb-berlin.de

September
IFA – Internationale Funkausstellung, weltgrößte Messe für Consumer Electronics, Messehallen am Funkturm, Charlottenburg – http://b2c.ifa-berlin.de
Berlin Art Week – Zeitgenössische Kunst in Messen und Ausstellungen an verschiedenen Orten – www.berlinartweek.de

Hinweise für Menschen mit Behinderungen

Das Signet »Berlin barrierefrei« kennzeichnet öffentliche Einrichtungen, Hotels, Restaurants, Museen und Geschäfte, die für Rollstuhlfahrer problemlos erreichbar sind und ausreichend Bewegungsfreiheit aufweisen. Andere Museen und Sehenswürdigkeiten sind für Rollstuhlfahrer über Aufzüge, Sondereingänge, Rampen etc. zugänglich. Oft werden auch spezielle Führungen/Einrichtungen für Sehbehinderte und Gehörlose angeboten (www.berlinfuerblinde.de).

Kein Problem stellen moderne Veranstaltungshäuser und Einkaufszentren dar, die alle rollstuhlgerecht ausgestattet sind.

Bei historischen Bauten wurde und wird so gut wie möglich – und wie es der Denkmalschutz zulässt – nachgebessert.

Eine Oase der Ruhe: der Botanische Garten in Dahlem

Die Busflotte der BVG ist barrierefrei, entweder absenkbar oder mit Rampen versehen, die der Busfahrer aus- und einklappen muss. Viele U- und S-Bahnhöfe im Innenstadtbereich sind mit Aufzügen zu erreichen. S-Bahnhöfe verfügen über ein Blindenleitsystem. Der Verein »mobidat« sammelt und verbreitet Informationen zum Thema »barrierefreies Leben in Berlin« (✆ 030-322 94 03 00, www.mobidat.net).

Internet

30 Minuten pro Tag mitten in der Stadt kostenfrei im Netz surfen: An vielen Hotspots in den Stadtteilen Mitte, Prenzlauer Berg und Charlottenburg ist das bereits möglich, weitere kommen hinzu: www.berlin-wireless.net

Auch zahlreiche Cafés, Bars und Bibliotheken, einige Restaurants, Hotels und Hostels bieten kostenloses WLAN an. Wem das nicht genügt: Traditionelle Internetcafés, einige davon auch in Hinterzimmern von Kiosken, verlangen nur geringe Gebühren.

Klima, Reisezeit

Berlin hat ein gemäßigtes Klima, bedingt durch seine Lage am Übergang von der maritimen zur kontinentalen Klimazone. In den Sommermonaten liegt die Durchschnittstemperatur bei 18 Grad Celsius; zwischen Juni und August können Hitzeperioden mit 30 Grad Celsius und mehr auftreten. Die kältesten Monate sind Januar und Februar mit Durchschnittstemperaturen von 0,6 und 0,3 Grad. Statistisch hat Berlin 106 Regentage pro Jahr – weniger als Museen (ca. 190).

Berlin ist ein Ganzjahresziel, egal wie das Wetter ist. So sind Museen mit ihren klimatisierten Räumen bei Hitze ideal und sie bieten an ungemütlichen Tagen Schutz vor Kälte und Regen. Ausgedehnte Grünanlagen wie der Tiergarten, Britzer Garten, die Tempelhofer Freiheit und der Grunewald sorgen u. a. für die relativ gute Berliner Stadtluft.

Notfälle, wichtige Rufnummern

Vorwahl für Berlin ✆ 030
Polizei ✆ 110
Feuerwehr/Notarzt ✆ 112
Behörden ✆ 115

ADAC (Pannenhilfe) ☎ 01802-22 22 22
Ärztlicher Bereitschaftsdienst
☎ (030) 31 00 31
☎ 0800 277 46 33
www.kvberlin.de
Privatärztlicher Notdienst
☎ 0800 89 79 69 5
☎ (030) 89 00 91 00
Rollstuhlverleih ☎ (030) 752 70 11,
☎ (030) 49 76 94 73
Zahnärztlicher Notdienst
☎ (030) 38 37 70 63 (privat)
☎ (030) 89 00 43 33 (Kassen)
Call a doc: ☎ 01805-32 13 03,
www.calladoc.com
Vermittlung (mehrsprachig) von Ärzten, Kliniken etc.

BVG-Kundendienst und Fundbüro
☎ (030) 194 49, -25 62 30 40
Deutsche Bahn AG Fundbüro
☎ 018 05-99 05 99
Zentrales Fundbüro
☎ (030) 75 60-31 01, -75 60-0

Öffnungszeiten

Einkaufen kann man in Berlin fast rund um die Uhr, nur bekommt man nicht alles überall. Bäckereien und Lebensmittelgeschäfte öffnen ab 6 Uhr morgens, Kaufhäuser, Modeboutiquen und Spezialgeschäfte zwischen 9 und 11 Uhr. Die meisten Geschäfte schließen um 20 Uhr. Wer will, kann seinen Laden länger offen halten. Eine Besonderheit aus der DDR-Zeit sind Spätkauf-Läden (Spätis), in denen man mindestens bis Mitternacht das Wichtigste zum Leben (Bier, Brot, Zigaretten, Zeitungen) erhält. Einige Supermarktketten haben bis 22 oder 24 Uhr geöffnet.
Sonntags bleiben die Läden geschlossen. Ausnahmen gelten für Souvenirs und Reisebedarf und einige wenige Supermärkte wie Ulrich am Zoo. Achtmal im Jahr gibt es einen verkaufsoffenen Sonntag (13–18/20 Uhr), davon zweimal im Advent.

Presse

Tageszeitungen: *Berliner Morgenpost, Berliner Zeitung, die tageszeitung (taz), Die Welt, Der Tagesspiegel, Neues Deutschland*
Boulevardzeitungen: *Bild, BZ, Berliner Kurier*

Stadtmagazine: 14-tägig (im Wechsel) mit großem Informations- und noch größerem Programmteil: *tip* und *Zitty*. Außerdem *[030]* mit Szene-Infos und Party-Adressen (kostenlos); monatlich: *Berlin Programm*.
www.berlinonline.de
Zeitungsläden: Internationale Presse gibt es u. a. im Ku'damm-Karree, im Europa-Center und in allen Bahnhöfen sowie an den Flughäfen.

Rauchen

In Restaurants, öffentlichen Gebäuden und öffentlichen Verkehrsmitteln ist das Rauchen verboten. Es gibt einige speziell ausgewiesene Raucherkneipen und viele, in denen auch ohne Lizenz geraucht wird.

Sicherheit

Berlin gilt als eine der sichersten Städte in Europa – was nicht ausschließt, dass Touristen wie in jeder Metropole Opfer eines Diebstahls, von Raub oder einer Gewalttat werden können. Beste Voraussetzung, solche Gefahren zu vermeiden, sind die auch anderswo üblichen Vorsichtsmaßnahmen und gesunder Menschenverstand. So sollte man auf jeden Fall den als Einsatz geforderten 50-Euro-Schein stecken lassen, wenn ein Hütchenspieler zum Mitmachen animiert: Die Profis gewinnen immer.

Verkehrsmittel

Berlin entdeckt man am besten mit öffentlichen Verkehrsmitteln, Parkplätze sind ohnehin rar. Es gibt drei Tarifzonen (AB, BC, ABC), wobei sich die meisten Touristen auf den Innenstadtbereich (AB) beschränken. Hier kostet das Ticket für eine Fahrt (Stand Juni 2015) € 2,70/1,70 (gültig für 2 Std. mit Umsteigen, auch mit Unterbrechung, aber ohne Umwege und Rückfahrt). Die Kurzstrecke (3 Stationen mit U-/S-Bahn, 6 mit Bus oder Tram) kostet € 1,60/1,20. Die Tageskarte

€ 6,90/4,70 (BC € 7,20/5,10, ABC € 7,40/5,30) lohnt sich bereits ab drei Fahrten. Eine 4-Fahrten-Karte gibt es für € 9/5,60 (nur AB); für die Kurzstrecke € 5,60/4,40. Wer in kleiner Gruppe reist, fährt günstig mit der Kleingruppenkarte (bis max. 5 Personen) für € 16,90 (AB), € 17,20 (BC) oder € 17,40 (ABC).

Die **Berlin WelcomeCard** gibt es in mehreren Versionen: Im **Tarifbereich Berlin** (AB) kostet sie für 48 Std. € 19,50, für 72 Std. € 26,70, für 5 Tage € 34,50 und ist für eine Person gültig (inkl. Kindern unter 6 J.). Die WelcomeCard für **Berlin und Potsdam** (ABC) kostet für 48 Std. € 21,50, 72 Std. € 28,70, 5 Tage € 39,50 (für 1 Erw. und bis zu 3 Kinder bis 14 J.).

Die **WelcomeCard Museumsinsel** gilt 72 Std. (€ 40,50) und inkludiert die Fahrten mit öffentlichen Verkehrsmitteln in Berlin und Eintritt in alle fünf Häuser auf der Museumsinsel. Zu allen WelcomeCards gibt es ein Begleitheft mit Informationen und Gutscheinen für Ermäßigungen (25–50 %) bei Stadtrundfahrten, in Museen, Theatern und weiteren touristischen und kulturellen Attraktionen. Erhältlich bei der Tourist Information sowie in Hotels und den VBB-Verkaufsstellen.

Ein weiteres Angebot ist die **CityTourCard.** Sie gilt für eine Person im Bereich AB/ABC und kostet für 48 Std. € 17,40/19,40, für 72 Std. € 24,50/26,50 und für 5 Tage € 31,90/36,90. Diese Karte gewährleistet Ermäßigungen bei 40 Partnern.

Am Wochenende (Freitag- und Samstagnacht) gibt es durchgängigen **Nachtverkehr** auf zahlreichen S- und U-Bahnlinien. Nachtbus-Linien fahren nach Betriebsschluss der U-Bahn (an Werktagen ca. ab 0.30 Uhr) etwa alle 30 Minuten.

Fahrradmiete

Fahrräder kann man in Berlin beinahe an jeder Ecke leihen, in vielen Hostels und einigen Hotels, in Fahrradgeschäften und speziellen Verleihstationen (mit und ohne Führung) oder direkt an der Straße:

Call a Bike

Die Räder der Deutschen Bahn sind an über 80 zentralen Stationen in Berlin zu finden. Man muss sich einmalig registrieren auf www.callabike-interaktiv.de und kann dann überall die Räder ausleihen: € 0,08/Min. (1 Std./€ 4,80, Tag/€ 15). Sie müssen an einer anderen oder derselben Station wieder abgegeben werden.

Next Bike
(030) 69 20 50 46
www.nextbike.de
Einmalig kostenlos auf der Homepage, über die App oder die Hotline registrieren und vor allem in Mitte, Kreuzberg, Neukölln und Prenzlauer Berg aufs Rad steigen; Abgabe an einer der festen Stationen. Noch nicht ganz so weit verbreitet wie die Bahn-Räder, dafür deutlich billiger: 30 Min. € 1, 1 Tag € 9.

Routenplaner für Radfahrer in Berlin
www.bbbike.de

Taxiruf
Taxi Berlin (030) 20 20 20
www.taxi-berlin.de
Berlins größte Taxizentrale
Taxi online bestellen mit der MyTaxi-App oder unter www.mytaxi.com
City-Funk (030) 21 02 02
EcoTaxi (030) 210 10 20
www.ecotaxi.de
Funk Taxi Berlin (030) 26 10 26
Quality Taxi (030) 26 30 00
www.taxi263000.de
Taxi-Funk Berlin 08 00-44 33 22
Würfelfunk (030) 21 01 01

Taxitarife
Grundpreis: € 3,90, Kilometerpreis: 0–7 km € 1,79, ab 7 km € 1,28
Wartezeit (auch verkehrsbedingt): € 25/Std.
Zuschläge: Zahlen mit Kreditkarte: € 1,50, Einstieg Flughafen Tegel: € 0,50
Kurzstreckenpauschaltarif: € 4 für max. 2 km Fahrstrecke; gilt nur bei Heranwinken (nicht ab Taxihalteplatz).

Velotaxi
Velo-Ruf (01 78) 800 00 41
www.velotaxi.de
30 Min. € 22, 60 Min. € 38 oder 1 km € 6, jeder weitere € 4
Moderne Fahrrad-Rikschas, u. a. mit Elektromotor, stehen an allen touristischen Brennpunkten für individuelle Touren bereit.

ackselhaus & blue home GmbH: S. 171
ADAGIO Entertainments GmbH: S. 199
Pierre Adenis/laif, Köln: S. 18
AlliiertenMuseum/Chodan: S.144 u.
Amano Group: S. 190
AquaDom und SEA LIFE Berlin: S. 222
Backflasch/Oliver Doll: S. 19 u.
Berliner Bäder-Betriebe: S. 135 o.
Berliner Ensemble/Lucie Jansch: S. 206 o.
Berliner Kaffeerösterei: S. 20 o., 212
Berliner Winter: S. 20 Mitte
Bibel/laif, Köln: S. 167
Bikini Berlin: S. 62, 73
Daniel Biskup/laif, Köln: S. 14 u.
Blockhaus Nikolskoe Gaststättenbetriebs GmbH:
  S. 142 u.
Boening/Zenit/laif, Köln: S. 51 o., 88, 102 u.
Bötzow Berlin GmbH: S. 23 o., 23 u., 107 o., 109, 183
Brücke-Museum Berlin/Archiv Brücke-Museum: S.
  145 o.; Roman März: S. 143
buch|bund/Marcin Piekoszewski: S. 135 u.
Bundesarchiv (CC-BY-SA 3.0)/Bild 102-00903: S. 26
  o.; Bild 102-14627: S. 113; Bild 146-1998-014-11A/
  Frankl: S.65 o. r.; Bild 183-05876-0050: S. 13; Bild
  183-19204-1676: S. 147 o.; Bild 183-1990-0613-
  024/Hartmut Reiche: S. 48 o.; Bild 183-B0527-
  0001-810: S. 12 o.; Bild 183-M1205-333/Otto
  Donath: S. 65 Mitte r.; Bild F015843-0010/Walter
  Schmitt: S. 114; Bild F048830-0024/Klaus Schütz:
  S. 65 u. r.; Bild P016607/A. Frankl: S. 5 o.
Frank-Peter Bürger: S. 99
Café Zuckerfee: S. 110 o., 110 u.
Das Stue: S. 170
Deutsche Kinemathek/Christine Kisorsy: S. 51 u.
DerKlopp, Berlin: S. 67 o., 72 o., 75 o., 76 o., 80 u.,
  81, 82 o., 82 u., 83, 84 o., 85, 86, 97 o., 98 u., 105
  u., 122, 128, 133 u., 140 o., 214
Domäne Dahlem/K. Wendlandt: S. 145 u.
Verena Eidel: S. 208
Ellington Hotel Berlin: S. 172
Ferienhaus www.tautes-heim.de: S. 131 Mitte, 131 u.
Fotolia/Emma Arnold: S. 126; ArTo: S. 36, 96 o., 97
  u.; Jule_Berlin: S. 152; Berlin85: S. 163 o.; Blick-
  fang: S. 78 u.; ChriSes: S. 139 u.; cityanimal: S. 91
  u.; daskleineatelier: S. 148/149; devteev: S. 159;
  elxeneize: S. 5 Mitte, 106, 125 o.; Joerg Farys:
  S. 20 u.; Firma V: S. 16; foto.fritz: S. 134; franzel-
  dr: S. 207; Friedberg: S. 102 o.; fuxart: S. 84 u.;
  Tiberius Gracchus: S. 38; greenpapillon: S. 22 o.;
  Erica Guilane-Nachez: S. 12 u.; Heinrich: S. 94 u.;
  Increa: S. 64 o.; kk: S. 35; Sergey Kohl: S. 150; Kalle
  Kolodziej: S. 165; kreativtraum: S. 15 o.; lassedesi-
  gnen: S. 32/33; LuckyDragon: S. 29 o.; Michael M:
  S. 96 u.; Tobias Machhaus: S. 82 o. l.; Linda Meyer:
  S. 27; mnovelo: S. 67 u.; Oko: S. 93 u.; oqopo:
  S. 44 Mitte; palomita0306: S. 158, 162 o., 163 u.,
  164 o.; philipk76: S. 124 o.; PixelFun: S. 58; Mari-
  usz Prusaczyk: S. 54; Rcphoto: S. 50 u.; rekken78:
  S. 93 o.; Marco Richter: S. 92; RockYourWeb.de:
  S. 11 u.; Thomas Röske: S. 59; Daniel Scheidgen:
  S. 120 u.; Rainer Schmittchen: S. 142 o.; SeanPa-
  vonePhoto: S. 138 u.; sehbaer_nrw: S. 42 u.; siwi1:
  S. 109 u.; steschum: S. 48 u.; Christian Tessmer: S.

144 o.; Anibal Trejo: S. 162 u.; wolfgangstaudt:
  S. 149 u.; gesine wintsche: S. 125 u.; Xenia1972:
  S. 37 o.; York: S. 95 o.
Galander GmbH: S. 186
Georg-Kolbe-Museum, Berlin: S. 157
Glaßer und Dagenbach GbR: S. 164 u.
Grün Berlin GmbH: S. 124 u., 232
Kathrin Harms/laif, Köln: S. 19 o.
HAU Hebbel am Ufer: S. 206 u.
Katja Hoffmann/laif, Köln: S. 130
Hops & Barley: S. 22 u.
Hotel Adlon Kempinski, Berlin: S. 28 u.
Hotel Q!: S. 169
Sandra Hoyn: S. 129
Hüttenpalast/Jan Brockhaus: S. 174 o.
iStockphoto/annedde: S. 17 o., 17 u.; dan_german-
  boy: S. 154; DirkHouben: S. 7 o.; hsvrs: S. 141;
  iBeePix: S. 202; Nikada: S. 24, 41, 55 o.; olaser:
  S. 95 u.; queerbeet: S. 188; ricul: S. 155 o.; James
  Tung: S. 118;
KaDeWe Berlin: S. 65 u., 66 o.
Käthe-Kollwitz-Museum Berlin/Marco Kranz: S.
  68, 72 u.
Stefan Klonk: S. 209
Kulturstiftung Schloss Britz: S. 132, 133 o.
Landesarchiv Berlin: S. 14 o.
Paul Langrock/Zenit/laif, Köln: S. 74
Luise/ben.n photography: S. 146
Markthalle Neun: S. 176, 177
Martin/Le Figaro Magazine/laif, Köln: S. 197
mauritius images/Alamy: S. 30, 119; imageBROKER/
  Christoph Becker: S. 121
MLG: S. 138 o.
Mount Mitte: S. 221
Museum für Kommunikation/Michael Ehrhart: S.
  52 u.
Nalani Supsurfing: S. 153 u.
Neu-Helgoland GmbH: S. 153 o.
Neue Lützobar GmbH: S. 193
Onkel Philipps Spielzeugwerkstatt: S. 111 o.
Partner für Berlin/FTP-Werbefotografie: S. 43
Pauls Boutique: S. 217
pixelio.de/Helga Ewert: S. 78 o., 80 o.; Rolf Hand-
  ke: S. 79 o.; Erich Kasten: S. 56 o.; Michael Leps:
  S. 168;
Presse- und Informationsdienst des Landes Berlin/J.
  Gläser: S. 90
Radialsystem V/Ben Bolesch: S. 203
Riehle/laif, Köln: S. 139 o.
Monika Rittershaus: S. 236
Monika Rittershaus/Berliner Philharmoniker: S. 6 u.
Dagmar Schwelle/laif, Köln: S. 91 o., 103, 196
SCUBE Parks Berlin GmbH: S. 174 u.
SDTB/Foto/Frank-Michael Arndt 2013: S. 151
Senatsverwaltung für Stadtentwicklung und Um-
  welt: S. 117

Bildnachweis/ Impressum

Stiftung Preußische Schlösser und Gärten Berlin-Brandenburg (SPSG)/Hans Bach: S. 69 o., 70, 140 u; Roland Handrick: S. 11 o.,71 u.; Wolfgang Pfauder: S. 71 o.; Günter Schneider: S. 160; Leo Seidel: S. 69 u., 161
Story of Berlin: S. 219
Tempelhof Projekt GmbH, www.thf-berlin.de: S. 123
The Circus GbR: S. 175
tic Kultur- und Tourismusmarketing Berlin-Pankow: S. 107 u.; scg: S. 108 o.; Andreas Schmidt: S. 105 o., 108 u.
Bernd Uhlig, bernd.uhlig.fotografie@t-online.de: S. 204

visitBerlin: S. 156; Pierre Adenis: S. 49, 87; Grothaus: S. 5 u.; Christo Libuda: S. 131 o.; Dirk Mathesius: S. 234; Tanja Koch: S. 46 o., 166, 235; Philip Koschel: S. 8 o., 42 o., 44 u., 66 u., 75 u., 100, 147 u., 210, 211, 218; Sarah Lindemann: S. 98 o.; SpreePIX Media: S. 4 o.; Wolfgang Scholvien: S. 7 u., 9 o., 15 u., 21 u., 26 u., 28 o., 29 u., 31 o., 37 u., 39, 40 o., 40 u., 44 o., 45, 46 u., 50 o., 53, 55 u., 56 u., 57 o., 57 Mitte, 60, 61, 63, 76 u., 79 u., 89, 116, 155 u., 237, 238; Günter Steffen: S. 6 o., 8 u., 21 o., 31 u., 47, 52 o., 77, 104, 200; Bettina Werner: S. 120 o.; Karin Willms: S. 4 u.
VISTA POINT Verlag (Archiv), Potsdam: S. 9 u., 10, 94 o., 137 o., 148 u.
Waahnsinn Berlin: S. 216
Gordon Welters/laif, Köln: S. 195
Gerhard Westrich/laif, Köln: S. 136/137
Wikipedia (CC BY 3.0)/Dirk Ingo Franke: S. 115
Wikipedia (CC BY-SA 3.0)/Manfred Brueckels: S. 64 u.; Times: S. 225
www.sternundkreis.de: S. 229

Textnachweis:
Die Autorin Anna Bockhoff hat folgende Kapitel verfasst: Berlin-Magazin, Kreuzberg, Friedrichshain, Prenzlauer Berg, Neukölln, Essen & Trinken, Bars und Kneipen, Clubs, Shopping, Mit Kindern.
Von der Autorin Ortrun Egelkraut stammen die Kapitel Chronik, Stadttour, Mitte-Tiergarten, Charlottenburg, Tempelhof-Schöneberg, Von Wannsee bis Köpenick, Oasen in der Stadt, Übernachten, Konzerte, Theater, Wellness, Stadttouren, Service von A bis Z.

Titelbild: Brandenburger Tor, Foto: iStockphoto/Nikada
Fotos für App: Brandenburger Tor, Foto: iStockphoto/Nikada; Reiterstandbild Friedrichs des Großen (Unter den Linden, Berlin), Foto: Fotolia/ArTo
Vordere Umschlagklappe (innen): Übersichtskarte von Berlin mit den eingezeichneten Stadtvierteln
Schmutztitel (S. 1): Potsdamer Platz bei Nacht, Foto: iStockphoto/Nikada
Haupttitel (S. 2/3): Besucher der Reichstagskuppel, Foto: visitBerlin/Wolfgang Scholvien
Umschlagrückseite: Mauerabschnitt der East Side Gallery, Foto: Fotolia/Sehbaer_nrw

© Genehmigte Sonderausgabe für Tandem Verlag GmbH, Birkenstr. 10, D-14469 Potsdam

Gaia ist eine Marke der VISTA POINT Verlag GmbH, Potsdam
© 2016 Originalausgabe VISTA POINT Verlag GmbH, Birkenstr. 10, D-14469 Potsdam
Alle Rechte vorbehalten
Reihenkonzeption: Horst Schmidt-Brümmer, Andreas Schulz
Bildredaktion: bintang, Berlin
Lektorat und Aktualisierung: Christine Berger
Layout und Herstellung: bintang, Berlin; Sandra Penno-Vesper
Reproduktionen: Henning Rohm, Köln
Kartographie: Kartographie Huber, München
Gesamtherstellung: Tandem Verlag GmbH, Potsdam

ISBN 978-3-95733-363-6